高等学校"十三五"规划教材

公共管理类专业实践教学系列

后小仙　总主编

社会保险实务实训教程

主　编　丁学娜

副主编　汪险生　楚永生

西安电子科技大学出版社

内 容 简 介

本书以社会保险业务办理为主线，梳理了养老保险、医疗保险、失业保险、工伤保险和生育保险的相关政策。其突出特点：一是以理论为先导，并与实验、实训相结合；二是实验、实训与现实案例相结合。本书既关注社会保障政策的最新发展，又结合现实案例分析，并辅之以社会保险业务办理仿真模拟，逻辑结构清晰，层次分明。

本书适合公共管理类本科生教学使用，也可供相关实际操作者和研究者参考。

图书在版编目(CIP)数据

社会保险实务实训教程/丁学娜主编. —西安：西安电子科技大学出版社，2018.3
ISBN 978-7-5606-4538-4

Ⅰ. ① 社… Ⅱ. ① 丁… Ⅲ. ① 社会保险—教材 Ⅳ. ① F840.61

中国版本图书馆 CIP 数据核字(2017)第 315818 号

策　　划　高 樱
责任编辑　杜敏娟
出版发行　西安电子科技大学出版社(西安市太白南路 2 号)
电　　话　(029)88242885　88201467　　邮　编　710071
网　　址　www.xduph.com　　　　电子邮箱　xdupfxb001@163.com
经　　销　新华书店
印刷单位　陕西利达印务有限责任公司
版　　次　2018 年 3 月第 1 版　　2018 年 3 月第 1 次印刷
开　　本　787 毫米×1092 毫米　1/16　印 张　16.375
字　　数　380 千字
印　　数　1～3000 册
定　　价　35.00 元

ISBN 978-7-5606-4538-4/F

XDUP 4830001-1

如有印装问题可调换

总　序

　　我国高等教育已进入大众化发展阶段，普通高等学校要更加强调复合型和应用型人才的培养，在秉承"厚基础、宽专业、重应用"的原则下，应充分体现新常态下经济社会发展对人才的需求，更加注重培养学生的实践能力与创新能力。实践教学是高等教育实现上述人才培养目标的重要环节，它不仅有利于培养学生的动手能力、分析和解决问题的能力，更有利于培养他们的独立思考意识、创新思维和创新能力。《国家中长期教育改革和发展规划纲要》明确提出，高等教育要强化实践教学环节，更新人才培养观念，创新人才培养模式。教材建设是高校教学基础建设的重要组成部分，是深化高等教育教学改革、提高教学质量、培养创新人才的重要保证。

　　根据教育部最新本科专业目录(2015)，公共管理类专业主要涵盖了公共事业管理、行政管理、劳动与社会保障、土地资源管理、城市管理等本科专业，这些专业具有很强的时代性、应用性与实践性。社会经济发展对公共管理人才需求的不断增加，要求我们在强调基础理论知识传授的同时，更要注重加强学生实践能力的培养。然而，受教育观念、教学资源等多方面条件的制约，目前，在国内高校公共管理类专业教学中，普遍存在着重知识性与理论性，轻操作性与实践性的问题，公共管理人才培养的实践教学短板依然存在。如何将实践教学创新地落实到人才培养之中，是当前我国高校公共管理类专业教学迫切需要解决的关键问题。建构主义的学习理论指出学习是与一定的情境相联系的。在传统的课堂理论教学中，由于不能提供实际情境所具有的生动性和丰富性，难以提取长时记忆中的有关内容，因而不利于学生对知识的建构。实践教学则有利于构建情境体验，并促进知识、技能和经验的连接。国外知名高校在公共管理人才培养方面非常注重实践教学的开展，英国、美国、法国、加拿大等国家高校在公共管理类专业实践教学方面有着丰富的课程设置与多样的实训项目，哈佛大学等知名高校更是因重视实践教学并取得良好的教学效果而闻名于世，这些成功经验值得我们借鉴。结合国外公共管理类专业人才培养的经验，国内学者呼吁加强国内公共管理类专业实践教学的必要性和紧迫性，指出在公共管理类专业实践教学中应该树立实训化与创新化的理念，强调公共管理类专业教育中理论教学与实践情境的关联，强化实践教学环节，培养实践创新能力。

教材建设是课程建设的重要内容，教材是课程目标和教育内容的具体体现，是教师和学生开展教学活动的主要媒体，也是学生成长发展的基本知识来源。实践教材是实践教学运行的载体，是师生进行实践教学的根本依据。实践教学教材建设是保证实践教学质量、提高学生基本技能的有效基本途径，其质量关系到高校学生实践能力和创新精神的培养质量。构建公共管理类专业实践教学教材必须打破传统的教材建设模式，注重加强纵向与横向联系，吸引各方力量共同编写实践教材。教育部《关于全面提高高等教育质量的若干意见》(教高〔2012〕4 号)文件要求，高校必须加强实践教学管理，优化和改革现行的实践教学标准，增加实践教学比重，加强实践教学的教材建设，组织编写一批优秀的实践教材，提高实践教学的质量。在教材建设中，普通专业基础课和专业课教材建设走在了前面，相比较而言，实践教学教材建设相对滞后，无法满足当代多元社会和市场经济的人才需求。只有强化实践教学，通过专门的实践教学课程设置和教材建设，改变教学模式，才能培养出社会所需要的应用型人才。

由南京审计大学公共经济学院院长后小仙教授任总主编的高等学校"十三五"规划教材公共管理类专业实践教学系列教材，汇集了国内多所高校和实践部门学者与专家的智慧。本套教材具有以下几方面特色：

第一，强调理论知识与实践训练的高度融合。美国课程理论家施瓦布(J. J. Schwab)提出实践课程范式理念，主张专业课程的教学从追求理论转向实践兴趣的探索，认为专业教学的内容要面向学生的整个生活与现实世界，而不是把学科知识、学科结构强化为核心内容。施瓦布的实践课程范式理论为公共管理专业专业实践教学提供了理论基础，公共管理类专业的学科特点及专业技能的应用环境，决定了其实践实训环境的特殊性。高校无法让学生有足够的时间在真正的公共部门全过程实习，真实的实验环境也非常难以构建，而学生在学习过程中又必须有一个与实际工作环境相仿的实验实训环境，这一矛盾是目前公共管理类专业实践教学面临的最大困境。本套实践教材中实验项目的规划与设计将理论知识与实际技术进行适当的综合，理论与实践进行合理的关联，仿真与现实进行有机的融合，从项目的选题、实施的难易度、实施计划的制订、验收评价、成果展示等方面进行综合遴选，注重基础理论和实践应用的辩证关系，活化基础理论知识，强化其在实践中的应用，把解决实际问题的过程上升到理性思维的高度。教材中的典型范例和训练将有助于学生全过程、多视角、全面理解和建立创造性的概念，深化基础理论的掌握。

第二，重视高等学校与实践部门的共同参与。实践教学课程的仿真性一直是实践教学追求的目标。公共管理类专业的实践教学要始终体现公共管理活动的真实性特点，实践教材的知识体系要全面反映本学科专业课程要求的主要知识点和方法论，适合学生自主学习，符合学生认知规律，引导学生分析问题、发现问题和解决问题，通过多种实践课程交织体现公共管理的综合性、广泛性和价值管理特点，实现仿真性优化。本套公共管理类专业实践实训教材不是仅仅局限于某一门课程，而是打破传统的专业界限，将相近学科、相近专业、相近课程的内容统筹考虑，相互融合，互相贯通，组织相关任课教师与实践部门共同参与，系统化、多元化地开发系列教材。

第三，体现实践教学教材建设的系统性与创新性。实践教学教材为实践教学提供了标准和依据，是教学改革成果的体现，能够保证实践教学的基本水平。公共管理类专业具有多学科和多专业交叉的特点，使得公共管理教育既要强调实践教学，又同时面临实践教学所处的环境和要求各不相同的复杂性。公共管理类专业实践教学教材建设以提高学生的实践能力、职业能力以及综合能力为目标，需要对实践教学的内容进行整合与重构。公共管理实践教学的特点决定了实践教材应具有系统性与创新性等特点。本套教材突出理论对实践的指导作用，在实践中检验学科理论的有用性和有效性，启发学生理性思维，培养学生实践创新能力，充分体现实践教材的实用性、系统性、创新性和动态性。

本套高等学校"十三五"规划教材公共管理类专业实践教学系列教材以最新修订的高等学校公共管理类专业核心课程目录为基础，覆盖公共管理相关课程，主要包括《公共预算管理实训教程》《公共危机管理实训教程》《电子政务实务实训教程》《公共管理研究方法教程》《社会保险实务实训教程》《公文写作实务实训教程》《公共人力资源管理实训教程》《公共部门绩效管理实训教程》等。

期望本套教材能在促进我国公共管理类专业人才培养的同时，也为我国公共管理学科发展起到补充作用。真诚希望社会各界能为本套教材多提宝贵意见，以便我们及时做好教材的修订与改版工作，更好地为我国的公共管理类专业教育做出更大的贡献。

后小仙

2017 年 10 月

前　言

　　现代国家社会保障体系是关系到国计民生的重要制度。随着我国经济的发展，完善的社会保障体系的重要性越加凸显，社会保障领域的工作已经发展成为一个具有较强的专业性和操作性的职业岗位。为培养具备专业社会保险操作能力的人才，我国各高校开始重视社会保障专业学生的专业实训，而这一领域的配套教材相对缺乏。基于此，南京审计大学公共经济学院组织了这一领域的专业教师，借助社会保险专业模拟实训软件，结合社会保险实践岗位对专业人才的实际能力需要，在借鉴社会保险方面研究成果的基础上，设计并编写了这本针对高等院校社会保障专业学生的理论与实践对接、突出社会保险政策实际应用和操作的教材。

　　本教材以社会保险业务办理为主线，进行理论链接和实际政策梳理。教材总体上以南京市为例，对养老保险、医疗保险、失业保险、工伤保险和生育保险实际政策规定，从登记、费用征缴、待遇支付、资金转移等方面进行组织设计。本教材在总体结构设计上采用"理论链接+业务政策+业务实训"的编排方式，在各个险种层面，首先针对教学需要，设置教学能力目标和知识目标；然后进行相应内容的理论链接，有助于学生理论联系实际，从实践中对理论进行升华；在此基础上引入南京市各险种的业务政策，系统完整地梳理社会保险业务政策，可强化学生对于社会保险业务操作政策规定的认知和按规定操作的职业意识；最后是业务实训部分，以理论知识和政策规定作为铺垫，引入根据现实情境整理出的案例，让学生依据所学理论和当地政府社会保险政策规定在现实情境中进行业务模拟训练。

　　本教材有两个主要特点：其一，在社会保险业务政策梳理上明确其可操作性，并与业务实训紧密结合。业务政策明确了社会保险具体业务操作的整体流程，为业务实际操作提供了指导，培养学生按章行事的职业操守。其二，业务实训部分介绍现实中发生的具体案例，让学生认知现实情境的复杂性，并训练其处理能力。社会保险各险种案例源自现实，具备现实情境的复杂性、模拟使用上的真实性，能够让学生充分认识现实社会保险运行的真实情况，充分调动其积极性并运用现有政策化解复杂情形，为社会保险对象提供有效的服务；同时，让学生有充分的心理准备和知识技能去应对现实情境。

　　本教材共分七章，各章的具体分工：第一章、第三章由汪险生编写；第二章、第五章、第六章由楚永生编写；第四章、第七章由丁学娜编写。丁学娜负责全书的统稿。

　　本教材各章实训案例由专门开发社会保险教学软件的上海逸景网络科技有限公司根据现实社会保险情境整理提供，在此表示感谢。需要说明的是，本教材中采用案例的方式展示社会保险实训内容，一方面展示了社会保险事务的办理流程，另一方面展示了案例发生地社会保险相关政策的实施。案例整理过程中，本教材尽力将社会保险实训的两方面展示出来但由于各地信息披露程度以及编写组本身资料收集能力有限，案例虽借助软件公司编制的、较为标准化的操作程序展示社会保险事务办理流程，但在与案例发生地社会保险政策结合方面或许还存在一定偏差。由于近些年，我国处于社会保障事业转型期，社会保险政策变动较大，以及教材的主要目的在于引导学生掌握社会保险事务的办理流程、刺激学生对于不同区域社会保险政策差异的敏感度，所以，本教材中可能存在的偏差并不会给学生理解社会保险政策、操作社会保险实务带来困扰。

　　限于我们的能力水平有限，本教材难免有疏漏和不当之处，敬请各位专家和读者批评指正。

编　者

2017 年 9 月 5 日

目　录

第一章 社会保险基本认知

社会保险是社会保障的重要组成部分，为保障被保险人的基本生活、保证劳动力再生产的顺利进行、调节收入差距、实现社会公平、稳定社会秩序起到举足轻重的作用。作为较早在国家层面确定的保障制度，社会保险本身的制度特点将它与其他社会保障制度区分开来，其有着不同的运行机制。

【教学目标】

(1) 掌握社会保险的概念、特点、功能。

(2) 掌握社会保险的实施原则。

(3) 了解社会保险与社会保障的关系。

一、社会保险的概念

社会保险是国家通过立法，采取强制手段对国民收入进行再分配，建立社会保险基金，在劳动者因年老、疾病、伤残、失业、生育及死亡等原因，暂时或永久性丧失劳动能力，从而失去全部或部分生活来源时，由国家或社会给予物质帮助和补偿，以保障其基本生活需要的一种保障制度。

对于这个含义的理解，我们要把握以下几点：

(1) 社会保险是国家举办和发展的一项社会事业。

《中华人民共和国劳动法》第70条规定："国家发展社会保险事业，建立社会保险制度。"这里强调的是：社会保险举办的主体是国家，社会保险是一项社会事业。

(2) 社会保险以国家立法为保证和依据。

这里强调的是：推行社会保险必须要有法律保障，必须依法进行。凡属于法律规定范围的成员都必须无条件地参加社会保险并按规定履行缴费义务。社会保险的缴费标准和待遇项目、保险金的给付标准等均由国家或地方政府的法律法规统一规定，劳动者个人无权选择或更改。

(3) 社会保险以建立保险基金作为物质基础。

建立保险基金，是社会保险正常运行的必要条件和基础，也是实现社会保险的关键所在。

(4) 社会保险的保障对象是全体劳动者。

社会保险不是化解和保障某一部分人的风险，它是所有社会劳动者的一项基本权利，它的保障对象是全体社会劳动者。

(5) 社会保险是一种补偿性的保险。

二、社会保险的发展历程

社会保险起源于19世纪80年代德国的《疾病社会保险法》《工伤保险法》和《养老、伤残、死亡保险法》等法令的颁布与实施。当时，由于种种社会原因，德国的工人和资本家的矛盾激化，为了缓和阶级矛盾，德国首相俾斯麦制定了《社会保险基本法》。该法提出，在国民及家属生活遇到困难或不幸时可以领取保险金。1911年德国又颁布了185条的《社会保险法》。从20世纪初开始，德国的社会保险为西欧各国所效仿。苏联也在1918年颁布了《劳动人民社会保险条例》，对全体劳动者提供普遍的劳动保险，建立了第一个社会主义国家的社会保险制度。不过这一时期的社会保险制度刚刚起步，还没有形成完整的社会保险体系。

20世纪20~40年代，社会保险经历了迅速发展时期。1929年，经济危机首先在美国爆发，随即席卷整个资本主义世界，形成了前所未有的、持续最久的世界经济大危机。经济危机使得阶级矛盾激化，各国政府开始考虑采用新的社会保险制度来缓和矛盾，维持经济稳定。1935年8月，美国通过《社会保障法案》，标志着社会保险最终为西方最大的资本主义国家所接受，意味着社会保险进入了一个新阶段。英国政府也通过了《失业法》《农业失业法》《国民健康保险法》，标志着英国社会保险制度的进一步完善。

从第二次世界大战结束到20世纪70年代末的20多年间，是社会保险制度蓬勃发展的时期。一是实施社会保险的国家数量急剧增加，这一时期实行各种社会保险的国家从50多个猛增至140多个；二是各国纷纷宣布建立"从摇篮到坟墓"的完备的社会保险体系的"福利国家"。1942年英国人贝弗里奇主张建立一个囊括养老、疾病、失业、残疾、生育等项目的社会保险体系。随着《国民保障法》《国民健康法》等一系列法案的实施，1948年英国宣布建成"福利国家"。紧接着瑞典、挪威、丹麦、芬兰四国也宣布实行普遍年金制度，建立"福利国家"式的社会保险体系，其他西欧国家、北美洲国家、大洋洲国家、亚洲发达国家和地区，也都宣布实施"普遍福利"政策。经过20多年的迅速发展，社会保险制度更加完善，但它的弊端也开始显现。世界范围内的经济危机、通货膨胀、人口老龄化等问题使得高保障、高消费的"福利国家"政策难以为继，西方国家的社会保险制度陷入困境。例如，一向被称为"福利国家"和"福利国家橱窗"的英国和瑞典，分别害了"英国病"和"瑞典病"：一是社会保险支出增长过快，造成了沉重的财政负担；二是企业和个人的社会保险费过高，给企业带来了过重的税负压力；三是高福利滋生助长了懒汉思想。因此各国纷纷放慢速度，针对社会保险中出现的一系列问题，采取改革措施，对社会保险制度进行调整改革。

我国社会保险的发展从新中国成立后开始。新中国成立后，中华人民共和国劳动部设立了劳动保险局，全国总工会也成立了劳保福利部，后改为劳动保险部，基本形成了全国社会保障制度的中央一级组织架构。

《中华人民共和国劳动保险条例》从1949年11月26日开始起草，1951年2月23日政务院第73次会议讨论通过了该条例。1951年2月政务院公布了《中华人民共和国劳动保险条例》，标志着新中国的社会保险体系的建立，其保障对象是企业职工，保险项目包括疾病、负伤、生育、医疗、退休、死亡和待业等。国家机关工作人员的退休办法遵循的是

1955 年 12 月公布的《国家机关工作人员退休处理暂行办法》。

1969 年,《关于国营企业财务工作中几项制度的改革意见(草案)》颁布,规定"国营企业一律停止提取劳动保险金,原在劳动保险金开支的劳保费用,改在营业外列支"。劳动保险变为企业保险。

1975 年 9 月,国务院决定设立国家劳动总局,由国家计委代管。1978 年,国务院发布《关于安置老弱病残干部的暂行办法》和《关于工人退休、退职的暂行办法》,劳动保险制度开始部分重建。这两个"办法"是对 1958 年颁布的"退休办法"的全面修订,也成为"文化大革命"结束后国家恢复重建养老保险制度的重要标志。1979 年 7 月,劳动总局设置保险福利司,国家劳动总局开始实施劳动保险管理工作。

经过 20 年的努力,中国建立起了以城镇职工为保障对象的社会保险制度体系。其主要项目有社会统筹与个人账户制度相结合的养老社会保险(以下简称统账制度)、社会统筹与个人账户制度相结合的医疗社会保险、失业保险、工伤保险、生育保险。

三、社会保险的特点

(一) 强制性

强制性是实施社会保险的组织保证,是指社会保险是由国家通过立法强制实施的一种保障制度,任何劳动者个人和所在单位都必须依照法律的规定参加,并向社会保险机构缴纳规定的保险费。社会保险的缴费标准和待遇项目、保险金的给付标准等,均由国家或地方政府的法律、法规统一规定,劳动者个人无权任意选择和更改。

(二) 政策性

社会保险是国家和社会基本政策的直接体现,以实施社会政策为目的。它不以营利为目的,要求社会效益重于经济效益,这是社会保险的明显特征之一。社会保险虽然在具体运行中也强调基金运用要有一定的经济效益,但不以经济效益的好坏决定社会保险项目的取舍和保障水准的高低,如果社会保险财务出现赤字影响其运作,国家财政负有最终责任。

(三) 普遍性

普遍性是指社会保险是所有社会劳动者的一项基本权利,社会保险对所有成员具有普遍保障的责任。对于生存困难的社会成员,不论其年龄、性别、是否就业、就业年限、收入水平和健康状况如何,一旦丧失劳动能力或失业,政府即依法提供收入损失补偿和其他医疗护理、伤残康复、职业培训和介绍、老年活动等多方面的服务,以保障其基本生活需要。社会成员之间只存在着保险基金的筹集方式,保险的范围、项目、标准以及采取的形式等方面的不同,而不存在有没有社会保险的差别。

(四) 基本保障性

社会保险的保障标准是满足保障对象的基本生活需要,为了体现社会公平,保障水平不高,只能为保障对象提供基本保障。这种保障虽能对工资、物价、社会生活水平的变化做出反应,避免通货膨胀的过大影响,发挥社会稳定器的作用,在一定条件下,也能使劳动者分享到经济和社会发展的成果,但社会保险只能起到基本的保障性作用,保障水平和保障程序都弱于商业保险。

（五）福利性

社会保险的福利性表现在三个方面：一是社会保险事业的目的不是为了营利，而是为了保障全体劳动者生活，用以改善待遇。二是社会保险费费率较低，而且由国家、企业、个人三方负担，所以个人的社会保险费负担比较轻。国际劳工组织规定，社会保险费个人负担比例不能超过 50%。三是社会保险除现金给付外，还有医疗护理、伤残重建、职业康复、职业培训、职业介绍等许多方面的服务。

（六）互济性

社会保险通过建立社会保险基金，对劳动者因年老、疾病、伤残、生育、失业、死亡等施行保障，社会保险金在劳动者代际之间、在职职工与退休职工之间、男女之间、健康劳动者与残疾劳动者之间、行业之间、企业之间、地区之间等进行横向和纵向调剂使用，体现了保险的互助互济性特征。社会保险金统筹的范围越广，互济性的效果就发挥得越充分。

（七）调节性

社会保险是国家调节个人收入差距的特殊手段。首先，它只有在劳动者劳动过程中断时才发挥作用。其次，社会保险提供的消费品是有专门目标的，同时社会保险待遇给付标准一般不与个人劳动贡献直接关联，其分配原则是被保险人基本生活保障的实际需要。此外，社会保险分配政策的制定以有利于低收入阶层为原则，因为同样的危险事故，对于低收入劳动者所造成的威胁要大于高收入劳动者。因此，社会保险具有调节个人收入差距的特征。

（八）社会性

社会保险的实施范围较广，随着条件的成熟，可使全社会劳动者及其家属都能得到保障，此即社会保险的社会性。享受社会保险待遇的人众多，对整个政治生活、经济生活和社会生活的稳定影响极大。社会保险之所以称为社会保险，很重要的一点就是它的受众群体具有广泛性，对社会生活的影响大，带有很强的社会性。

（九）保障对象特定性

社会保险的保障对象是工薪劳动者，而不是所有社会成员。没有任何收入，靠其他人抚养的人，如儿童、学生、残疾人等不包括在社会保险的保障对象范围内。

四、社会保险与几个概念之间的关系

1. 社会保险与社会保障的关系

社会保险是社会保障体系中的核心组成部分：社会救助——最低保障——雪中送炭；社会保险——核心部分；社会福利——最高保障——锦上添花；社会优抚——特殊保障。

社会保险不同于社会保障之处在于：

(1) 社会保险的覆盖面比社会保障窄。社会保险的保障对象仅仅是有工资收入的劳动者，而社会保障制度的保障对象为全体社会成员。

(2) 社会保险有严格的权利义务对等关系。社会保险的对象在享受权利之前，要先尽缴费的义务，社会保障制度的其他组织形式则没有严格的权利义务对等关系。

(3) 社会保险的资金来源广泛。从资金来源看，社会保险资金来源于雇主、雇员和国家或其中的两方，而社会保障制度的其他组织形式的资金基本来源于国家各级财政。

(4) 社会保险的保障水平适中。从保障水平看，社会保险满足劳动者及其家庭成员的基本生活需要，保障水平高于各类社会救助项目，同时低于各类社会福利制度。

2. 社会保险与商业保险的关系

我们一般可把保险分为社会保险和商业保险两大类。它们之间有密切的联系，具有共性的一面；但同时它们分别属于不同性质的保险，在诸多方面存在着原则性的、明显的区别。其主要表现在：

(1) 性质不同。社会保险是国家的一项社会保障政策，不以营利为目的，属于国家基本保障性质；商业保险是金融企业的经营活动，以营利为目的，属于经济性质。

(2) 实施方式不同。社会保险是由国家立法、强制实施的，每个工薪劳动者以及用人单位(雇主)必须依法缴纳保险费；商业保险是商业行为，只能采用买卖自愿的方式，公民是否投保以及投多投少，完全建立在自愿的基础上。

(3) 对象不同。社会保险以法定的社会劳动者及其供养的直系亲属为对象；商业保险的对象一般不做法律规定，全体公民均可自由选择、自愿参加。

(4) 权利与义务的对应关系不同。社会保险强调社会成员应履行一定的义务，即劳动义务和缴费义务，并由此获得享受社会保险待遇的权利，但劳动者贡献的大小与个人缴纳保险费的多少，同待遇之间没有严格的对等关系；商业保险则实行权利与义务的严格对等，强调等价交换原则，即实行"多投多保，少投少保，不投不保"的原则。

(5) 保障水平不同。社会保险的保障水平以满足劳动者及其供养的直系亲属的基本生活为出发点，所以要综合考虑劳动者原有生活水平、社会平均消费水平、物价上调因素等；商业保险的保障并不考虑以上因素，其保障水平依投保人的购买价格和实际受损的性质与程度而定。

(6) 资金来源不同。社会保险资金来源于政府、企业(雇主)、劳动者个人三方，而商业保险的资金只来源于被保险人所缴纳的保险费。

(7) 管理体制和立法范畴不同。社会保险是政府行为，由各级政府(中央和地方)统一领导，由社会保险专门机构直接实施管理，属于行政事业领导体制。社会保险的对象是劳动者，属于劳动立法的范畴。商业保险由各保险公司自主经营，独立核算，自我发展，属于金融体制。商业保险的双方当事人的权益受经济合同法及专门的保险法的保护和约束。

尽管社会保险与商业保险存在着上述几方面的不同，但也有共性所在，两者之间存在着密切的联系。首先，社会保险和商业保险，都是为了保障公民的生活需求，补偿公民的风险损失，维护劳动力的再生产，促使社会稳定。其次，社会保险和商业保险通过提供不同的保障项目和不同层次的保障，可以满足人们多样性的、不同水平的保障需要，就此意义上讲，商业保险是社会保险的补充。

总之，社会保险与商业保险既有区别又有联系，两者相互配合，相得益彰；在现代保障体制中，社会保险与商业保险各行其道，各司其职，共同发展。

五、社会保险的实施原则

了解、研究和遵循社会保险基本原则，有利于社会保险制度更好地发挥它应有的作用。一般认为，实施社会保险要遵循以下几条基本原则。

1. 共同承担社会风险的原则

这是社会保险存在与发展的基础，没有这个基础社会保险就不能起到社会安全网的作用。社会保险机构按照国家法令将参加社会保险的单位和个人提供的社会保险基金，通过统筹、互助互济等办法，对全体劳动者可能遭遇的风险损失进行合理分担，最终达到保障劳动者及其家庭的基本生活，进而促进经济发展，维护社会安定的目标。

2. 权利与义务相对应的原则

在现代社会保险制度中，国家、企业(雇主)、个人是社会保险的主体。国家是社会经济生活的组织者，同时承担保障社会成员基本生活的责任；企业(雇主)有权使用劳动力等资源以获得经济效益，同时必须负有为其职工缴纳社会保险费的义务；每个劳动者都享有社会保险的平等权利，同时又都对社会保险负有不可推卸的责任和义务。参保者只有履行了法定的义务之后，才能享受各项社会保险待遇。这些义务主要包括：从事社会劳动；依法参加社会保险；依法缴纳社会保险费，并达到规定的最低缴费年限等。

3. 公平与效率相统一的原则

公平与效率相统一，主要表现为社会保险待遇水平要体现社会公平的因素，即确保每一个劳动者都能维持基本生活，又要适度体现不同劳动者之间的差别，以提高用人单位和劳动者参保缴费的积极性。社会保险制度改革在维护社会公平的同时，也需要强调社会保险对于促进效率的作用，力求做到公平与效率兼顾、统一与差别并重。

4. 待遇水平与生产力发展水平相适应的原则

社会生产力发展水平决定社会保险待遇水平。在不同的生产力发展阶段，社会保险待遇水平也不同。如果社会保险跨越生产力发展阶段，提供过高的待遇水平，势必会增加企业和在职职工的负担，抑制经济活力，而且在客观上也会造成"养懒汉"的社会效应，从而影响国民经济的可持续发展，危及社会保险制度的正常运行。但如果社会保险的待遇水平过低，则无法充分发挥其生活保障功能。我国是发展中国家，正处于社会主义初级阶段，必须充分考虑到生产力水平较低、人口众多且老龄化速度加快的现实国情，根据国家、企业和个人的承受能力，确定与生产力发展水平相适应的社会保险待遇标准。

5. 对劳动风险采取预防与善后处理相结合的原则

参加社会保险，防患于未然，化险为夷，这是预防。当发生工伤事故、疾病、失业等风险时，根据社会保险提供的补助金和社会服务恢复受保人的身体健康和工作能力，这就是善后处理。因此缴费标准与享受待遇的测算要求科学合理。

六、社会保险的功能

社会保险制度的建立和完善，对于保障社会劳动者及其家庭的基本生活，维持社会生产的正常进行，保护社会劳动力的再生产，促进经济和社会的稳定发展都有着十分重要的作用。社会保险的性质、特征及其运行方式，决定了它具有下述功能：

1. 保障劳动者的基本生活

风险与人类时时相伴，在社会保险制度建立之前，劳动者一旦遭遇社会风险，收入中断，若无一定的积蓄，本人和家庭的生活就会陷入困境。社会保险制度建立后，依靠劳动者和企业(雇主)平时缴纳的保险费，加上政府必要的资助建立起社会保险基金，在劳动者因社会风险而受到收入损失时，即由基金出资给予一定的经济补偿，使其及供养的直系亲属获得基本生活保障，不致陷入经济困境。

2. 保证劳动力再生产的顺利进行

劳动者因疾病、伤残等而失去正常的劳动收入，就会使劳动力再生产过程出现不正常状态。有了社会保险，劳动者在遇到上述风险事故时，可以获得必要的经济补偿、生活保障和服务保障，使暂时中断的劳动能力得以修复。例如，医疗保险能为患病劳动者提供医疗服务和医疗费补贴，疾病保险为其提供病假津贴(疾病补助金)，这样就有助于患病劳动者的早日康复，重返工作岗位。

3. 调节收入差距，实现社会公平

在市场经济社会中，由于劳动者在社会机遇、劳动能力和家庭负担等方面的实际差异，必然会产生收入和生活水平上的差别和不平等。社会保险通过法律手段，按照劳动者工资收入的一定比例强制征集保险基金，再依据社会公平原则分配给收入较低或失去生活来源的劳动者，帮助他们渡过难关。这种运行机制在一定程度上调节了社会劳动者的收入差距，有利于实现社会的公平分配。

4. 促进社会安定

要保证社会的良性运行，稳定机制是必不可少的。社会保险就是社会稳定机制的重要组成部分。社会劳动者的生、老、病、残、孕及劳动能力的丧失，是普遍存在的客观现象。随着生产的高度社会化，风险因素日益增多，失业更是困扰相当数量劳动者的一个严重问题。如果为数众多的社会劳动者因各类风险和收入损失而生计无着并得不到解决的话，就会形成社会的不安定因素。社会保险制度的实施，可以使遭遇风险的劳动者及其家庭获得基本生活保障，有效地消除这种不安定因素。西方国家把具有这种促进社会安定作用的社会保障制度称为"社会安全网"。

第二章　社会保险登记与费用征缴实训

社会保险登记与费用征缴是用人单位依法参加社会保险的重要环节，是社会保险法律强制性的重要体现。《中华人民共和国社会保险法》(以下简称《社会保险法》)《社会保险费征缴暂行条例》《社会保险登记管理暂行办法》和《社会保险费征缴监督检查办法》等分别以法律、行政法规和部门规章的形式明确了参保单位、个人以及相关机构在社会保险登记和缴费过程中的权利和义务，是社会保险登记、申报和缴费工作的基本依据。本章主要讲解社会保险登记、申报、核定、缴费等相关事项的具体操作流程，以帮助学生了解和掌握国家社会保险登记与费用征缴的政策规定。

在社会保险实训部分，本章以南京社会保险政策为例，并辅以逸景社会保险实训软件对南京社会保险业务操作流程的案例整合进行介绍。

【教学目标】

1. 能力目标
(1) 掌握社会保险登记的流程。
(2) 能正确填写社会保险登记的相关表格。
(3) 能正确核定单位和个人社会保险缴费金额，填写各类缴费表格。
2. 知识目标
(1) 掌握社会保险登记的相关政策。
(2) 掌握社会保险缴费的相关政策。

第一单元　理论链接：社会保险登记与费用征缴

一、社会保险登记

(一) 社会保险登记的内涵

社会保险登记是指参保对象依照国家法律规定在一定期限内到指定社会保险经办机构填写社会保险登记表格，并领取社会保险登记参保证明的过程。社会保险登记包括参保登记、变更登记、注销登记等内容。在办理社会保险登记过程中，用人单位和个人必须提供真实的证件和资料，以便社会保险经办机构正确记录参保单位和个人的缴费情况，并为个人建立基本养老保险和职工基本医疗保险个人账户，以便定期向个人发放养老保险金和个人账户对账单。

社会保险登记标志着社会保险关系的建立，是社会保险缴费申报、核定、费用征收以及待遇发放等系列活动的基本依据。《社会保险法》规定，工商行政管理部门、民政部门和管理机关编制机构以及公安机关应当及时向社会保险经办机构通报用人单位的成立、终止以及个人的出生、死亡和户口登记、迁移、注销等情况。因此，社会保险登记也是维护职工社会保险权益的重要手段。同时，通过办理社会保险登记，保险经办机构还可以与工商、民政、税务和就业等部门一同核查没有参保的单位和个人。

(二) 社会保险登记的对象

国家法律规定的参保人就是社会保险登记的对象。根据参加的社会保险项目，登记对象包括：① 企业职工基本养老保险登记对象，包括国有企业、外商企业、城镇私营企业以及企业化管理的事业单位均应办理社会保险登记，缴纳基本养老保险金。② 职工基本医疗保险登记对象，即城镇所有用人单位(包括国有企业、集体企业、外商投资企业、私营企业、机关、事业单位等)及其职工都应办理社会医疗保险登记。③ 城镇居民基本医疗保险登记对象。④ 失业保险登记对象，城镇职工均应参加失业保险登记。⑤ 工伤保险登记对象。⑥ 生育保险登记对象。⑦ 新型农村合作医疗登记对象。

(三) 社会保险登记的管理部门

社会保险登记的管理部门是社会保险业务具体的经办机构和执行机构，属于非营利性的事业单位。县以上社会保险经办机构主管本行政区域内的社会保险登记事宜。同时，经办机构也可委托社区社会保障平台或其他相关单位办理参保登记。

二、社会保险基金

(一) 社会保险基金及其特点

社会保险基金是由社会保险机构通过法律手段为社会保险对象建立的一种专款专用的社会后备金。一般分为养老保险金、医疗保险金、工伤保险金、失业保险金、生育保险金。其主要特点有：

(1) 法制性。社会保险金运作和使用必须遵守法律规定，按照法律规定确定资金来源渠道、筹资方式和缴费水平，而企业和个人必须依法按时足额缴纳社会保险费，社会保险基金管理机构依法对社会保险基金的保值和增值进行合理的投资和运营，劳动者个人依法按时、定额获得保险给付。

(2) 互济性。社会保险基金在资金筹集渠道上一般由个人、用人单位(雇主)和国家(或政府)三方分担，资金筹集覆盖广大民众，一方面它体现了社会保险基金风险共担的互济性特色，另一方面也成为实现国民收入再分配的重要渠道。

(3) 专项性。社会保险基金是为保障广大劳动者因年老、失业、疾病、生育、伤残等原因暂时或永久丧失劳动能力或失去工作机会时的基本生活而建立的有专门用途的专项基金。任何单位和个人都无权自行决定其用途，必须坚持专款专用原则。

(二) 社会保险基金的筹集模式

一般而言，社会保险基金的筹集模式有现收现付式、完全积累式和部分积累式三种。

(1) 现收现付式。现收现付式不考虑资金储备，只从当年或近两三年的社会保险收支平衡角度，确定一个适当的费率标准向企业与个人征收社会保险费，其特点是以支定收，很少留有储备基金。其优点：一是保险金给付及时，当年建立，当年支付；二是没有巨额资金积累，可以避免因通货膨胀而导致基金贬值的风险和保值增值的压力；三是较易做到财政收支平衡。其缺点：一是存在着代际转嫁矛盾，劳动者社会保险的权利与义务关系难以得到准确体现；二是缺乏资本积累，抵御风险的能力较弱；三是各期支付额不同，导致费率波动较大。

(2) 完全积累式，也称为预提留分摊式。该模式是在对有关社会经济发展指标，如退休率、伤残率、通货膨胀率等进行宏观的测算后，确定适当的费率标准，将社会保险基金进行有效的运营与管理。其优点：一是能预防人口老龄化的冲击，使资金收取与企业的经营情况相联系，体现了权利与义务的统一；二是能合理地调整消费结构，将劳动者就业期间的一部分收入延期到退休后消费；三是积累起巨额保险基金在资本市场上的投资使用。其缺点：一是基金建立初期缴费率高，劳动者经济上难以接受；二是固定的费率难以适应经济的发展变化；三是基金的长期储备使资金容易受到通货膨胀的影响而导致贬值。

(3) 部分积累式，也称为混合式。该模式根据以支定收、略有结余的原则确定征收费率，保险计划当期的缴费除了满足当期的支出需要外，还必须留有一定的积累，以应付未来养老金和管理费支出的需要，其积累规模远大于现收现付式保险计划下应急储备的规模，又能满足未来向全部缴费人支付养老金的需要。其优点：一是费率具有弹性，可以根据保险金支付需要分阶段调整费率；二是基金筹集不会超过企业与劳动者个人的经济承受能力；三是时间短，减少了通货膨胀带来资金贬值的风险。其缺点：一是操作难度较大；二是两种模式的混合不可避免地带来两种模式的弊端。

第二单元　南京市社会保险登记业务

一、初次登记

凡是按照规定应依法参加社会保险、缴纳社会保险费的单位和个人都应办理保险登记。《社会保险法》和《社会保险费征缴暂行条例》规定参保单位要在一定时期内到当地社会保险经办机构办理社会保险登记。

(1) 登记范围。根据《社会保险费征缴暂行条例》的规定，凡是依法应该参加社会保险，缴纳社会保险费的单位都属于社会保险登记的范围。

(2) 登记机关。南京市社会保险基金结算管理中心主管社会保险登记工作，各区、县社会保险事业管理中心具体承办社会保险登记。

(3) 登记地点。社会保险登记实行属地化管理。缴费单位原则上向其他法人营业执照或法人登记所在地的社会保险经办机构申请办理社会保险费登记。如缴费单位具有异地分支机构的，分支机构一般应当作为独立的缴费单位，向所在地的社会保险经办机构单独申请办理社会保险登记。

(4) 登记时限。从事生产经营的缴费单位自领取营业执照之日起 30 日内，非生产经营单位自成立之日起 30 日内，应当持有关证件、资料向当地社会保险经办机构申请办理社会保险登记。同时，各社会保险经办机构自收到申请之日起在 15 日内予以审核，并向申报单位颁发社会保险登记证件。

(5) 登记手续。缴费单位申请办理社会保险登记时，应填写《社会保险单位信息登记表》(见表 2-5)，并提供组织机构代码证、企业法人营业执照等相关证件和资料。

二、变更登记

(1) 变更登记缘由。当缴费单位有以下社会保险登记事项，如单位名称、住所或地址、法定代表人或负责人、主管部门、基本账户开户行等任何一项发生变更时，应当自变更之日起 30 日内，到原社会保险管理经办机构中心办理变更登记手续。

(2) 变更登记手续。进行社会保险登记变更登记需要提供社会保险变更登记申请书、工商变更登记表和工商营业执照、单位法人代码证、社会保险登记证等有关资料，填写《社会保险单位信息变更登记表》(见表 2-9)，经社会保险管理经办中心核准后，办理变更手续。

三、社会保险登记证

(1) 社会保险登记证的编制。社会保险登记证是缴费单位在参加社会保险、缴纳社会保险费时的一种有效证件，其样式由劳动与社会保障部制定，各省、自治区、直辖市劳动保障行政部门统一印制，由正、副本组成。社会保险登记证号由各省、市、自治区统一编码，编码有十四位阿拉伯数字，前六位为国家质量技术监督局编制的全国统一地区代码，第七位为单位性质代码，第八位为单位隶属关系代码，第九位至第十四位为社会保险登记证的顺序号码，其表现形式如图 2-1。

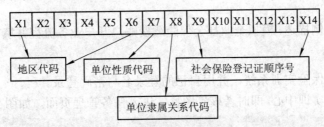

图 2-1 社会保险登记证编码规则

(2) 社会保险登记证的管理。社会保险缴费单位应当妥善保管社会保险登记证，不得伪造、转让、涂改、买卖和损毁等。遗失社会保险登记证应及时向原社会保险登记机构报告，并申请补办。社会保险经办机构对已核发的社会保险登记证定期验证和换证。通常情况下，社会保险登记证每年验证一次，四年换证一次。未经核验，社会保险登记证将自行失效。

四、南京市社会保险登记业务实训

(一) 南京盛欣网络科技有限公司社会保险单位缴费账户开户

1. 任务情境

南京盛欣网络科技有限公司于 2014 年 1 月 20 日工商登记注册完成，属于企业。2014

年1月26日，公司财务专员花陌到中国银行办理单位社会保险缴费账户开户并认真填写了相关业务表格(见表2-1)，同时办理了委托付款授权。中国银行工作人员花染受理了花陌的登记申请。

表2-1 南京盛欣网络科技有限公司社会保险单位缴费账户开户信息表

存款人名称	南京盛欣网络科技有限公司	电话	68888666
地址	南京市雨花台区三门路356号	邮编	210000
法人代表	封紫荆	组织机构代码	50000266-1
法人代表身份证号码	110105199005215951	证件种类	身份证
注册资金	2000000	行业分类	计算机服务(G)
经营范围	软件	地区代码	280000
证明文件编号	11010577521	证明文件种类	企业法人证书
资金性质	社会保障资金	账户性质	专用
有效日期至	2024-01-26		

银行开户信息：

开户银行名称	中国银行	开户银行代码	021215999
账户名称	南京盛欣网络科技有限公司	开户日期	2014-01-26

收款付款信息：

收款人全称	南京市雨花台区社会保险基金管理中心	收款人简称	南京市雨花台区人保中心
付款人简称	南京盛欣	付款人公章	南京盛欣网络科技有限公司

2. 任务要求

请根据上述案例描述，模拟企业社会保险缴费账户开户业务流程并填写相关业务表格。

3. 任务实施

打开逸景社会保险实训系统，并用自己的登录名与密码登录。

在桌面单击"实训中心 即时考核"图标，进入任务管理页面。如图2-2所示。

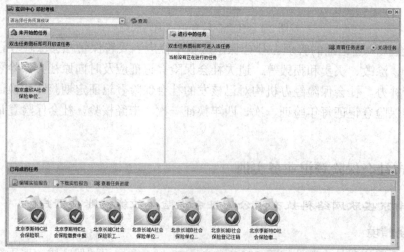

图2-2 逸景社会保险实训系统任务管理页面图

在"未开始的任务"中双击"南京盛欣 A 社会保险单位缴费账户开户"任务图标，开启该任务。操作完成后界面如图 2-3 所示。

图 2-3　逸景社会保险实训系统任务选定图

在"当前任务"中选定"南京盛欣 A 社会保险单位缴费账户开户"任务图标，点击右上角图标"查看进度"，查看任务的流程。如图 2-4、图 2-5 所示。

		步骤名称	操作角色	操作角色所属组织	扮演者	操作场景	数据	进度
+	1	办理参保人员增加	社保专员	上海逸景网络科技…	admin…	上海市杨浦区人保中心 的 申报岗	查看	已完成
+	2	审核参保人员增加	申报人员	上海市杨浦区人保…	admin…	上海市杨浦区人保中心—申报岗	查看	已就绪
+	3	缴费申报					查看	未开始
+	4	缴费审核					查看	未开始

图 2-4　南京盛欣社会保险单位缴费账户开户实验进度图

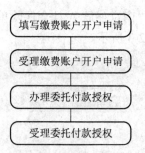

图 2-5　南京盛欣社会保险单位缴费账户开户流程图

　　查看任务进度后，学生可以了解到本任务需要完成的所有步骤。接下来，就可以进入第一步开始操作了。

　　步骤 1：填写缴费账户开户申请，见表 2-2 所示。

表 2-2　开立单位银行结算账户申请书

存款人名称	南京盛欣网络科技有限公司		电　话	68888666
地　　址	南京市雨花台区三门路 356 号		邮　编	210000
存款人类别		组织机构代码		50000266-1
法定代表人(√) 单位负责人(　)	姓　名	封紫荆		
	证件种类	身份证	身份证号码	110105199005215951
行　业　分　类	A(　) B(　) C (　) D(　) E(　) F(　) G(√) H(　) I (　) J(　) K(　) L(　) M(　) N(　) O(　) P(　) Q(　) R(　) S(　) T(　)			
注　册　资　金	2000000		地区代码	280000
经　营　范　围	软件			
证明文件种类	企业法人证书	证明文件编号		11010577521
税务登记证编号 (国税或地税)				
关　联　企　业	关联企业信息填列在"关联企业登记表"上。			
账　户　性　质	基本(　)　　一般(　)　　专用(　√　)　　临时(　　　)			
资　金　性　质	社会保障资金	有效日期至		2024-1-26

以下为存款人上级法人或主管单位信息：

上级法人或主管单位名称		
基本存款账户开户许可证核准号		组织机构代码	
法定代表人(　) 单位负责人(　)	姓　名	
	证件种类	
	证件号码	

以下栏目由开户银行审核后填写：

开户银行名称		
开户银行代码		账　号	
账　户　名　称		

基本存款账户开户许可证核准号		开户日期	
本存款人申请开立单位银行结算账户，并承诺所提供的开户资料真实、有效。	开户银行审核意见： 经办人	人民银行审核意见： 经办人(签章)	
存款人(公章) 日期：2014-01-26	开户银行(签章) 日期：	人民银行(签章) 日期：	

填写说明：

1. 申请开立临时存款账户，必须填列有效日期；申请开立专用存款账户，必须填列资金性质。
2. "行业分类"中各字母代表的行业种类如下。C：制造业。H：批发和零售业。K：房地产业。
L：租赁和商务服务业。M：科学研究、技术服务和地质勘查业。S：公共管理和社会组织。T：其他行业
3. 带括号的选项填"√"。

步骤 2：银行受理缴费账户开户申请。

步骤 3：办理委托付款授权，填写授权书，如图 2-6 所示。

南京市同城特约委托收款
付 款 授 权 书

_____ 银行（被授权人）：

我单位（付款人）<u>南京盛欣网络科技有限公司</u>，根据《支付结算办法》和《北京市同城特约委托收款管理办法》的有关规定，现授权你行在见到收款人名称、合同号码与此授权书中所列相符的同城特约委托收款凭证时，从我单位在你行开立的存款账户（账号）中支付款项。

本授权书中的收、付款人名称可使用双方约定的规范化简称。

授权行为以本授权书授权签章之日的次日起生效，以我单位将书面撤销申请送达贵行之日的次日起终止。

付款人简称	收款人简称	收款人全称
南京盛欣	南京市雨花台区人保中心	南京市雨花台区社会保险基金管理中心

授权人（付款人）公章   被授权人（银行）公章

授权日期 <u>2014-01-26</u>

图 2-6 委托付款授权书

步骤 4：银行受理委托付款授权。

（二）南京盛欣网络科技有限公司社会保险单位信息登记

1．任务情境

南京盛欣网络科技有限公司于 2014 年 1 月 26 日社会保险缴费账户开户完成，属内资企业。2014 年 1 月 26 日，公司社保专员花芯到南京市雨花台区人保中心办理社会保险基本信息登记并认真填写了相关业务表格，同时提交了相关材料，如表 2-3 所示。人保中心登记人员花陌当天受理了花芯的登记申请。

社会保险单位信息登记需要提交的资料如下所示：

(1) 企业法人营业执照副件。

(2) 组织机构代码副件。

(3) 法人负责人身份证复印件。

表2-3 南京盛欣网络科技有限公司基本信息

组织机构代码	50000266-1	参加保险情况	全选
电话	68888666	单位住址	南京市雨花台区三门路 356 号
邮编	210000	单位类型	企业
批准单位	中华人民共和国民政部	批准日期	2014-01-26
批准文号	社证字第 3362 号	企业法人、单位负责人	封紫荆
法定代表人身份证号码	110105199005215951	企业法人联系电话	68888666
缴费负责人	花芯	缴费负责人所在部门	财务部
缴费负责人联系电话	68888666	行业代码	1618
单位类别	法人单位	结算周期	按月
隶属关系	其他	所属行政区	南京市雨花台区
参统方式	新成立	四险缴费社保所属经办机构	南京市雨花台区人保中心
缴费形式	独立	报销地区	南京市雨花台区
医疗缴费区	南京市雨花台区		

工商登记执照信息：

执照号码	33010522299
执照类型	企业法人营业执照
发照日期	2014-01-26
有效期限	十年
工商注册地址	南京市雨花台区三门路 356 号

缴费人员信息：

缴费业务经办人姓名	花芯	缴费业务所在部门	财务部门
缴费业务联系电话	68888666	支付业务经办人姓名	花芯
支付业务所在部门	财务部门	支付业务联系电话	68888666

2．任务要求

请根据上述案例描述，模拟企业社会保险登记业务流程并填写相关业务表格。

3．任务实施

打开逸景社会保险实训系统，并用自己的登录名与密码登录。

在桌面单击"实训中心 即时考核"图标，进入任务管理页面，选定"南京盛欣社会保险单位信息登记"。查看任务进度后，学生可以了解到本任务需要完成的所有步骤。此步骤同上，此处不赘述。

步骤1：登记单位提交开户登记资料，如表2-4所示。

表2-4　社会保险开户登记所需资料表

选择	资料名称	资料类型		提交
☑	《企业法人营业执照》副本	原件□	复印件☑	33010522299
□	《营业执照》副本	原件□	复印件□	
□	《事业单位法人证书》	原件□	复印件□	
□	《社会单位法人证书》	原件□	复印件□	
□	《个人工商户营业执照》	原件□	复印件□	
□	《个人独资企业营业执照》副本	原件□	复印件□	
□	《民办非企业单位登记书》	原件□	复印件□	
□	《律师事务所执业许可证》	原件□	复印件□	
□	《批准证书》	原件□	复印件□	
□	《外国(地区)企业常驻代表机构登记证》或《注册证》营业执照	原件□	复印件□	
□	上级单位委托授权书	原件□	复印件□	
☑	组织机构代码(副本)	原件□	复印件 ☑	50000266-1
☑	负责人身份证(以执照为准)	原件□	复印件 ☑	110105199005215951

步骤2：登记单位填写单位信息登记表，如表2-5所示。

表2-5　社会保险单位信息登记表

表　号：宁劳社统保险 5 表

填报单位（公章）：

项目	内容	项目	内容
*组织机构代码	5000266-1	*缴费户开户银行	*行号
*单位名称	南京盛欣网络科技有限公司	*缴费户开户全称	账号
*单位简称		*支出户开户银行	*行号
*单位电话	6888866	*支出户开户全称	账号
*单位经营办公地址	南京市雨花台区三门路356号	主管部门或总机构	
*邮政编码	210000	集中缴费组织机构代码	集中缴费单位社会保险登记证编码
工商登记执照信息 执照号码	33010522299	集中缴费单位名称	
执照种类	企业法人营业执照	农转非类别	依法批准征地日期
发照日期		施工起始日期	施工期截止日期
有效期限	十年	维修期起始日期	维修期截止日期
工商注册地址	南京市雨花台区三门路356号	竣工日期	延长期日期
批准成立信息 批准单位	中华人民共和国国民政府		
批准日期	2014-01-26		
批准文号	社证字第3362号		
单位法人或负责人 *姓名	花芯		
联系电话	6888866		
身份证号码	11010519900521951		
所在部门	财务部		
单位经办人 姓名	花芯		
联系电话	6888866		
*缴费业务			
支付业务			
*单位类型	企业		
*单位类别	法人单位		
*经济类型			
*隶属关系	其他		
*行业代码	1618		
*行业系统			
*行业性质			
*特殊标识			
参缴方式	新成立		
*缴费形式	独立		
*结算周期	按月		
所属行政区县名称	南京市雨花台区		
*四险缴费所属经（代）办机构	南京市雨花台区		
*医疗缴费地区	南京市雨花台区		
报销地区	南京市雨花台区		

参加保险情况

险种	养老	失业	工伤	生育	医疗
	√	√	√	√	√

*社会保险登记证名称	
*社会保险登记证编码	
单位电子邮件地址	
单位网址	
*登记日期	
*社保登记证发证日期	
单位传真号码	

社保经（代）办机构经办人员（签章）：花陌

社保经（代）办机构（盖章）：

办理日期：2014-1-26

单位负责人：封紫荆

单位经办人：花芯

填表日期：2014-01-26

备注：表格中带*号的项目为必录项，其他有前提条件的必录项请参考指标解释。

步骤3：社保中心登记审核，如表2-6所示。

表2-6 社会保险单位信息登记审核表

表 号：宁劳社统保险5表

填报单位（公章）：

项目		项目		
*组织机构代码		*单位简称		
*单位名称		*单位电话		
*单位经营（办公）地址		*邮政编码		
工商登记执照信息	执照号码	执照种类		
	发照日期	有效期限		
	工商注册地址	主管部门或总机构		
批准成立信息	批准单位	集中缴费单位组织机构代码		
		集中缴费单位社会保险登记证编码		
	批准日期	批准文号		
单位法人或负责人	*姓名	集中缴费单位名称		
	身份证号码	联系电话		
		农转非类别	依法批准征地日期	
		施工期起始日期	施工期截止日期	
		维修期起始日期	维修期截止日期	
		竣工期日期	延长期日期	
单位经办人	姓名	所在部门		
		联系电话		
*缴费业务		参加保险情况	养老	*险种
*支付业务			失业	*登记日期
*单位类型		*单位类别	工伤	
*经济类型		*隶属关系	生育	
*行业代码		*行业费率	医疗	
*行业性质		特殊标识	*社会保险登记机构名称	
参统方式		*缴费形式	*社会保险登记证编码	
*结算周期		*所属经（代）办机构	单位电子邮件地址	
*医疗缴费地区		*所属行政区县名称	单位网址	
		*四险缴费地区	*社保登记证发证日期	2014-01-26
			单位传真号码	

单位负责人：

单位经办人：

填表日期：

社保经（代）办机构经办人员（签章）：

社保经（代）办机构（盖章）：

办理日期：2014-01-26

备注：表格中带*号的项目为必录项，其他有前提条件的必录项请参考指标解释。

步骤 4: 社保中心发放登记证, 如图 2-7 所示。

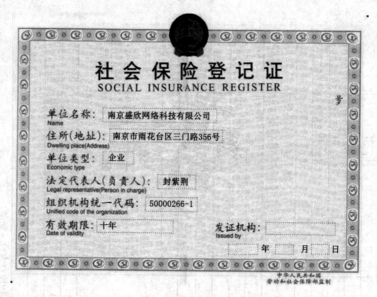

图 2-7　社会保险登记证

步骤 5: 登记单位领取登记证。

(三) 南京盛欣网络科技有限公司社会保险单位信息变更

1. 任务情境

南京盛欣网络科技有限公司, 在 2019 年 10 月 10 日驻所发生了变更, 公司社保专员花芯到南京市雨花台区人保中心办理社会保险基本信息变更并认真填写了相关业务表格(见表 2-7), 同时提交了相关材料。人保中心变更人员伍月受理了花芯的变更申请。

需要提交的资料如下所示:

(1) 企业法人营业执照副件。

(2) 组织机构代码副件。

(3) 法人负责人身份证副件。

表 2-7　南京盛欣网络科技有限公司参保单位信息

单位名称	南京盛欣网络科技有限公司	单位地址	南京市雨花台区三门路 356 号
单位类型	企业	负责人	封紫荆
组织机构代码	50000266-1	有效期限	十年

变更资料:

变更项目	变更前内容	变更后内容
地址	南京市雨花台区三门路 356 号	南京市雨花台区三门路 330 号

2. 任务要求

请根据上述案例描述, 模拟企业社会保险信息变更业务流程并填写相关业务表格。

3. 任务实施

步骤 1: 提交单位信息变更资料, 见表 2-8。

表 2-8 社会保险单位信息登记变更所需资料

单位名称：南京盛欣网络科技有限公司

选择	资料名称	资料类型		提交
☑	《企业法人营业执照》副本	原件□	复印件☑	33010522299
	《营业执照》副本	原件□	复印件□	
	《事业单位法人证书》	原件□	复印件□	
	《社会单位法人证书》	原件□	复印件□	
	《个人工商户营业执照》	原件□	复印件□	
	《个人独资企业营业执照》副本	原件□	复印件□	
	《民办非企业单位登记书》	原件□	复印件	
	《律师事务所执业许可证》	原件□	复印件□	
	《批准证书》	原件□	复印件□	
	《外国(地区)企业常驻代表机构登记证》或《注册证》营业执照	原件□	复印件□	
	上级单位委托授权书	原件□	复印件□	
☑	组织机构代码(副本)	原件□	复印件☑	50000266-1
☑	负责人身份证(以执照为准)	原件□	复印件☑	110105199005215951
	社会保险登记证	原件□	复印件□	
	委托收款付款授权书	原件□	复印件□	

步骤 2：信息变更单位填写变更信息，见表 2-9。

表 2-9 社会保险单位信息变更登记表

填报单位(公章)：南京盛欣网络科技有限公司

组织机构代码：50000266-1

社会保险登记证编码： 表　号：京劳社统保险 35 表

变更时间	变更项目	变更前内容	变更后内容
甲	乙	丙	丁
2019-10-10	地址	南京市雨花台区三门路 356 号	南京市雨花台区三门路 330 号

备注：请参保单位提供相关的变更证明材料。

单位负责人：封紫荆　　　　　　　社保经(代)办机构经办人员(签章)：伍月

单位经办人：花芯　　　　　　　　社保经(代)办机构(盖章)：

填报日期：2019-10-10　　　　　　办理日期：2019-10-10

四险单位缴费情况变更		
单位终止缴费原因	关闭( ) 破产( ) 分离( ) 兼并( ) 转出( ) 其他原因( )	
单位恢复缴费	恢复缴费( )	恢复缴费原因：
单位整体转移去向		
备注		
社保经(代)办机构审核意见	1. 根据你单位申请变更材料经审核同意变更。2. 经核定同意你单位转出我社保经(代)办机构。3. 现收回你单位社会保险登记证，登记证号为	

步骤 3：社保部门审核登记变更内容，见表 2-10。

表 2-10　社会保险单位信息变更登记审核表

填报单位(公章)：南京盛欣网络科技有限公司

组织机构代码：50000266-1

社会保险登记证编码：　　　　　　　　　表　号：京劳社统保险 35 表

变更时间	变更项目	变更前内容	变更后内容
甲	乙	丙	丁

备注：请参保单位提供相关的变更证明材料。

单位负责人：　　　　　　　　社保经(代)办机构经办人员(签章)：伍月

单位经办人：　　　　　　　　社保经(代)办机构(盖章)：

填报日期：　　　　　　　　　办理日期：2019-10-10

四险单位缴费情况变更	
单位终止缴费原因	关闭( )　破产( )　分离( )　兼并( )　转出( )　其他原因( )
单位恢复缴费	恢复缴费( )　　　　　恢复缴费原因：
单位整体转移去向	
备注	
社保经(代)办机构审核意见	1. 根据你单位申请变更材料经审核同意变更。 2. 经核定同意你单位转出我社保经(代)办机构。 3. 现收回你单位社会保险登记证，登记证号为

步骤 4：变更登记证，见图 2-8。

图 2-8　信息更改后的社会保险登记证

步骤 5：发放登记证。

步骤 6：接收登记证。

（四）南京盛欣网络科技有限公司社会保险登记注销

1．任务情境

南京盛欣网络科技有限公司由于被合并，于 2050 年 10 月公司申请了解散。所以该公司在 2050 年 10 月 25 日由该协会社保专员花芯到南京市雨花台区人保中心办理社会保险账户注销(见表 2-11)，人保中心登记人员受理了花芯的社保注销。

需要提交的资料如下所示：

(1) 工商局注销通知书证明原件。

(2) 社会保险登记证原件。

(3) 银行托收证明原件。

表 2-11　南京盛欣网络科技有限公司社会保险登记注销

参保单位制表人	花芯	注销原因	合并
社保机构审核人	周一	参保单位负责人	封紫荆
社保机构复核人	周末		

2．任务要求

请根据以上的案例描述模拟企业社会保险注销业务流程。

3．任务实施

步骤 1：提交注销登记所需资料，见表 2-12。

表 2-12　社会保险登记注销所需资料表

单位名称：南京盛欣网络科技有限公司

选择	资料名称	资料类型	提交
☑	工商局或主管部门核准注销的通知书和收章证明	原件☑　复印件□	1506000001
☑	社会保险登记证	原件☑　复印件□	
□	参保单位发生解散、破产、撤销、合并、被吊销执照等情况的相关证明	原件□　复印件□	
☑	办理注销月的上月银行托收凭证	原件☑　复印件□	南京盛欣网络科技有限公司

步骤 2：申报单位填写注销登记表，见表 2-13。

表 2-13　社会保险注销登记表

单位编号：　　　　　日期：2050-10-25

单位名称(章)：南京盛欣网络科技有限公司

社会保险登记证编号				
批准注销、解散等文件名称			批准日期	2050-10-25
注销原因	注销营业执照	（　）		
	吊销营业执照	（　）		
	破产(关闭)	（　）		
	兼(合)并	（√）		
	分立	（　）		
	批准或宣布终止	（　）		
	迁往外省市	（　）		
	其他原因	（　）		
	说明：			
社会保险登记证注销日期	2050-10-25			

参保单位制表人：花芯　　　　　社保机构审核人：

参保单位负责人：封紫荆　　　　社保机构复核人：

备注：本表一式二份　　　　　　社保机构(章)

步骤 3：审核登记注销资料，见表 2-14。

表 2-14　社会保险注销登记表

单位编号：　　　　　日期：2050-10-25

单位名称(章)：南京盛欣网络科技有限公司

社会保险登记证编号				
批准注销、解散等文件名称			批准日期	
注销原因	注销营业执照	（　）		
	吊销营业执照	（　）		
	破产(关闭)	（　）		
	兼(合)并	（　）		
	分立	（　）		
	批准或宣布终止	（　）		
	迁往外省市	（　）		
	其他原因	（　）		
	说明：			
社会保险登记证注销日期				

参保单位制表人：　　　　　　　社保机构审核人：周一

参保单位负责人：　　　　　　　社保机构复核人：周末

备注：本表一式二份　　　　　　社保机构(章)

步骤 4：回收登记证。

(五) 南京盛欣 C 社会保险职工信息登记

1. 任务情境

南京盛欣网络科技有限公司的柳青需要办理职工社会保险信息登记手续，公司社保专员花芯于 2014 年 2 月 1 日到南京市雨花台区人保中心为其办理职工社会保险信息登记并认真填写了《职工社会保险信息登记表》(见表 2-15)，人保中心登记人员伍月受理了花芯的登记申请。

表 2-15　职工社会保险信息登记表

组织机构代码	50000266-1	负责人	封紫荆
姓名	柳青	参加险种	全选
身份证号码	430205199004106972	性别	男
民族	汉	婚姻状况	已婚
文化程度	硕士	户口性质	城镇
户口所在地地址	湖南省长沙市星沙区梧桐路 32 号	户口地邮政编码	420000
居住地地址	南京市雨花台区三门路 356 号	居住地邮政编码	210000
选择邮寄社会保险对账单地址	南京市雨花台区三门路 356 号	邮政编码	210000
参保人电话	15618188091	联系人姓名	柳青
联系人电话	68888666	参加工作日期	2014-02-01
个人身份	职工	申报月均工资收入(元)	5800
缴费人员类别	外市城镇职工	医疗参保人员类别	在职职工
有效截止日期	2019-02-01	委托代发基金银行名称	中国银行
医疗保险个人编号(身份证号码)	430205199004106972	定点医疗机构	南京市雨花台区东南医院

2. 任务要求

请根据上述案例描述，模拟企业社会保险个人信息录入业务流程并填写相关业务表格。

3. 任务实施

步骤 1：录入个人信息，见表 2-16。

表 2-16　社会保险个人信息登记表

填报单位(公章)：南京盛欣网络科技有限公司
组织机构代码：50000266-1
社会保险登记证编码：

表　号：宁劳社统保险 6 表
制表机关：XXXX 劳动和社会保障局
批准机关：XXXX 统计局
批准文号：宁统函[2009]40 号
有效期至：2010 年 1 月 31 日止

参加险种：养老(√)　失业(√)　工伤(√)　生育(√)　医疗(√)

项目	内容	项目	内容	项目	内容
*姓名	柳青	*公民身份证号码	430205190041069 72		
*性别	男	*出生日期	1990-04-10		
*民族	汉	婚姻状况	已婚		
*文化程度	硕士	*户口性质	城镇		
户口所在区县街乡					
*户口所在地地址	湖南省长沙市星沙区梧桐路32号	*户口所在地邮政编码	420000		
*居住地(联系)地址	南京市雨花台区三门路356号	*居住地(联系)邮政编码	210000		
*选择邮寄社会保险对账单地址	南京市雨花台区三门路356号	邮政编码	210000		
*参保人电话	15681880 91	联系人姓名	柳青	联系人电话	68888666
*参加工作日期	2014-02-01	*个人身份	职工	申报月均工资收入(元)	5800
*缴费人员类别	外市城镇职工	*医疗参保人员类别		在职职工	
离退休类别		离退休日期			
农转非类别		批准征地日期			
农转工补缴单位名称		是否患有特殊病		兼职	
特殊标识		残疾证编号		有效截止日期	
《北京市工作居住证》编码					
委托代发基金银行名称	中国银行	委托代发基金银行账号			
委托代发基金银行行号		定点医疗机构1			
养老保险视同缴费年限		定点医疗机构3			
定点医疗机构2		定点医疗机构5			
定点医疗机构4					

本人目前确属社会保险参保对象，现申请参加社会保险，按照社会保险登记的要求本人已如实填写了上述相关信息，并对所填写内容的真实有效性负责。

参保人签字：柳青　　社保经(代)办机构经办人员(签章)：
签字日期：　年　月　日

单位负责人：封紫荆
单位经办人：花蕊　社保经(代)办机构(盖章)：
填报日期：2014-02-01　办理日期：　年　月　日

备注：此表为参保单位职工专用。表格中带*号的项目为必录项。表格中带*号的项目为必录项，其他有前提条件的必录条件参见录指标解释。

步骤2：审核个人信息，见表2-17。

表2-17 社会保险个人信息登记审核表

表　号：宁劳社统保险6表
制表机关：XXXX劳动和社会保障局
批准机关：XXXX统计局
批准文号：宁统函[2009]40号
有效期至：2010年1月31日止

填报单位(公章)：
组织机构代码：
社会保险登记证编码：

参加险种：	养老（　）	失业（　）	工伤（　）	生育（　）	医疗（　）	
*姓名		*公民身份证号码				
*性别		*出生日期				
*民族		婚姻状况				
*文化程度		*户口性质				
户口所在区县街乡						
*户口所在地地址					*户口所在地邮政编码	
*居住地联系地地址					*居住地(联系)邮政编码	
*选择邮寄社会保险对账单地址					*邮政编码	
*参保人电话		联系人姓名			联系人电话	
*参加工作日期		*个人身份			申报月均工资收入(元)	
*缴费人员类别		*医疗参保人员类别				
离退休类别		离退休日期				
农转非类别		批准征地日期				
农转工补缴单位名称		*是否患有特殊病			兼职	
特殊标识						
《北京市工作居住证》编码		有效截止日期				
委托代发基金银行名称						
委托代发基金银行行号		委托代发基金银行账号				
养老保险视同缴费年限		定点医疗机构1				
定点医疗机构2		定点医疗机构3				
定点医疗机构4		定点医疗机构5				

本人目前确属社会保险参保对象，现申请参加社会保险，按照社会保险登记的要求本人已如实填写了上述相关信息，并对所填写内容的真实有效性负责。

参保人签字：　　　　　　签字日期：　年　月　日　伍月

单位负责人：　　　　　　　　　　社保经(代办)机构经办人员(签章)：
单位经办人：　　　　　　　　　　社保经(代办)机构(盖章)：
填报日期：　年　月　日　　　　　办理日期：2014-02-01
备注：此表为参保单位职工专用。表格中带*号的项目为必录项，其他有前提条件的必录项请参考项指标解释。

步骤 3：创建养老保险个人账户，见表 2-18。

表 2-18 职工基本养老保险个人账户

单位编码：

单位名称：南京盛欣网络科技有限公司　　　个人编码：　　　金额单位元（保留到分）

社保号码	姓名	性别	参加工作时间	视同缴费年限	身份证号码	结算年月
	柳青	男			430205190004106972	年 月

年份	上年社会平均工资	当年缴费月数	当年缴费工资	当年缴费金额			本年记账额及利息			个人账号储存额	上年止累计储存额及本年利息				本年止累计储存额	其中：个人缴费本息
				合计	其中		小计	个人缴费	单位划转	小计	个人缴费		单位划转		合计	费本息
					个人缴费	单位划转		利息	利息		储存额	利息	储存额	利息		
1	4	2	3	5	6	7	8	9	10	11	12	13	14	15	16	17

经办人：

经办人（签章）： 伍月

社会保险经办机构合计：

社会保险经办机构（签章）：　　　　经办时间：2014-02-01

备注：平均工资 2006 年之前为所在市上半年度社会平均工资，2006 年之后(含 2006) 当年为当年全省在岗职工平均工资 2010 年至今正常缴存。

步骤4：创建医疗保险个人账户，见表2-19。

表2-19 职工基本医疗保险个人账户

单位编码：　　　　单位名称：南京盛欣网络科技有限公司　　　　个人编码：　　　　金额单位元（保留到分）

社保号码	姓名	性别	参加工作时间	身份证号码	结算年月
	柳青	男		430205199004106972	

年份	当年缴费月数	上年社会平均工资	视同缴费年限	当年缴费金额			本年记账额及利息			个人账号储存额	上年止累计储存额及本年利息				本年止累计储存额	
				合计	其中 个人缴费	单位划转	小计	个人缴费 利息	单位划转 利息	小计	个人缴费 储存额	个人缴费 利息	单位划转 储存额	单位划转 利息	合计	其中:个人缴费费本总
1	2	3	4	5	6	7	8	9	10	11	12	13	14	15	16	17

经办人：　　　　　　社会保险经办机构合计：　　　　　　经办时间：2014-02-01

经办人（签章）/伍月　　　社会保险经办机构（签章）

备注：平均工资 2006年之前为所在市上半年度社会平均工资，2006年之后（含2006）为当年全省在岗职工平均工资

2006年之前为所在市上半年度社会平均工资，2006年之后（含2006）为当年全省在岗职工平均工资
2010年至今正常缴存。

步骤 5：创建失业保险缴费记录，见表 2-20。

表 2-20 参加失业保险人员缴费记录情况表

单位名称：<u>南京盛欣网络科技有限公司</u>　　　　　　　　　　　单位编码：

社会保险登记证号：　　　　　　　　　　　　　　　　　操作日期：<u>2014-02-01</u>

姓名	性别	出生年月	身份证号码	参加工作时间	从事工种	参加失业保险时间	本人累计缴费年限	月工资收入	农民工(Y/N)	备注
柳青	男		430205199004106972							

参保单位制表人：　　　　　　　　　　　　　　　　经办机构(章)：

参保单位负责人：<u>封紫荆</u>　　　　　　　　　　　经办机构审核人：

第三单元　南京市社会保险缴费业务

一、缴费范围和对象

社会保险费的征缴范围和对象是与社会保险制度的覆盖范围相一致的，是指依照有关法律、法规规定的，应当缴纳社会保险费的单位和个人。

二、征缴机构

社会保险费的征缴机构是由省、自治区、直辖市人民政府规定，可以由税务机关征收，也可以由劳动保障行政部门依照国务院规定设立的社会保险经办机构征收。

三、缴费基数和比例

缴费单位和个人应当按时足额缴纳社会保险费。个人应当缴纳的社会保险费由所在单位从其基本工资中代扣代缴，单位缴纳的社会保险费在税前列支。职工个人一般以本人上一年度月平均工资性收入作为缴费基数。首次参加工作和变动工作单位的缴费个人，应按新进单位首月全月工资性收入确定月缴费基数。目前，我国职工工资总额是指在一定时期内直接支付给本单位全部职工的劳动报酬总额，单位缴费基数是按职工月缴费基数之和。单位和个人的缴费比例见表 2-21。

表 2-21 南京市用人单位和城镇职工社会保险缴费比例(2015)

缴费对象	养老保险	医疗保险		失业保险	工伤保险	生育保险
		基本医疗	地方附加医疗			
用人单位	20%	9%	2%	1.5%	0.5%	0.5%
个人	8%	2%	/	0.5%	/	/

四、缴费申报

缴费单位应当在每年年初规定的日期到社会保险经办机构进行新一年度缴纳社会保险费工资基数的核定。缴费单位办理社会保险缴费申报时，填写"南京市职工____年月平均工资性收入申报表"，上报社会保险经办机构。社会保险经办机构在受理单位申报后进行审核，对未通过审核的单位，通知重新申报缴费基数。

如果缴费单位发生职工增减变化时，缴费单位应当在变化的当月向社会保险经办机构申报变更缴纳的社会保险费数额。对于新进职工中，原来从未建立过本市社会保险个人账户的，单位应依法为其办理社会保险登记。

五、缴费方式

缴费单位在缴费申报核准后，可以到其开户银行缴纳社会保险费，也可以由缴费单位或缴费个人按社会保险经办机构的要求以支票或现金形式缴纳，或者按缴费单位与社会保险经办机构约定的其他方式缴纳。对于不按时足额缴纳社会保险费的单位，劳动社会保障经办机构将依法责令其限期缴纳，逾期不缴纳的从欠缴之日起加收千分之二的滞纳金。社会保险经办机构对已征收的社会保险费，按一定程序进行记账，建立缴费记录。其中，基本养老保险、基本医疗保险还应建立个人账户。

六、南京市社会保险缴费业务实训

(一) 南京盛欣网络科技有限公司社会保险缴费基数核定

1. 任务情境

2014 年 2 月 10 日南京盛欣网络科技有限公司社保专员花芯到人保中心核定本公司2014 年职工社会保险缴费基数，并认真填写相关资料和表格(见表 2-22)，同时提交相关资料。人保中心申报员受理了花芯的申请。

表 2-22　南京盛欣网络科技有限公司职工工资表

序号	公民身份证号码	姓名	缴费人类别	性别	月工资(元)
1	310105198012105891	彭博	本市城镇职工	男	20 000
2	323105198204106972	鲁锋	本市城镇职工	男	6000
3	332101199209247251	唐屹	本市城镇职工	男	2100
4	310303197803043282	于慧	本市城镇职工	女	2000

参保单位信息：

单位名称	南京盛欣网络科技有限公司	单位负责人	封紫荆
经办人	花芯	复核人	柳妍
填报人	花芯	录入日期	2014-02-10
复核日期	2014-02-10	填报日期	2014-02-10
联系电话	68888666	组织机构代码	50000266-1

职工缴费基数按照本人上一年平均工资计算；低于上一年本市职工月均工资 60% 的，按照上一年本市职工月平均工资的 60% 计算；高于上一年本市职工月平均工资 300% 以上

的，按照上一年本市职工月平均工资的 300% 计算；已知 2013 年南京市的职工月平均工资是 5150 元。

2. 任务要求

请根据上述案例描述，模拟企业社会保险缴费基数核定业务流程。

3. 任务实施

步骤 1：缴费单位申报缴费基数，见表 2-23。

表 2-23 社会保险缴费基数采集表

组织机构代码：50000266-1　　　　　单位名称(章)：南京盛欣网络科技有限公司　　　　　单位：元

序号	电脑序号	公民身份证号码	姓名	缴费人员类别	上年月均工资	缴费基数				职工签字
						养老	失业	工伤	生育	
1		310105198012105891	彭博	本市城镇职工	20000	15450	15450	15450	15450	彭博
2		323105198204106972	鲁锋	本市城镇职工	6000	6000	6000	6000	6000	鲁锋
3		332101199209247251	唐屹	本市城镇职工	2100	3090	3090	3090	3090	唐屹
4		310303197803043282	于慧	本市城镇职工	2000	3090	3090	3090	3090	于慧
5										
6										
7										
8										
9										
10										
	本页小计		——	——	30 100	27 630	27 630	27 630	27 630	——
	合计				30 100	27 630	27 630	27 630	27 630	

单位负责人：封紫荆　　　　经办人：花芯　　　　　复核人：柳妍

填报人：花芯　　　　　联系电话：68888666　　　录入日期：2014-02-10　　　复核日期：2014-02-10

填报日期：2014-02-10

说明：

1. 按自然顺序进行编号，一式两份。
2. 职工上年月均工资由单位按实际数填写。
3. 职工上年月均工资需经职工本人签字确认。

步骤 2：人保中心审核缴费基数。

(二) 南京盛欣网络科技有限公司社会保险缴费申报

1. 任务情境

南京盛欣网络科技有限公司 2014 年度社会保险缴费基数于 2014 年 2 月 10 日通过社会保险经办机构核定，该公司于 2014 年 2 月 10 日提交了 2014 年 3 月份缴费申报的相关表格 (见表 2-24)，并交人保中心申报人员审核。

表 2-24 参保单位信息及职工缴费基数表

结算日期	2014 年 2 月	组织机构代码	50000266-1
填报单位盖章	南京盛欣网络科技有限公司	参加险种	全选
单位负责人	封紫荆	四险支付原因	新参加工作
单位经办人	花芯	医疗支付原因	新参统
社保经办人	伍月	社保经办单位盖章	南京市雨花台区人保中心
增加时间	2014-02-10 日	填报人	花芯
联系电话	68888666		

职工缴费基数列表：

序号	公民身份证号码	姓名	缴费人类别	性别	月缴费基数(五险)	月申报工资
1	310105198012105891	彭博	本市城镇职工	男	15 450	20 000
2	323105198204106972	鲁锋	本市城镇职工	男	6000	6000
3	332101199209247251	唐屹	本市城镇职工	男	3090	2100
4	310303197803043282	于慧	本市城镇职工	女	3090	2000

2. 任务要求

请根据上述案例描述，模拟企业社会保险费缴费申报业务流程并填写相关业务表格。

3. 任务实施

步骤 1：办理参保人员增加，见表 2-25。

表 2-25 社会保险参保人员增加表

填报单位(公章)：
组织机构代码：
社会保险登记证编码：

序号	*姓名	性别	*公民身份证号码	*参加险种					*个人缴费/支付(恢复)原因		申报月工资收入\档次(元)	*增加日期
				养老	失业	工伤	生育	医疗	四险	医疗		
甲	乙	丙	丁	1	2	3	4	5	6	7	8	9
1	彭博	男	310105198012105891	√	√	√	√		新参加工作	新参统	20 000	2014-02-10
2	鲁锋	男	323105198204106972	√	√	√	√		新参加工作	新参统	20 000	2014-02-10
3	唐屹	男	332101199209247251	√	√	√	√		新参加工作	新参统	20 000	2014-02-10
4	于慧	女	310303197803043282	√	√	√	√		新参加工作	新参统	20 000	2014-02-10

单位负责人：封紫荆   社保经(代)办机构经办人员(签章)：
单位经办人：花芯   社保经(代)办机构(盖章)：
填报日期： 2014-02-10   办理日期：

备注：1. 表格中带*号的项目为必录项，其他有前提条件的必录项请参考指标解释。

　　　2. 四险按收缴业务、支付业务分别填报。

　　　3. 请依照表格背面的增加原因按规定填写。

步骤 2：审核参保人员增加，见表 2-26。

表 2-26　社会保险参保人员增加审核表

填报单位(公章)：

组织机构代码：

序号	*姓名	性别	*公民身份证号码	*参加险种					*个人缴费/支付(恢复)原因		申报月工资收入\档次(元)	*增加日期
				养老	失业	工伤	生育	医疗	四险	医疗		
甲	乙	丙	丁	1	2	3	4	5	6	7	8	9

社会保险登记证编码：

单位负责人：　　　　　　　　　　　　社保经(代)办机构经办人员(签章)：伍月

单位经办人：　　　　　　　　　　　　社保经(代)办机构(盖章)：

填报日期：　　　　　　　　　　　　　办理日期：2014-02-10

备注：1. 表格中带*号的项目为必录项，其他有前提条件的必录项请参考指标解释。
　　　2. 四险按收缴业务、支付业务分别填报。
　　　3. 请依照表格背面的增加原因按规定填写。

　　步骤 3：缴费单位缴费申报，见表 2-27。

表2-27 社会保险费缴费月报表

结算日期：　　　　　　组织机构代码：50000266-1　　　　单位名称(章)：南京盛欣网络科技有限公司

单位：人、元（保留两位小数）

项目		栏号	养老	失业	医疗	工伤	生育	合计
缴费单位个数		1	1	1	1	1	1	—
缴费人数	本月合计	2	4	4	4	4	4	—
	上月人数	3	0	0	0	0	0	—
	本月增加	4	4	4	4	4	4	—
	本月减少	5	0	0	0	0	0	—
缴费基数合计		6	27 630	27 630	27 630	27 630	27 630	—
应缴金额	应缴合计	7	7736.4	552.6	3039.3	138.15	138.15	11 604.6
	单位缴费	8	5526	414.45	2486.7	138.15	138.15	8703.45
	其中　统筹基金	9						
	其中　单位划转	10						
	个人缴费	11	2210.4	138.15	552.6	—	—	2901.15
	其他缴费	12						

单位负责人：封紫荆　　　填报人：花芯　　　联系电话：68888666　　　填报日期：2014-02-10

说明：1. 此表由社保经（代）办机构按月生成。

　　　2. 此表也可依据社保经（代）办机构要求按月申报。

　　　3. 如按月申报此表一式二份，单位与社保经（代）办机构核对一致后各留存一份。

　　　4. 2栏=3栏+4栏-5栏；7栏=8栏+11栏+12栏。

步骤4：人保部门缴费审核。

(三) 南京盛欣网络科技有限公司社会保险费缴纳

1. 任务情境

2014年2月1日南京市雨花台区人保中心，根据2月份缴费月报表向南京盛欣网络科技有限公司发送2月份社会保险缴费通知单。2014年2月2日由南京盛欣网络科技有限公司财务人员花陌到中国银行存款，2014年2月10日银行扣款后当天给参保单位社保专员花芯发送了对账单，并同时给南京市雨花台区人保中心发送银行进账单。人保中心工作人员2月10日查收银行进账单后当天开具缴费收据并向参保单位社保专员邮寄缴费收据。

表2-28 南京盛欣网络科技有限公司社会保险费缴纳信息表

缴费明细表单位：元

	养老保险	医疗保险	失业保险	工伤保险	生育
单位应缴纳	5526	2486.7	552.6	138.15	221.04
个人应缴纳	2210.4	592.6	276.3	0	0

缴费账户信息：

银行名称	中国银行	缴费卡	借记卡
开户人	封紫荆	社保中心收款银行	中国银行
社保中心开户名称	南京市雨花台区人保中心	社保经办人	伍月

2．任务要求

请根据上述案例描述以及提供的相关数据，模拟企业社会保险费缴纳业务流程。

3．任务实施

步骤1：通知缴费，见表2-29。

表2-29　社会保险费缴纳通知书

社会保险登记码：

参保户名称：南京盛欣网络科技有限公司　　　　　　打印日期：2014-02-01

通知书编号：　　　　　　　　　　　　　　　　　　单位：元

序号	项目	基本养老保险	基本医疗保险	地方附加医疗保险	失业保险	工伤保险	生育保险
1	单位应缴纳社会保险费	5526	2486.7		552.6	138.15	221.04
2	单位应补缴历年社会保险费						
3	个人应缴纳社会保险费	2210.4	592.6		276.3	0	0
4	个人应补缴历月社会保险费						
5	其他应缴纳社会保险费						
6	预缴社会保险费						
7	单位缓缴社会保险费						
8	缴纳合计	7736.4	3079.3		828.9	138.15	221.04

应缴纳合计(大写)壹万贰仟零叁元柒角玖分　　　　　　　(小写) 12 003.79

步骤2：缴费单位接收缴费通知。

步骤3：缴费单位到指定银行存入社会保险费，见图2-9。

图2-9　缴费单位到指定银行存入社会保险费图

步骤 4：银行扣款，见表 2-30。

表 2-30 社会保险费划转单

流水号：   操作时间：2014-02-10

付款方	全称	南京盛欣网络科技有限公司	收款方	全称	南京市雨花台区人保中心
	账户			账户	
	开户银行	中国银行		开户银行	中国银行
金额	币种：人民币				
	(大写)壹万贰仟零叁元柒角玖分			(小写) 12 003.79	
备注：					

步骤 5：发送银行进账单，见表 2-31。

表 2-31 银行社会保险费进账单

中国银行   进账单(收账通知)

日期：2014-02-10

出票人	全称	南京盛欣网络科技有限公司	收款人	全称	南京市雨花台区人保中心
	账户			账户	
	开户银行	中国银行		开户银行	中国银行
金额	币种：人民币				
	(大写) 壹万贰仟零叁元柒角玖分		(小写)12 003.79		
票据种类		票据张数			
票据号码					
	复核 记账			收款人开户银行签章	

步骤 6：查收银行对账凭证。

步骤 7：查收银行进账单。

步骤 8：人保中心开具缴费收据，见表 2-32。

表 2-32 社会保险费征收凭证

社会保险费征收专用收据（批）

XX 市
收据联

No.

2014 年 2 月

参 保 户 名 称: 南京盛欣网络科技有限公司

社会保险登记码: _____   缴纳日期: 2014-02-10   流水号: _____

单位: 元

项　目	类　型	金　额
社会保险费	缴费	12003.79
合计(人民币大写):　**壹万贰仟零叁元柒角玖分**		

经办人: **伍月**　　　　打印日期: 2014-02-10　　　　收款单位（盖章）

南京社会保险费征收明细

险种	项目明细	金额	险种	项目明细	金额

步骤 9：缴费单位接收缴费收据。

第三章　社会基本养老保险实务

养老保险个人账户用于记录参保人员缴纳的基本养老保险费和从单位缴费中划转计入的基本养老保险费以及上述两部分的利息。它是参保人员办理退休手续以及跨统筹范围转移、退休前退保、退休前出境定居或死亡终结基本养老关系时，领取个人账户有关待遇的主要依据。

养老保险个人账户主要由以下几个部分构成：

① 个人缴纳的养老保险费。

② 单位缴纳的养老保险费计入个人账户的部分(从 2006 年 1 月 1 日起，个人账户的规模统一由本人缴费工资的 11%调整为 8%，全部由个人缴费形成，单位缴费不再划入个人账户)。

③ 储存额利息(计入个人养老保险账户的储存额，按不低于同期居民 1 年期银行定期储蓄存款利率的利率计息)。

养老保险个人账户管理主要包括养老保险个人账户的建立、转移、封存、启封和终止等内容。

【教学目标】

1. 能力目标

(1) 掌握养老保险的范围与对象、条件与要求。

(2) 掌握社会保险登记、申报、征缴。

(3) 根据参保单位和参保人员的情况，正确处理养老保险个人账户建立业务。

(4) 根据参保单位和参保人员的情况，正确处理养老保险个人账户转移业务。

(5) 根据参保单位和参保人员的情况，正确处理养老保险个人账户封存和启封业务。

(6) 根据参保单位和参保人员的情况，正确处理养老保险个人账户终止业务。

2. 知识目标

(1) 熟悉养老保险个人账户建立、转移、封存、启封和终止的概念。

(2) 掌握养老保险个人账户管理的政策规定。

(3) 了解养老保险基本原理和基本知识。

第一单元　理论链接：社会基本养老保险

一、养老保险的基本原理

(一) 养老保险的概念

养老保险又称老年保险或年金保险，是指劳动者在达到国家规定的解除劳动义务的劳动年龄界限，或因年老丧失劳动能力的情况下，能够依法获得经济收入、物质帮助和生活服务的社会保险制度。

由于养老保险的费用开支太大，如果一个国家只实行单层次的养老保险体制，很难具备长期支付养老金的能力。所以很多国家主张建立多层次的养老保险体制，包括基本养老保险、补充养老保险和个人储蓄性养老保险。国际社会把这三个层次称为养老保险的三大支柱。

(二) 养老保险的特征

养老保险既然是社会保险的险种之一，它自然具有社会保险的共同特征，比如强制性、互济性和普遍性。

1. 共性特征

(1) 强制性。任何单位和个人都不能按照自己的意愿和利益来决定是否参加基本养老保险，就算职工自己同意，用人单位也不能不为职工办理养老保险手续。

(2) 互济性。说得通俗点，就是"人人保我，我保人人"。国家、用人单位和个人一起来负担养老保险费，依靠全社会的力量来均衡负担和分散个人的风险。

(3) 普遍性。只要是人总是要走向衰老的，所以养老保险是一个全球性的问题，任何国家都不能掉以轻心。另外一个意思是世界上凡是实行社会养老保险的国家都是由政府设立专门机构，在全社会统一管理和实施的。

2. 个性特征

养老保险是社会保险体系的重要组成部分，除了具备社会保险强制性、互济性和普遍性等共同特征外，还具有以下主要特征：

(1) 保障水平的适度性。养老保险的基本功能是保障劳动者在年老时的基本生活，这就决定其保障水平要适度，既不能过低，也不能过高。一般来说，养老保险的整体水平要高于贫困救济线和失业保险金的水平，低于社会平均工资和个人在职时的收入水平。

(2) 享受待遇的长期性。参加养老保险的人员一旦达到享受待遇的条件或取得享受待遇的资格，就可以长期享受待遇直至死亡。其待遇水平基本稳定，通常是逐步提高，而不会下降。

(3) 保障方式的多层次性。广义的养老保险，不仅包括国家法定的基本养老保险，还包括用人单位建立的补充养老保险(企业年金)、个人自愿参加的储蓄性养老保险等。建立和完善多层次的养老保险体系，已成为一种国际趋势。

(4) 与家庭养老的关联性。养老保险的产生和发展，逐步取代了传统家庭养老的部分甚至大部分功能。养老保险保障程度较低时，家庭养老的作用更大一些；养老保险保障程度较高时，家庭养老的作用就相应减弱。但养老保险并不能完全替代家庭养老。几乎所有国家的宪法或法律都规定了公民有赡养老人义务的原则。因此，养老保险与家庭养老是相互联系、相得益彰的统一体。

二、养老保险的基本原则

养老保险是退休人员生活的主要经济来源，也就是老百姓说的"养命钱"。它不能脱离社会经济发展的实际情况。如果无原则地推行养老保险制度，不仅不利于劳动者退休享受养老保险待遇，还会影响养老保险的发展，所以应遵循以下原则：

1. 基本保障待遇原则

基本养老保险的目的是对劳动者退出劳动领域后的基本生活予以保障。这一原则更多地强调社会公平，有利于低收入阶层。一般而言，低收入人群基本养老金替代率(指养老金相当于在职时工资收入的比例)较高，而高收入人群的替代率则相对较低。劳动者还可以通过参加补充养老保险(企业年金)和个人储蓄性养老保险，获得更高的养老收入。

2. 保障水平与社会生产力发展水平相适应原则

基本养老保险应该也只能保障退休人员的基本生活。如果保障水平过低，则无法发挥保障功能；如果保障水平超过社会生产力发展水平，则会在客观上造成"养懒汉"的社会效应，并诱发提前退休的内在冲动，浪费有效的劳动力资源，不仅会制约生产力的发展，而且也会危及养老保险制度的正常运行。从我国目前的实际情况出发，确定养老保险的水平一定要充分考虑到生产力水平较低、人口众多且老龄化速度加快的现实，充分考虑到国家、企业和个人的综合承受能力。

3. 公平与效率相结合原则

这一原则要求被保险人的待遇水平，既要体现社会公平的因素，又要体现不同人群之间的差别。因此，要将这两个方面的因素结合起来，在不同的养老保险体系之下，采用不同方式。在实行"普惠制"(是指基本养老保险体系普遍适用于全体国民)的制度中，更多的是体现公平的因素；而在非"普惠制"的制度下，更多的是体现差别的因素。我国养老保障制度的改革在体现社会公平的同时，更应强调养老保险对于促进效率的作用，以达到公平与效率兼顾、统一与差别并重的目的。

4. 权利与义务相对应原则

目前大多数国家在基本养老保险制度中都实行权利与义务相对应的原则，即要求参保人员只有履行规定的义务，才能享受规定的养老保险待遇。这些义务主要包括：依法参加基本养老保险；依法缴纳基本养老保险费并达到规定的最低缴费年限。基本养老保险待遇以养老保险缴费为条件，并与缴费的时间长短和数额多少直接相关。

5. 广覆盖原则

社会保险的基本特征是运用"大数法则"，在某一社会范围内分散劳动者或社会成员的风险，从而构筑起一个"社会安全网"。从国际上看，养老保险的覆盖范围呈逐步扩大的趋势。我国原有的养老保险体系仅仅覆盖到国有企业和部分集体企业，目前已经逐步扩大到所有城镇企业、个体经济组织和事业单位。今后的发展方向是建立覆盖所有城镇劳动者的统一的基本养老保险体系。同时，广大农业劳动者也要建立有别于城镇的养老保险制度。

6. 管理服务社会化原则

按照政事分开的原则，政府委托或设立社会机构管理养老保险事务和基金。要建立独立于企业、事业单位之外的养老保险制度，就必须对养老金实行社会化发放，并依托社区开展退休人员的管理服务工作。

7. 分享经济社会发展原则

在社会消费水平普遍提高的情况下，退休人员的实际生活水平有可能相对下降。因此，有必要建立基本养老金调整机制，使退休人员的收入水平随着社会经济的发展和职工工资水平的提高而不断提高，以分享社会经济发展的成果。

8. 法制化原则

养老保险行为必须在法律法规的范围内进行，同时，养老保险范围、主体、筹资方式、基金模式、待遇水平和管理方式等，都需要由法律法规来加以界定。随着我国养老保险制度改革的不断深入，原有法规和政策规定已经不能适应现实的要求，需要尽快制定《基本养老保险条例》等，以规范养老保险行为。

三、养老保险的主要模式

由于各国的政治、经济背景不尽相同，所以养老保险制度也存在差异。目前世界各国养老保险制度类型主要有三种：传统型、福利型和公积金型。

1. 传统型

这种模式以美、德、法等发达国家为代表，贯彻"选择性"原则，即并不覆盖全体国民，而是选择一部分社会成员参加，强调待遇与工资收入及缴费或税收相关联，也可以称为"收入关联型养老保险"。此类保险制度的保险对象一般为工薪劳动者，费用由雇主和雇员共同负担。待遇支付方面一般有利于低收入人群。

2. 福利型

这种模式以日、英、澳、加等部分市场经济国家为代表，贯彻"普惠制"原则，基本养老保险体系覆盖全体国民，强调国民皆有年金，也称为"普惠制"养老保险。这种养老金与公民的身份、职业、在职时的工资水平、缴费(税)年限无关，所需资金完全来源于政府税收。这种普惠制的养老保险待遇一般水平很低，不足以维持退休者的基本生活。退休者要维持自身的基本生活，必须同时参加补充养老保险计划。

3. 公积金型

这种模式在一批新兴市场经济国家流行，主要以新加坡、智利以及一些英联邦成员国为代表。它强调自我保障原则，实行完全积累的基金模式，建立不同类型的个人养老保险账户或"公积金"账户，养老保险费用由雇主和雇员分担，在被保险人退休或遇有特殊需要时，将个人账户基金定期或一次性支付给本人。

我国目前确立的是"社会统筹与个人账户相结合"养老保险模式。这种模式吸收了传统型养老保险模式和公积金型养老保险模式的优点，结合中国国情，成为具有中国特色的养老保险模式。它由国家按照养老保险基金部分积累的模式，由社会保险机构按照规定的缴费技术和比例向企业和职工统一筹集、统一管理、统一调剂使用养老保险基金。同时由社会保险机构为参保职工建立个人账户，记录相关信息，作为职工退休时计发基本养老金的依据。

第二单元 南京市城镇职工基本养老保险实务操作

一、参保范围与对象

(1) 本市行政区域内所有国有企业、集体企业、联营企业、股份制(合作制)企业及其职工。

(2) 外商、台港澳投资企业及其职工(外籍、台港澳地区人员除外)。

(3) 实行企业化管理的事业单位及其职工。

(4) 城镇私营(民营)企业及其业主和职工。

(5) 城镇个体工商户业主及其从业人员，以及未在其他企业参加基本养老保险的家庭辅助人员。

(6) 从事有合法经济收入的城镇自雇人员(以下简称自由职业者)。

上述用人单位和人员中不包括已领取养老金的离退休人员或者达到退休年龄但终止养老保险关系的人员。

二、参保条件与要求

(1) 凡本市城镇户口男未满60周岁、女未满50周岁或因破产、改制及按宁政发〔1995〕100号规定应55周岁退休但不满55周岁的自由职业者及其他从业人员，均可按《关于我市城镇自由职业人员参加基本养老保险有关问题的处理意见》(宁劳福字〔1999〕24号)(以下简称《处理意见》)的规定到市社会保险经办机构办理参加基本养老保险手续。首次参加的，本人需携带身份证和户口簿；续保的，需携带身份证、户口簿和职工养老保险关系变动表。

(2) 凡被在我市工商行政管理部门注册登记的各类企业、企业化管理的事业单位、个体工商户等用人单位录用的经劳动保障部门批准的外来劳动力，其用人单位均应按《社会保险费征缴暂行条例》(国务院第259号令)和《南京市城镇企业职工养老保险实施意见》，到社会保险经办机构为其办理参保手续。其在国家规定的退休年龄之前到外地工作的，社会保险经办机构按规定为其办理养老保险关系转移手续。

(3) 企业解除或终止劳动关系的本市农村户口的原劳动合同制职工，被我市其他用人单位录用并签订劳动合同的，应继续参加基本养老保险；未被录用的，社会保险经办机构将其养老保险关系保留。

属外市农村户口的，仍按宁劳福字〔2000〕2号文件执行，即到外地就业的，可由社会保险经办机构为其办理转移手续，也可将其基本养老保险个人账户储存额一次性支付给本人。

企业破产、改制过程中解除或终止劳动关系的本市农村户口的原劳动合同制职工，其缴费年限满10年以上的，也可由本人按《处理意见》到社会保险经办机构办理续保手续。

(4) 失业人员实现了非全日制、季节性等灵活多样的自主就业形式的，也可按本通知

第 2 条第 1 款规定到社会保险经办机构办理参保或续保手续。

(5) 本市籍户口人员因工作调动回宁的，参保时须提供市人事或劳动部门批准的调动通知书复印件；非调动回宁重新就业的，须提供市劳动行政部门鉴证的劳动合同，经社会保险经办机构审核后，再办理基本养老保险个人账户关系的转移手续。

(6) 对不符合参加基本养老保险条件，但目前已纳入保险范围的，各用人单位和个人应如实申报，社会保险经办机构要及时为其办理终止或退保手续。

三、保险登记、申报、征缴

(1) 从事生产经营的单位自领取营业执照之日起 30 日内、非生产经营性单位自成立之日起 30 日内，在进行税务登记之前应先持营业执照、批准成立证件或其他核准的执业证件、国家质量技术监督部门颁发的组织机构统一代码证书等到社会保险经办机构办理社会保险登记。缴费单位自工商行政管理机关办理变更登记或有关机关批准或宣布变更之日起 30 日内，在进行税务变更登记之前，应先持工商变更登记表和工商执照或有关机关批准或宣布变更证明、社会保险登记证等资料到社会保险经办机构办理社会保险变更登记手续。

(2) 新办企业携带社会保险登记证及其他相关资料到地税部门办理税务登记手续或税务登记变更手续，无社会保险登记证的，地税部门应告知其到市社会保险经办机构办理社会保险登记手续，并将有关信息反馈到社会保险经办机构。新办企业未按时办理社会保险登记的，有关部门将按照《社会保险费征缴暂行条例》及其他有关规定给予必要的处罚并预征社会保险费。

(3) 新办企业办理社会保险登记后，应按国家、省、市的有关规定办理社会保险费的缴费资料，进行审核并确定社会保险费的应缴数额。地税部门依据社会保险经办机构提供的新办企业应缴社会保险费数额征收社会保险费。

四、参加基本养老保险的缴费比例

国有企业缴纳基本养老保险的比例为 20%，城镇集体企业缴纳基本养老保险的比例为 22%，其他各类企业按照国有企业的比例执行；职工个人缴纳基本养老保险的比例为 6%，2001 年 7 月 1 日起调整为 7%。个体工商户及其雇工缴纳基本养老保险的比例为 18%，其中，雇工个人缴纳 8%，其余由业主缴纳，个体工商户业主的 18% 由本人缴纳；2001 年 7 月 1 日调整为 22%，其中，雇工个人缴纳 8%，其余由业主缴纳，个体工商户业主的 22% 由本人缴纳。自由职业者缴纳基本养老保险的比例为 18%，2001 年 7 月 1 日起调整为 22%。所有人员参加基本养老保险后，其原有的缴费年限(含按国家规定可视同缴费年限的时间)和今后的实际缴费年限合并计算。

五、个人账户的建立、管理及使用

(一) 个人账户的建立

(1) 个人账户用于记录参加基本养老保险的职工个人缴纳的基本养老保险费和从企业缴费中按一定比例划转的基本养老保险费，以及上述两部分的利息。个人账户是职工退休后领取基本养老金的主要依据。

(2) 个人账户的建立由职工劳动关系所在单位到当地经办机构办理，并向经办机构提供单位和职工有关档案及定期提供职工个人缴费工资等基础资料。

(3) 各经办机构按照国家技术监督局发布的社会保障号码(国家标准 GB11643-89)，为已参加基本养老保险的职工每人建立一个终身不变的个人账户。在国家技术监督局公布社会保障号码检验码之前，可暂用职工身份证号码。职工身份证号码因故变动时，个人账户号码不变。

(4) 个人账户一律自 1996 年 1 月 1 日起建立。1996 年 1 月 1 日后新参加工作的人员，从参加工作并缴纳基本养老保险费当月起建立。

(5) 个人账户主要内容包括：姓名、社会保障号码、参加工作时间、视同缴费年限、折算缴费年限、个人首次缴费时间、个人当年缴费工资、当年缴费月数、单位和个人缴费计入个人账户的比例、当年缴费金额、当年记账金额、当年记账利息及个人账户储存额等情况。

(6) 职工本人一般以上一年度工资收入为缴费工资，有条件的地区也可以上季或上月工资收入为职工缴费工资。职工工资收入超过当地上一年职工平均工资 300%的，以当地上一年职工平均工资的 300%为缴费工资。职工工资收入低于当地上一年职工平均工资 60%的，企业为当地上一年职工平均工资的 60%为缴费工资，职工个人以本人实际工资收入为缴费工资，但不得低于当地职工最低工资标准。职工工资收入无法确定时，按省劳动行政部门公布的当地上一年职工平均工资为缴费工资。

(7) 新招职工(包括研究生、大中专毕业生等)、失业后再就业职工以起薪当月的整月工资收入作为缴费工资；下一次申报缴费工资时，再以上一期职工实得工资为基数。单位派出的长期脱产学习人员、经批准请长假的职工，保留工资关系的按本人脱产或请假期间上年工资收入作为职工缴费工资。

(8) 2006 年 1 月 1 日起个人账户的规模统一由本人缴费工资的 11%调整为 8%。

(9) 个人账户储存额每年按省劳动行政部门公布的"基本养老保险利率"计算利息。

(10) 结算期缴费期限的最后一天，为本结算期记载职工个人账户登记日。(在该结算期内资金分几次到账的，先逐一登记台账)。

(11) 企业在规定缴费期限内，未足额缴纳养老保险费的，应根据企业实际缴费的到账情况，个人缴纳部分按实计入个人账户，企业划转部分按企业实际缴纳金额占应缴费金额的比例计入个人账户。

(12) 职工工资收入低于当地上一年职工平均工资 60%的，职工个人缴费部分按实计入个人账户；企业划转部分按当地上一年职工平均工资 60%和划转比例计入个人账户。

(13) 企业补缴养老保险费的，经办机构根据补缴款到账日期计入职工个人账户，并按到账时间和金额起息。补缴的金额，应先满足当月的欠缴，然后再从前往后清欠，也可按企业指定补缴月份清欠。

(二) 个人账户的管理

(1) 各参保单位携带企业和职工的有关基础资料，到经办机构办理参保手续并填报参加社会保险单位登记表、基本养老保险职工缴费花名册和参加基本养老保险人员花名册等有关表格。

(2) 经办机构应妥善保存单位申报的有关资料，并根据企业申报的缴费工资花名册和人员变动情况表等及时调整单位缴费工资总额和职工个人缴费工资。

(3) 未经劳动行政部门批准，单位或个人不按时足额缴纳基本养老保险费的，视为欠缴。个人账户按资金到账时间予以记载和起息。企业漏报、少报缴费基数补缴养老保险费的，1995 年年底前欠缴的，补缴的养老保险费按欠缴期的缴费比例计算，在补缴应缴费及利息(按同期城乡居民储蓄存款的利率计算)后，其基数分别记到 1995 年年底前所欠缴月份。1996 年 1 月 1 日后欠缴基金补缴的，不需补缴利息，其基数记到补缴的当月(这部分不在当年 300%封顶之列)，补缴费用以资金到账时间计入个人账户，补缴齐后，方可计算职工欠缴期间的实际缴费年限。

(4) 至本结息期末个人账户累计储存额计算方法。

① 每年 7 月 1 日至次年 6 月 30 日为个人账户的结息年度，经办机构应在每一结息年度末，对职工基本养老保险个人账户中的储存额，按江苏省公布的本结息年度基本养老保险利率结息一次。

② 本结息年度中各月计入职工个人账户的储存额和历年累计储存额，均按"月积数法"计息。

③ 计算公式：

本期末个人账户累计储存额 = 上结息期末个人账户累计储存额 × (1 + 本期记账利率) + 本期记账额本金 + 本期记账额利息。

其中：本期记账额利息 = 本期记账月积数 × 本期记账月利率。

本期记账月积数 = $\sum$(n 月份记账额 × (19 - n)) + $\sum$(n′月份记账额 × (7 - n′)

(n = 7、n′ = 1，n 为本期当年记账月份，n′为本期次年记账自然月份。以上本期均指本结息期)。

(5) 经办机构每年至少向职工出示一次职工基本养老保险个人账户清单。其内容应包括：上结息期末个人账户累计储存额和其中个人缴费累计储存额、本结息期缴费月数、本结息期个人账户和期中个人缴费的本金、本结息期个人账户和其中个人缴费的利息、本结息期末个人账户和其中个人缴费储存额、历年累计缴费年限、历年累计欠缴金额等。

(6) 职工基本养老保险个人账户清单由职工本人核对，对清单内容如有疑问，可在接到职工基本养老保险个人账户清单的 60 日内，由单位收集后向经办机构提出查询申请。经办机构在接到职工查询申请的 30 日内，做出相应答复。清单核对无误的，由职工本人依年粘贴在职工养老保险手册中妥善保存。

(三) 个人账户的转移

(1) 职工在江苏省统筹范围内企业之间流动的，只转养老保险关系，不转基本养老保险基金。

(2) 职工跨省(市)统筹范围转移，按以下规定办理：

① 职工转出时，调出地区经办机构应填报全国统一制定的参加基本养老保险人员转移情况表。

② 对职工转移时已建立个人账户的地区，转移基金额为 1998 年 1 月 1 日之前(1995

年年底前参加工作的，至少从 1996 年 1 月 1 日起)个人账户中个人缴纳部分累计本息加上从 1998 年 1 月 1 日起计入个人账户的全部储存额。

③ 对职工转移时仍未建立个人账户的地区(江苏省均从 1996 年 1 月 1 日起建立),1998 年 1 月 1 日之前转移的，1995 年年底之前参加工作的职工，转移基金为 1996 年 1 月 1 日起至调转月止职工个人缴费部分累计本息；1996、1997 年参加工作的职工，基金转移额为参加工作之月起至调转月止的个人缴费部分累计本息。1998 年 1 月 1 日之后转移的，转移基金额为 1998 年之前按上述规定计算的职工个人缴费部分累计本息，加上从 1998 年 1 月 1 日起按职工个人缴费工资基数 11%计算的缴费额累计本息。未建立个人账户期间，计算个人缴费部分的利息按中国人民银行一年期定期城乡居民储蓄存款利率计算。

④ 对年中调转职工调转当年的记账额，调出地区只转本金，不转当年应计利息；1998 年 7 月 1 日前调转职工仍按江苏省原有关规定为调转职工建立个人账户；1998 年 7 月 1 日后调入我省，按我省计息办法对转移的记账额一次计息，并按转出地区提供的缴费基数和 11%的记账比例建立个人账户。

⑤ 基金转移时不得从转移额中扣除管理费。

⑥ 转移基本养老保险关系，填写江苏省企业职工养老保险关系转移表和个人账户档案。

⑦ 江苏省内由企业转入机关事业单位或由机关事业单位转入企业的职工，在国家和省未有统一规定前，只转移养老保险关系，不转移基金。

(四) 个人账户的支付

(1) 按规定享受养老保险待遇的退休人员，由劳动部门为其办理退休手续后，方可按月领取基本养老金。退休人员的个人账户养老金由个人账户中支付。

(2) 退休人员按月领取的基本养老金，除基础(社会性)养老金外，均按照职工退休时个人缴纳部分储存额占全部储存额的比例，在个人账户个人缴纳部分储存额中列支。个人账户中个人缴纳部分储存额使用完后，在基本养老保险基金中继续支付。退休人员每月个人账户中个人缴纳部分储存额的余额的计算公式为：$W = W1 - (C - S) \times (Wg \div Wq)$

式中：

W 表示退休人员目前的基本养老保险个人账户中个人缴纳部分储存额的余额。

W1 表示退休人员上月基本养老保险个人账户中个人缴纳部分储存额的余额。

C 表示当前支付给退休人员的基本养老金总额。

S 表示退休人员退休时，计发的基础(社会性)养老金。

Wg 表示退休人员退休时，基本养老保险个人账户中个人缴纳部分的储存额。

Wq 表示退休人员退休时，基本养老保险个人账户的全部储存额。

(3) 职工退休后，其个人账户缴费情况停止记录，个人账户在按月支付养老金(含今后年度正常调整增加的部分)后的余额部分继续按劳动行政部门每年公布的养老保险利率计息。

(4) 按规定符合一次付清个人账户全部储存额或余额的对象，由职工所在单位向经办机构填报个人账户一次性支付审批表，经办机构核定拨付后，终止其基本养老保险关系。

六、养老金的支付

(1) 按规定享受养老保险待遇的退休人员，由劳动部门为其办理退休手续后，方可按月领取基本养老金。

(2) 个人账户储存额全部用完后，个人账户养老金由社会统筹基金支付。

(3) 职工退休后年度正常调整增加的养老金，按职工退休时个人账户养老金和基础养老金各占基本养老金的比例，分别从个人账户储存余额和社会统筹基金中列支。

(4) 退休人员的养老金由经办机构直接或委托企业发放，也可以由银行、邮局等机构进行社会化发放。

七、参保人员及单位的变更

(一) 参加基本养老保险职工人员的增减

1. 人员增加

(1) 新参加工作的人员，复员、退伍、转业军人和机关事业单位转到企业工作的人员：企业应为其填报参加基本养老保险职工花名册，并持职工有关证件，到经办机构办理建立养老保险关系手续。经办机构核发职工养老保险手册，并按照江苏省有关规定为其建立个人账户和养老保险档案。

(2) 重新参加工作的人员：企业应提供与职工建立劳动关系的证明、填报参加基本养老保险职工花名册和职工养老保险手册到经办机构办理养老保险关系启封手续。

(3) 职工的流动按个人账户的转移的有关规定办理。

2. 人员减少

(1) 退休或退出生产(工作)岗位。职工到达法定退休年龄，或虽未到达法定退休年龄，但经县以上劳动鉴定委员会鉴定确认完全丧失劳动能力，批准退出生产(工作)岗位的，企业应及时填报参加基本养老保险职工减少表、企业退休人员花名册等有关材料送交经办机构。

(2) 死亡。职工死亡，企业应及时提供死亡证明，并填报参加基本养老保险职工减少表、企业职工或退休人员供养亲属花名册。

(3) 退休前到境外定居。企业应向经办机构提供职工到境外定居的有关证明，填报参加基本养老保险职工减少表，由经办机构将其个人账户中的个人缴纳部分的储存额一次性退还本人，并终止养老保险关系。

(4) 解除或终止劳动关系：企业应及时提供终止劳动关系人员情况，填报参加基本养老保险职工减少表，由经办机构办理有关职工养老保险关系封存手续。

(5) 退休死亡。退休人员死亡，企业应及时填报参加基本养老保险职工减少表，提供该人员的死亡证明和职工退休养老证，经办机构办理有关死亡待遇给付、停止支付养老金手续。

(6) 退休后到境外定居。退休人员到境外定居，提出一次性申领养老金的，填报参加基本养老保险退休人员减少表，办理有关终止养老保险关系手续。

(7) 供养直系亲属死亡或失去供养条件。由企业及时提供有关证明，填报参加基本养老保险供养直系亲属减少表，并办理有关手续。

离退休人数、供养直系亲属及其养老金发生变化，企业或有关单位在结算期内应及时向经办机构申报。企业、有关单位或退休人员本人应定期向经办机构提供领取养老金人员的相关证明。企业、有关单位或退休人员及其亲属，不得伪造、隐瞒退休人员、供养直系亲属和养老金增减情况，违者按有关规定处理。

(二) 结算单位的新增和变更

(1) 新建企业应从领取工商营业执照或上级批准之日起 30 日内，凭上级主管部门的批文或工商登记证明，及时到所在地经办机构办理职工养老保险开户手续，填写参加社会保险单位登记表及有关表格，并于次月 10 日前向经办机构申报参加基本养老保险职工花名册、基本养老保险职工缴费工资花名册，为职工建立养老保险关系。

(2) 企业分立：分立企业须在企业分立之后 30 日内，各出具有关证明(文件)材料和参加基本养老保险职工花名册、参加基本养老保险职工减少表，到经办机构办理职工养老保险业务分割手续。分立前如有欠缴养老保险费的，应根据企业分立后职工安置的实际情况，并以协议形成明确分立各方补缴责任。

(3) 企业合并：企业在合并之后 30 日内，合并企业各方持有关文件，到经办机构办理职工养老保险划转手续。合并企业中一方如果欠缴养老保险费的，合并后的企业应重新与经办机构签订补缴计划，并负责补缴。

(4) 企业破产：企业破产进行资产清算时，应依照国家法律规定，优先清偿欠缴的基本养老保险费及利息。法院宣告破产并清算结束，须在企业撤销后 30 日内，持企业结户申请、法院判决书，欠缴养老保险费清单到经办机构办理结户手续。破产企业职工的养老保险关系的变更，依据职工实际分流、安置等状况，进行处理。

八、南京市城镇职工基本养老保险实训

(一) 南京盛欣网络科技有限公司唐屹养老保险个人账户记账

1. 任务情境

南京盛欣网络科技有限公司唐屹,2014 年、2015 年和 2016 年缴费工资基数分别为 5800 元、6800 元、7000 元。南京市雨花台区人保中心工作人员负责对参保人唐屹这 3 年的养老保险个人账户进行记账。

根据历年的政策规定，养老保险个人账户的构成比例如表 3-1 所示。

表 3-1 养老保险个人账户构成比例表

年份	个人缴费(%)	单位划转(%)
2014	8	0
2015	8	0
2016	8	0

备注：按年份先后顺序依次编制记账单。所有金额保留 2 位小数。

2. 任务要求

假如你是南京市雨花台区人保中心的工作人员，请根据上述案例描述对参保人唐屹2014年、2015年、2016年的养老保险个人账户进行记账。

3. 任务实施

步骤1：编制个人账户记账单——2014年，见表3-2。

表3-2 2014年个人账户记账单

单位名称：南京盛欣网络科技有限公司　　　　　　　　　单位代码：

电脑序号：　　　　　　　　姓名：唐屹　　　　　　　单位：元

月份	缴费基数	合计	单位划转	个人缴费
1	5800	464	0	464
2	5800	464	0	464
3	5800	464	0	464
4	5800	464	0	464
5	5800	464	0	464
6	5800	464	0	464
7	5800	464	0	464
8	5800	464	0	464
9	5800	464	0	464
10	5800	464	0	464
11	5800	464	0	464
12	5800	464	0	464
当年账户	69600	5568	0	5568

步骤2：编制个人账户记账单——2015年，见表3-3。

表3-3 2015年个人账户记账单

单位名称：南京盛欣网络科技有限公司　　　　　　　　　单位代码：

电脑序号：　　　　　　　　姓名：唐屹　　　　　　　单位：元

月份	缴费基数	合计	单位划转	个人缴费
1	6800	544	0	544
2	6800	544	0	544
3	6800	544	0	544
4	6800	544	0	544
5	6800	544	0	544
6	6800	544	0	544
7	6800	544	0	544
8	6800	544	0	544
9	6800	544	0	544
10	6800	544	0	544
11	6800	544	0	544
12	6800	544	0	544
当年账户	81 600	6528	0	6528

步骤 3：编制个人账户记账单——2016 年，见表 3-4。

表 3-4 2016 年个人账户记账单

单位名称：南京盛欣网络科技有限公司

单位代码：

电脑序号：　　　　　　　　　　　姓名：唐屹　　　　　　　　　单位：元

月份	缴费基数	合计	单位划转	个人缴费
1	7000	560	0	560
2	7000	560	0	560
3	7000	560	0	560
4	7000	560	0	560
5	7000	560	0	560
6	7000	560	0	560
7	7000	560	0	560
8	7000	560	0	560
9	7000	560	0	560
10	7000	560	0	560
11	7000	560	0	560
12	7000	560	0	560
当年账户	84 000	6720	0	6720

(二) 南京盛欣网络科技有限公司唐屹养老保险个人账户对账

1. 任务情境

南京盛欣网络科技有限公司职工唐屹 2015 年及 2016 年缴费工资基数分别为 6800 元、7000 元，并在这两个年度内正常缴费。同时知道，唐屹 2014 年的养老保险个人账户对账单见表 3-5，2014—2016 年单位与个人的缴费比例见表 3-6，2015 年和 2016 年的个人账户记账利率见表 3-7。

表 3-5 唐屹 2014 年的养老保险个人账户对账单

单位名称：南京盛欣网络科技有限公司　　　　　　姓名：唐屹　　　　　　　单位：元

月份	缴费基数	合计	单位划转	个人缴费
1	5800	464	0	464
2	5800	464	0	464
3	5800	464	0	464
4	5800	464	0	464
5	5800	464	0	464
6	5800	464	0	464
7	5800	464	0	464

月份		缴费基数	合计	单位划转	个人缴费
8		5800	464	0	464
9		5800	464	0	464
10		5800	464	0	464
11		5800	464	0	464
12		5800	464	0	464
当年	账户	69 600	5568	0	5568
	补历年	—	0	0	0
	利息	—	10.56	0	10.56
历年账户		—	0	0	0
历年利息		—	0	0	0
账户累计		—	5578.56	0	5578.56

视同缴费：0 年 0 月　　当年缴费：1 年 0 月　　　　　　　　　　累计缴费：1 年 0 月

个人确认签字：唐屹

表 3-6　2014-2016 年单位与个人的缴费比例

年份	个人缴费(%)	企业划转(%)
2014	8	0
2015	8	0
2016	8	0

表 3-7　2015 年和 2016 年的个人账户记账利率

调整日期	计息项目	月利率(‰)	年利率(%)
2014-01-01	活期	0.3	0.35
	定期	3	3.25
2015-01-01	活期	0.3	0.35
	定期	3	3.25

(1) 当年存入个人账户金额利息=当年存入个人账户金额月积数*当年存入个人账户金额记账利率*1/12

其中：当年存入个人账户金额月积数=$\sum$[n 月份存入金额*(12 − n + 1)]

(n 为本年度存入个人账户金额的月份，且 1≤n≤12)

(2) 历年账户金额 = 上年的历年账户金额 + 上年的当年账户金额 + 上年的当年补历年金额

(3) 历年利息=上年的历年利息金额+上年的当年利息金额+上年"账户累计"所产生的利息

其中：上年"账户累计"所产生的利息=上年"账户累计"金额*当年定期记账利率

(4) 账户累计=当年账户金额+当年补历年账户金额+当年利息金额+历年账户金额+历年利息金额

备注：按年份先后顺序依次编制记账表。 所有金额保留 2 位小数。当年利息按"月积数法"计算。

2．任务要求

假如你是南京市雨花台区人保中心工作人员，请以 2014 年的对账单为基础，编制唐屹 2015 年和 2016 年的养老保险个人账户对账单。

3．任务实施

步骤 1：编制 2015 年个人账户对账单，见表 3-8。

表 3-8 2015 年唐屹养老保险个人账户对账单

单位编码：

单位名称：南京盛欣网络科技有限公司　　　姓名：唐屹　　　电脑序号：　　　单位：

月份	缴费基数	合计	企业划转	个人缴费
1	6800	544	0	544
2	6800	544	0	544
3	6800	544	0	544
4	6800	544	0	544
5	6800	544	0	544
6	6800	544	0	544
7	6800	544	0	544
8	6800	544	0	544
9	6800	544	0	544
10	6800	544	0	544
11	6800	544	0	544
12	6800	544	0	544
当年 账户	81 600	6528	0	6528
当年 补历年	—	0	0	0
当年 利息	—	12.38	0	12.38
历年账户	—	5568	0	5568
历年利息	—	191.86	0	191.86
账户累计	—	12 300.24	0	12 300.24

视同缴费：0 年 0 月　　　　　　　　　　　当年缴费：1 年 0 月

累计缴费：2 年 0 月　　　　　　　　　　　个人确认：

步骤 2：核对 2015 年个人账户对账单，见表 3-9。

表 3-9 2015 年唐屹养老保险个人账户对账单核对表

单位编码：

单位名称：　　　　　　　　　　姓名：　　　　　　电脑序号：　　　　　单位：

月份		缴费基数	合计	企业划转	个人缴费
当年	账户				
	补历年	—			
	利息	—			
历年账户		—			
历年利息		—			
账户累计		—			

视同缴费：　　　　　　　　　　　　　　　　当年缴费：

累计缴费：　　　　　　　　　　　　　　　　个人确认：唐屹

步骤 3：编制 2016 年个人账户对账单，见表 3-10。

表 3-10 2016 年唐屹养老保险个人账户对账单

单位编码：

单位名称：南京盛欣网络科技有限公司　　姓名：唐屹　　电脑序号：　　　　单位：

月份		缴费基数	合计	企业划转	个人缴费
1		7000	560	0	560
2		7000	560	0	560
3		7000	560	0	560
4		7000	560	0	560
5		7000	560	0	560
6		7000	560	0	560
7		7000	560	0	560
8		7000	560	0	560
9		7000	560	0	560
10		7000	560	0	560
11		7000	560	0	560
12		7000	560	0	560
当年	账户	84 000	6720	0	6720
	补历年	—	0	0	0
	利息	—	12.74	0	12.74
历年账户		12 096	0	12 096
历年利息		—	604	0	604
账户累计		—	19 432.74	0	19 432.74

视同缴费：0 年 0 月　　　　　　　　　　当年缴费：1 年 0 月

累计缴费：3 年 0 月　　　　　　　　　　个人确认：

步骤 4：核对 2016 年个人账户对账单，见表 3-11。

表 3-11　2016 年唐屹养老保险个人账户对账单核对单

单位编码：

单位名称：　　　　　　　　　姓名：　　　　　　电脑序号：　　　　　　单位：

月份		缴费基数	合计	企业划转	个人缴费
当年	账户				
	补历年	—			
	利息	—			
历年账户		—			
历年利息		—			
账户累计					

视同缴费：　　　　　　　　　　　　　　　　当年缴费：

累计缴费：　　　　　　　　　　　　　　　　个人确认：唐屹

(三) 南京盛欣网络科技有限公司唐屹养老保险个人账户转移

1. 任务情境

南京盛欣网络科技有限公司的员工唐屹于 2013 年 12 月参加社会保险，并于次月开始正常缴费。2014 年月均收入为 5800 元，2015 年、2016 年月均收入分别为 6800 元、7000 元。2017 年 1 月唐屹辞职后回武汉市在"武汉新科技有限公司"工作。2017 年 1 月 3 日，唐屹原单位业务负责人到社保经办机构为其办理减员及养老转移相关手续，具体信息见表 3-12。在唐屹原单位、现单位及转入地、转出地社保经办机构的积极配合下，唐屹成功地转移了自己的社会养老保险关系。

表 3-12　唐屹参保信息

身份证号码	323105198804106972	缴费截止日期	2016-12-31
户籍地址	武汉市武昌区光谷路 8 号	账户类别	一般账户
本地参保起止日期	2013-12-25 至 2016-12-31	个人账户建立时间	2013-12-25
参加工作时间	2013-12-25	首次缴费时间	2014-01-10
本地缴费起始时间	2014-01-10	转移时间	2017-01-08
本地缴费终止时间	2016-12-31	本地实际缴费月数	36
户籍类型	城镇	年龄	28
性别	男	医疗保险类型	定点医保
统筹地区经办机构名称	南京市雨花台区人保中心	统筹地区经办机构行政区划代码	310110
医疗保障编号	323105198804106972	已转入个人账户余额(医疗)(元)	9818.82
未转入个人账户余额(医疗)	0	填报日期和办理日期	2017-01-03
参保人电话	15689768902		

原参保单位信息：

单位名称	南京盛欣网络科技有限公司	四险停止缴费原因	转往外省市
组织机构代码	50000266-1	医疗停止缴费原因	转往外省市
单位负责人	花陌	缴费截止日期	2016-12-31
单位经办人	花芯	养老统筹基金转移额	

原社会保险经办机构信息：

行政区划代码	310110	电话	021-56895261
单位名称	南京市雨花台区人保中心	地区名称	南京市雨花台区
地址	南京市雨花台区三门路100号	打印养老缴费凭证日期	2017-01-03
邮编	210000	打印医疗缴费凭证日期	2017-01-10
经办人	伍月	发送养老关系转移接续信息表日期	2017-01-08
发送医疗保险类型变更信息表日期		2017-01-15	

现参保单位信息：

单位名称	武汉市新科技公司	申请养老接续关系日期	2017-01-06
联系电话	027-96968651	申请医疗接续关系日期	2017-01-11
邮编	431400	单位地址	武汉市武昌区光谷一路66号

现社会保险经办机构信息：

单位名称	武汉市武昌区人保中心	开户全称	武汉市武昌区社会保险基金管理中心
单位地址	武汉市武昌区光谷一路88号	开户银行	中国银行
电话	027-68752611	邮编	431400
经办人	张松	养老发联系函日期	2017-01-07
医疗发联系函日期	2017-01-12		

历年缴费及个人养老账户记账信息：

年份	月缴费基数	缴费比例		当年记账金额		当年记账利息		至本年末账户累计储存额	
		单位	个人	小计	个人缴费	小计	个人缴费	小计	个人缴费
2014	5800	20%	8%	5568	5568	10.56	10.56	5578.56	5578.56
2015	6800	20%	8%	6528	6528	12.38	12.38	12 300.24	12 300.24
2016	7000	20%	8%	6720	6720	12.74	12.74	19 432.74	19 432.74

备注：所有金额保留2位小数，金额单位为人民币元。

2. 任务要求

请根据上述背景案例描述，分别扮演背景中的各个角色，模拟跨统筹地区社会养老保险关系的转移手续与流程。

3. 任务实施

步骤1：原单位办理减员手续，见表3-13。

表 3-13 社会保险参保人员减少表

填报单位(盖章)：南京盛欣网络科技有限公司

组织机构代码：50000266-1

社会保险登记证编码：

序号	*姓名	性别	*公民身份证号码	*停止缴费(支付)险种					*个人停止缴费(支付)原因		是否清算	*缴费(支付)截止日期
				养老	失业	工伤	生育	医疗	四险	医疗		
甲	乙	丙	丁	1	2	3	4	5	6	7	8	9
	唐屹	男	323105198804106972	√	√	√	√	√	转往外省市	转往外省市		2016-12-31

单位负责人：花陌   社保经办机构经办人员(签章)：

单位经办人：花芯   社保经办机构(盖章)：

填报日期：2017-01-03   办理日期：

步骤 2：受理参保人员减少，见表 3-14。

表 3-14 社会保险参保人员减少受理表

填报单位(盖章)：南京盛欣网络科技有限公司

组织机构代码：50000266-1

社会保险登记证编码：

序号	*姓名	性别	*公民身份证号码	*停止缴费(支付)险种					*个人停止缴费(支付)原因		是否清算	*缴费(支付)截止日期
				养老	失业	工伤	生育	医疗	四险	医疗		
甲	乙	丙	丁	1	2	3	4	5	6	7	8	9

单位负责人：   社保经办机构经办人员(签章)：伍月

单位经办人：   社保经办机构(盖章)：

填报日期：   办理日期：2017-01-03

步骤 3：转出地出具参保缴费凭证，见表 3-15。

表3-15 基本养老保险参保缴费凭证

编号：

参保人员基本信息					
姓名	唐屹	性别	男	个人编号	
身份证号码	323105198804106972	户籍地地址		武汉市武昌区光谷路8号	
在本地参保起止时间	从2013-12-25到2016-12-31	本地实际缴费月数	36	本地参保期间个人账户储存额	19 432.74
社会保险经办机构信息					
行政区划代码	310110	单位名称	南京市雨花台区人保中心		
电话	56895261	地址	南京市雨花台区三门路100号	邮政编码	210000

经办人(签章)：伍月

社会保险经办机构(章)：

日期：<u>2017-01-03</u>

(本凭证一式两联，填发此凭证的社保机构和参保人员各一联)

重要提示

1. 本凭证是您参加基本养老保险的权益记录，是申请办理基本养老保险关系转移接续手续的重要凭证，请妥善保管。

2. 当您跨省(自治区、直辖市)流动就业时，基本养老保险关系在原参保地社会保险经办机构保留，个人账户储存额按规定继续计算利息。到新就业地参保时，请向当地社会保险经办机构出示本凭证，办理基本养老保险关系转移接续手续。

3. 本凭证如不慎遗失，请与填发此凭证的社会保险经办机构联系，申请补办。联系方式可到任何一个社会保险经办机构查询。

步骤4：现单位申请接续关系，见表3-16。

表3-16 基本养老保险关系转移接续申请表

编号：

姓 名	唐屹	性 别	男	公民身份证号码	323105198804106972
原个人编号		户籍所在地	武汉市武昌区光谷路8号		
原参保地信息					
地区名称	南京市雨花台区		社保机构行政区划代码		310110
社保机构名称	南京市雨花台区人保中心		社保机构联系电话		56895261
社保机构地址	南京市雨花台区三门路100号		原参保地社保机构邮政编码		210000

参保单位(章)：申请人(签字)：唐屹

联系电话：<u>96968651</u> 联系电话：

日期：<u>2017-01-06</u>   日期：<u>2017-01-06</u>

(落款中的参保单位和申请人，二选一即可)

步骤5：转入地发转移接续联系函，见表3-17。

表 3-17　基本养老保险关系转移接续联系函

原参保地社保机构名称：

原在你处的参保人员___唐屹___，现申请将其基本养老保险关系转至我处，如无不妥请按相关规定办理转移手续。

原个人编号		姓名	唐屹	性别	男
公民身份证号码	323105198804106972		新就业地社保机构开户全称	武汉市武昌区社会保险基金管理中心	
新就业地社保机构开户银行	中国银行		新就业地社保机构银行账号		
新就业地社保机构地址	武汉市武昌区光谷一路88号		新就业地社保机构邮政编码	431400	

经办人(签章)：张松　　　　　　　　　　　　新就业地社保机构(章)：

电　话：68752611　　　　　　　　　　　　日　期：2017-01-07

(本函一式两联，一联发给原参保地社保机构，一联留存)

步骤6：转出地转移账户基金。

步骤7：转出地发转移接续信息表，见表3-18。

表 3-18　基本养老保险关系转移接续信息表

编号：

基本养老保险关系转移接续信息表

账户类别：一般账户[√]　临时缴费账户[ ]　　　　　　　　　　　　　　单位：元

参保人员基本信息							
个人编号		姓名	唐屹	性别	男	出生日期	1988-04-10
公民身份证号码	323105198804106972	户籍地地址	武汉市武昌区光谷路8号			转出单位名称	南京盛欣网络科技有限公司
参加工作时间	2013-12-25	首次参保地实行个人缴费时间		本人首次缴费时间	2014-01-10	本人建立个人账户时间	2013-12-25
在本地缴费起始时间	2014-01-10	在本地缴费终止时间	2016-12-31	在本地实际缴费月数	36	转移日期	2017-01-08

养老保险基金转移信息					
1998年1月1日前账户中个人缴费累计储存额	1998年1月1日至调转上年末个人账户累计储存额	调转当年记入个人账户本金金额	个人账户基金转移额	统筹基金转移额	转移基金总额
1	2	3	4	5	6
0	19 432.74	0	19 432.74		

历年缴费及个人账户记账信息												
参保地区		年份	月缴费基数	缴费比例		当年记账金额		当年记账利息		至本年末账户累计储存额	
行政区划代码	名称			单位	个人	小计	#个人缴费	小计	#个人缴费	小计	#个人缴费
7	8	9	11	12	13	14	15	16	17	18	19
310110	南京市雨花台区	2014	5800.00	20%	8%	5568.00	5568.00	10.56	10.56	5578.56	5578.56
310110	南京市雨花台区	2015	6800.00	20%	8%	6528.00	5568.00	12.38	12.38	12 300.24	12 300.24
310110	南京市雨花台区	2016	7000.00	20%	8%	6720.00	5568.00	12.74	12.74	19 432.74	19 432.74

注：栏目关系：6=4+5；4=1+2+3

经办人(签章)：___伍月___　　联系电话：___56895261___　　　原参保地社保机构(章)：

日　期：2017-01-08

(本表一式两联，一联发给对方社保机构，一联留存)

步骤 8：转入地接收转移接续信息表。

（四）南京盛欣网络科技有限公司唐屹退休后转移社会保险关系

1. 任务情境

南京盛欣网络科技有限公司(组织机构代码：50000266-1) 员工唐屹，户口所在地为南京市白下区长江南路 2 号，邮编为 210000，于 1974 年 7 月 1 日参加工作，2010 年 10 月 1 日在南京市白下区正常退休并开始领取养老金。2014 年 1 月唐屹户口随子女迁往南京市雨花台区三门路 458 号，邮编为 210000，养老关系需随即转往南京市雨花台区。相关信息见表 3-19。南京盛欣网络科技有限公司社保专员是花芯，负责人是蒋欣，单位联系电话为 010-68888666。

花芯于 2014 年 2 月 1 日向南京市白下区社会化管理服务机构转交了相关档案并提交了档案转移交接书。南京市白下区社会化管理服务机构经办人何以沫于当天收到了花芯交来的材料，审核完成后交由杨菲转交南京市雨花台区社会化管理服务机构经办人陈希。陈希于当天收到了杨菲转交过来的材料，签字盖章后于当天将档案转到了辖区内的南京市雨花台区三门路社保所经办人楚离。

花芯于 2014 年 2 月 2 日向南京市白下区人保中心提交了《退休人员养老金转移单》，南京市白下区人保中心经办人员吴天于当天受理了花芯的申请，盖章签字后交由杨菲转交南京市雨花台区人保中心经办人伍月，伍月于当天受理了唐屹的申请。

表 3-19　唐屹养老保险相关信息表

缴费年限	18	批准退休时间	2010 年 10 月 1 日
退休前职务	客服	出生年月	1950 年 4 月
性别	男	民族	汉
单位整理清点时间	2014-02-01	视同缴费年限	18

备注：所有金额保留 2 位小数，金额单位为人民币元。

2. 任务要求

请根据上述案例描述，模拟唐屹退休后的养老关系跨区转移业务流程。

3. 任务实施

步骤 1：转出区提交档案转移材料，见图 3-1 和表 3-20。

图 3-1　企业退休人员社区管理人事档案交接书

表3-20   企业退休人员社区管理人事档案移交名册

填表单位盖章：_____   接收区县：<u>南京市雨花台区</u>   街道：_____

序号	姓名	公民身份证号码	类别	详细地址	档案卷数	其他资料
	唐屹	323105198804106972		南京市白下区长江路2号		
区县合计						
所在区县社会化管理服务机构 公章 经办人签字：_____ 日期：_____		接收区县社会化管理服务机构 公章 经办人签字：_____ 日期：_____		接收街道(乡镇)社保所 公章 经办人签字：_____ 日期：_____		

单位填写人：<u>花芯</u>   负责人：<u>蒋欣</u>   联系电话：<u>68888666</u>

备注：1. 此表由企业(单位)按照退休人员户口所在地区县、街道分别填写，连同档案送至所在区县社会化管理服务机构。

2. 此表一式四份，企业单位与转出区县、接收区县、街道社保所应在相应的表格内签字盖章，各有一份。

3. 已经先期转移档案的人员，应有文字的转移凭证，对没有档案或丢失档案的人员，应附书面说明材料。

步骤2：转出区审核档案转移材料，见表3-21。

表3-21   企业退休人员社区管理人事档案移交名册审核

填表单位盖章：_____   接收区县：_____   街道：_____

序号	姓名	公民身份证号码	类别	详细地址	档案卷数	其他资料
区县合计						
所在区县社会化管理服务机构 公章 经办人签字：<u>何以沫</u> 日期：<u>2014-02-01</u>		接收区县社会化管理服务机构 公章 经办人签字：_____ 日期：_____		接收街道(乡镇)社保所 公章 经办人签字：_____ 日期：_____		

单位填写人：_____   负责人：_____   联系电话：_____

备注：1. 此表由企业(单位)按照退休人员户口所在地区县、街道分别填写，连同档案送至所在区县社会化管理服务机构。

2. 此表一式四份，企业单位与转出区县、接收区县、街道社保所应在相应的表格内签字盖章，各有一份。

3. 已经先期转移档案的人员，应有文字的转移凭证，对没有档案或丢失档案的人员，应附书面说明材料。

步骤3：转出区提交养老金转移材料，见表3-22。

表3-22 退休人员养老金转移单

_____转往街道管理退休人员养老金转移单

组织机构代码：50000266-1_____ 单位名称：南京盛欣网络科技有限公司_____ 编码：_____

姓名	唐屹	性别	男	出生年月	1950年4月	民族	汉
退休前职务(称)	客服	参加工作时间	1974-07-01	视同缴费年限	18	缴费年限	18
批准退休时间	2010-10-01	是否因工致残			享受优异待遇%		
户口所在地地址		南京市白下区长江南路2号			邮政编码		210000
户口所属街道					街道编码		
基本养老金计发办法			基本养老金金额			3000	

转出单位	(公章) 劳资负责人：蒋欣 经办人：花芯 日期：2014-02-02	单位所在区县社保机构	(公章) 经办人：_____ 日期：_____	转入区县社保机构	(公章) 经办人：_____ 日期：_____

自__年__月起由转入单位发放基本养老金

填报说明：职介中心、外商企业、乡镇企业和破产企业清算组将在退休人员转到街道时，需填写本表(一式三份)，并报区、县社保经办机构。

步骤4：转交档案转移材料。

步骤5：出具档案转移通知书，见图3-2。

企业退休人员人事档案转移通知书存根

编号：_____

南京市白下区_____ 社保所管理的退休人员唐屹_____同志，因户口迁移转入南京市雨花台区_____(乡镇)，档案随即转入你区。

日期：2014-02-01

- -

企业退休人员人事档案转移通知书

编号：_____

南京市雨花台区_____ 劳动服务管理中心(社会化管理服务机构)：

我南京市白下区_____社保所管理的退休人员唐屹_____同志，因户口迁移，现将该同志档案材料转入你区，请查收。档案共____卷____份。

南京市白下区_ 劳动服务管理中心(社会化管理服务机构)

日期：2014-02-01

- -

回 执

编号：_____

_____劳动服务管理中心(社会化管理服务机构)：

你区于_____转来_____同志档案材料____卷____份，于_____收到。

接收人(签字)盖章_____ 接收单位盖章_____

日期：_____ 日期：_____

图3-2 养老金档案转移通知书

步骤6：接收区审核养老金转移材料，见表3-23。

表3-23 退休人员养老金转移审核

_____转往街道管理退休人员养老金转移单

组织机构代码：__50000266-1__　　单位名称：__南京盛欣网络科技有限公司__　　编码：_____

姓名	唐屹	性别	男	出生年月	1950年4月	民族	汉
退休前职务(称)	客服	参加工作时间	1974-07-01	视同缴费年限	18	缴费年限	18
批准退休时间	2010-10-01	是否因工致残				享受优异待遇%	
户口所在地地址		南京市白下区长江南路2号				邮政编码	210000
户口所属街道						街道编码	
基本养老金计发办法			基本养老金金额		3000		

转出单位	(公章) 劳资负责人：_____ 经办人：_____ 日期：_____	单位所在区县社保机构	(公章) 经办人：吴天 日期：2014-02-02	转入区区县社保机构	(公章) 经办人：_____ 日期：_____

自___年___月起由转入单位发放基本养老金

填报说明：职介中心、外商企业、乡镇企业和破产企业清算组将在退休人员转到街道时，需填写本表(一式三份)，并报区、县社保经办机构。

步骤7：转交养老金转移材料。
步骤8：接收区接收档案转移材料，见图3-3和表3-24。

企业退休人员社区管理

人事档案交接书

　　经_____单位整理清点_____，
向_____社会化管理服务机构移交退休人员的人事档案_____份件，各类证明_____份(其中人事档案转到其他单位的证明___份，人事档案丢失的出具证明的___份，未建人事档案的证明___份)，转交名册附后。

移交单位签字：(盖章)　　　　　接收区县签字：(盖章)
日期：_____　　　　　　　　日期：2014-02-02

图3-3 接收区接收档案转移材料

表 3-24 接收区接收档案转移材料名册

填表单位盖章: _____ 接收区县: _____ 街道: _____

序号	姓名	公民身份证号码	类别	详细地址	档案卷数	其他资料
区县合计						

所在区县社会化管理服务机构公章	接收区县社会化管理服务机构公章	接收街道(乡镇)社保所公章
经办人签字: _____ 日期: _____	经办人签字: 陈希 日期: 2014-02-01	经办人签字: _____ 日期: _____

单位填写人: _____ 负责人: _____ 联系电话: _____

备注: 1. 此表由企业(单位)按照退休人员户口所在地区县、街道分别填写,连同档案送至所在区县社会化管理服务机构。

2. 此表一式四份,企业单位与转出区县、接收区县、街道社保所应在相应的表格内签字盖章,各有一份。

3. 已经先期转移档案的人员,应有文字的转移凭证,对没有档案或丢失档案的人员,应附书面说明材料。

步骤9: 转交档案转移通知书。

步骤10: 接收区出具档案转移通知书回执,见图3-4。

企业退休人员人事档案转移通知书存根

编号: _____

_____社保所管理的退休人员 _____同志,因户口迁移转入 (乡镇),档案随即转入你区。

日期: _____

- -

企业退休人员人事档案转移通知书

编号: _____

_____劳动服务管理中心(社会化管理服务机构):

我_____社保所管理的退休人员_____同志,因户口迁移,现将该同志档案材料转入你区。请查收。档案共____卷____份。

劳动服务管理中心(社会化管理服务机构)
日期: _____

- -

回　　执

编号: _____

南京市白下区_____劳动服务管理中心(社会化管理服务机构):

你区于 2014-02-01 转来唐屹_____同志档案材料____卷____份,于 2014-02-01 收到。

接收人(签字)盖章: 陈希 　　　　接收单位盖章
日期: 2014-02-01 　　　　　　　日期: 2014-02-01

图 3-4 接收区档案转移通知书回执

步骤11：接收养老金转移材料，见表3-25。

表 3-25 接收区接收养老金转移材料

_____转往街道管理退休人员养老金转移单

组织机构代码：　　　　　　单位名称：_____　　　编码：_____

姓名		性别		出生年月		民族	
退休前职务(称)		参加工作时间		视同缴费年限		缴费年限	
批准退休时间		是否因工致残				享受优异待遇%	
户口所在地地址					邮政编码		
户口所属街道					街道编码		
基本养老金计发办法				基本养老金金额			
转出单位	(公章) 劳资负责人：_____ 经办人：_____ 日期：_____		单位所在区县社保机构	(公章) 经办人：_____ 日期：_____		转入区区县社保机构	(公章) 经办人：吴天 日期：2014-02-02
自___年___月起由转入单位发放基本养老金							

填报说明：职介中心、外商企业、乡镇企业和破产企业清算组将在退休人员转到街道时，需填写本表(一式三份)，并报区、县社保经办机构。

步骤12：接收人事档案。

(五) 南京盛欣网络科技有限公司金素判刑后养老账户的封存与启封

1. 任务情境

2014年7月1日，南京盛欣网络科技有限公司员工金素在女同事于慧的故意挑拨下与鲁锋发生冲突，动手争执之际失手打死了鲁锋。2014年7月3日，法院依法判处金素有期徒刑20年。南京市雨花台区人保中心经办人员伍月于2014年7月4日对金素的养老保险个人账户进行清理并封存处理。金素参保信息见表3-26。

2034年7月6日，金素刑满释放，并重新进入南京盛欣网络科技有限公司工作，南京市雨花台区人保中心经办人员伍月于2034年7月6日对金素的养老保险个人账户进行启封处理。

表 3-26 金素参保信息表

累计缴费年限	0年7月	视同缴费年限	0年0月
性别	男	身份证号码	310105198212105891
月均工资	8000	参加工作时间	2014-01-01
累计额度个人缴费	21 000	累计额度合计	21 000
操作原因	假释期满	封存操作原因	判刑劳教

2．任务要求

请根据上述案例描述，模拟参保职工被判刑后养老保险个人账户的处理。

3．任务实施

步骤1：封存养老保险个人账户，见表3-27。

表3-27　封存养老保险个人账户操作图

姓名	金素	个人编号	
性别	男	累计额度合计	21 000
参加工作时间	2014-01-01	累计额度个人缴费	21 000
视同缴费年限	0年0月	单位名称	南京盛欣网络科技有限公司
累计缴费年限	0年7月	操作类型	封存
身份证号码	310105198212105891	操作原因	判刑劳教

经办人：<u>伍月</u>　　　　经办机构名称：<u>南京市雨花台区人保中心</u>

经办时间：<u>2014-07-04</u>

步骤2：启封养老保险个人账户，见图3-12。

表3-28　启封养老保险个人账户操作图

姓名	金素	个人编号	
性别	男	累计额度合计	21 000
参加工作时间	2014-01-01	累计额度个人缴费	21 000
视同缴费年限	0年0月	单位名称	南京盛欣网络科技有限公司
累计缴费年限	0年7月	操作类型	启封
身份证号码	310105198212105891	操作原因	假释期满

经办人：<u>伍月</u>　　　　经办机构名称：<u>南京市雨花台区人保中心</u>

经办时间：<u>2034-07-06</u>

(六) 南京盛欣网络科技有限公司破产后职工殷樱养老保险账户接续

1．任务情境

2050年10月25日，南京盛欣网络科技有限公司由于经营不善破产倒闭，与员工殷樱解除劳动关系。南京市雨花台区人保中心经办人伍月于2050年10月25日打印出了殷樱的养老保险个人账户记录(见表3-29)，交由参保企业社保经办人花芯及参保人核对。核对结果无误。

殷樱于2050年10月29日进入南京盛欣网络科技有限公司工作，南京市雨花台区人保中心经办人伍月于2050年10月29日为其办理接续养老保险关系服务。

表3-29　殷樱参保信息及养老保险个人账户信息

视同缴费年限	0年0月	结算年月	2050年10月
身份证号码	310303198853043282	性别	女
参加工作时间	2021-01-01	社保号码	社89222
个人编号	785301		

养老保险个人账户信息：

年份	当年缴费月份	当年缴费工资	上年社会平均工资	个人账户储蓄额											本年度累计额度	
				当年缴费金额			本年记账额利息			上年止累计储蓄额及本年利息						
				合计	其中		小计	个人缴费利息	单位划转利息	小计	个人缴费		单位划转		合计	其中:个人缴费本息
					个人缴费	单位划转					储蓄额	利息	储蓄额	利息		
1	2	3	4	5	6	7	8	9	10	11	12	13	14	15	16	17
2014	12	5800	4400	5568	5568	0	10.56	10.56	0				0	0	5578.56	5578.56
2015	12	6800	5200	6528	6528	0	12.38	12.38	0	5580.38	5568	12.38	0	0	12 300.24	12 300.24
2016	12	7000	5800	6720	6720	0	12.74	12.74	0	12 108.74	12 096	12.74	0	0	19 432.74	19 432.74

2．任务描述

请根据上述案例描述，模拟参保公司破产后职工养老保险个人账户的处理。

3．任务实施

步骤 1：打印养老个人账户，见表 3-30。

表 3-30 职工养老保险个人账户图

单位编码：　　　　　单位名称：南京盛欣网络科技有限公司　　　个人编号：785301　　　金额单位 元(保留到分)

| 社会保障号码 | 社89222 | 姓名 | 殷樱 | 性别 | 女 | 参加工作时间 | 2021-01-01 | 视同缴费年限 | 0年0月 | 身份证号码 | 310303198853043282 | 结算年月 | 2050 年 10 月 |

年份	当年缴费月数	当年缴费工资	平均工资	个人账号储存额											本年止累计储存额	
				当年缴费金额			本年记账额及利息			上年止累计储存额及本年利息						
				合计	其中		小计	个人缴费利息	单位划转利息	小计	个人缴费		单位划转		合计	其中:个人缴费本息
					个人缴费	单位划转					储存额	利息	储存额	利息		
1	2	3	4	5	6	7	8	9	10	11	12	13	14	15	16	17
2014	12	5800	4400	5568	5568	0	10.56	10.56	0				0	0	5578.56	5578.5
2015	12	6800	5200	6528	6528	0	12.38	12.38	0	5580.38	5568	12.38	0	0	12300.24	12 300.24
2016	12	7000	5800	6720	6720	0	12.74	12.74	0	12 108.74	12 096	12.74	0	0	19432.74	19 432.74

经办人：伍月　　　　　社会保险经办机构名称：　　　　　经办时间：2050-10-29

经办人(签章)　　　　　社会保险经办机构(签章)

备注：平均工资：2006 年之前为所在市上半年度社会平均工资；2006 年之后(含 2006)为当年全省在岗职工平均工资。

步骤 2：核对养老个人账户。

步骤 3：接续养老个人账户。

(七) 南京夏普科技有限公司唐米退休手续办理

1．任务情境

南京夏普科技有限公司职工唐米，男，1948 年 10 月 1 日出生，1970 年 9 月 1 日参加工作，2008 年 10 月 1 日正式退休，退休当年月缴费基数 5000 元，该职工截止到 1992 年 9 月视同缴费年限为 22 年；自 1992 年 10 月至 1998 年 6 月 30 日，实际缴费年限为 5 年 9 个月，退休时其个人账户累计额达到 229122 元，具体信息见表 3-31 和表 3-32。请计算此退休人员的退休金。个人账户以 139 个月为计算标准。

南京夏普科技有限公司经办人夏黛 2008 年 10 月 5 日到南京市雨花台区人保中心为唐米办理退休金手续。人保中心经办人伍月于当日受理了其业务申请。

办理参保人员退休资料：

(1) 职工档案原件。

(2) 社会保险个人缴费结算单原件。

(3) 身份证原件。

(4) 劳动合同原件。

(5) 职工劳动能力鉴定表原件。

表 3-31　唐米 1992 年至 2008 年的缴费工资情况表　　(单位：元)

年份	1991	1992	1993	1994	1995	1996
市平工资	2570	2580	2908	4220	6040	7648
缴费工资		1438.5(3 个月)	6624	9000	11 232	16152
年份	1997	1998	1999	2000	2001	2002
市平工资	8870	9801	12 080	13 000	15 032	20 024
缴费工资	22 430	24 010	24 800	28 300	30 560	35 010
年份	2003	2004	2005	2006	2007	2008
市平工资	24 040	28 040	32 008	34 096	36 067	
缴费工资	41 580	45 020	50 050	55 480	60 500	50 800(9 个月)

表 3-32　唐米基本参保信息表

身份证号码	31010119481001116789	电脑序号	602314598
四险停止缴费原因	办理退休	缴费类别	城镇职工
清算原因	退休	视同缴费年限	22
清算日期	2008-10-05	应缴年限	16
职工身份	会计	实缴年限	16
缴费截止日期	2008-09-08	退休类别	正常
逞交年限	0	四险支付原因	新退休
民族	汉	用工形式	固定工
过渡比例	40%	户口性质	城镇
参保原因	新参统	险种	全选

南京夏普科技有限公司：

组织机构代码	62200255-9	单位编号	300112
负责人	唐可嘟	联系电话	62102602

个人账户存储情况： 　　　　　　　　　　　　　　　　　　　　　　　　（单位：元）

至上年末个人账户存储额：				
合计	个人缴费	累计个人利息	单位划转	累计划转利息
224 022	157 500	5100	56 000	3022
当年个人账户				
合计	个人缴费	个人利息	单位划转	划转利息
5100	5100	0	0	0

(1) 计算过渡性养老金公式

$G = G$ 同 $+ G$ 实

G 同 $= C$ 平 $* Z$ 同指数 $* N$ 同 $* 1\%$

G 实 $= C$ 平 $* Z$ 实指数 $* N98 * 1\%$

Z 实指数 $= (X_n / C_{n-1} + \cdots + X_{1993} / C_{1992} + X_{1992} / C_{1991})/N$

X 为缴费工资　　C 为市平工资

(2) 计算基础性养老金公式

$J = (C$ 平 $+ C$ 平 $* Z$ 实指数$)/2 * N$ 实 $+$ 同 $* 1\%$

N 实为实际缴费年限　　N 同为视同缴费年限

(3) 计算个人账户养老金

个人账户养老金 = 个人账户总金额 $/ 120$

备注：计算 Z 实指数时保留 4 位小数，其余计算结果均保留 2 位小数。

2．任务要求

请根据上述案例描述，模拟职工退休手续的办理。

3．任务实施

步骤 1：申请减少参保人员（退休），见表 3-33。

表 3-33　社会保险参保人员减少表

填报单位（盖章）：南京夏普科技有限公司

组织机构代码：62200255-9

社会保险登记证编码：

序号	*姓名	性别	*公民身份证号码	*停止缴费险种					*个人停止缴费原因		是否清算	*个人停止缴费日期
				养老	失业	工伤	生育	医疗	四险	医疗		
甲	乙	丙	丁	1	2	3	4	5	6	7	8	9
	唐米	男	3101011948100116789	√	√	√	√		办理退休			2008-09-08

单位负责人：唐可嘟　　　　　　　　　社保经（代）办机构经办人员（签章）：

单位经办人：夏黛　　　　　　　　　　社保经（代）办机构（盖章）：

填报日期：2008-10-05　　　　　　　　办理日期：

备注：1．表格中带*的项目为必录项，其他有前提条件的必录项请参考指标解释。

　　　2．四险按收缴业务、支付业务分别填报。

　　　3．请依照表格背面的减少原因按规定填写。

步骤 2：受理减少参保人员（退休），见表 3-34。

表3-34 社会保险参保人员减少受理表

填报单位（盖章）：_____

组织机构代码：_____

社会保险登记证编码：_____

序号	*姓名	性别	*公民身份证号码	*停止缴费险种					*个人停止缴费原因		是否清算	*个人停止缴费日期
				养老	失业	工伤	生育	医疗	四险	医疗		
				1	2	3	4	5	6	7	8	9
甲	乙	丙	丁									

单位负责人：_____

单位经办人：_____

填报日期：_____

社保经办机构经办人员（签章）：伍月

社保经办机构（盖章）：

办理日期：2008-10-05

步骤3：提交退休申报材料，见表3-35。

表3-35 参保人员退休办理所需材料表

选择	资料名称	资料类型		提交
☑	职工档案	原件☑	复印件☐	唐米
☑	社会保险个人缴费结算单	原件☑	复印件☐	
☑	身份证	原件☑	复印件☐	310101194810016789
☑	劳动合同	原件☑	复印件☐	
☑	职工劳动能力鉴定表	原件☑	复印件☐	唐米
☐	职工提前退休审批表	原件☐	复印件☐	

步骤4：退休清算，见表3-36。

表3-36 养老保险个人账户退休清算单

组织机构代码：62200255-9　　　　单位名称：南京夏普科技有限公司

公民身份证号码	电脑序号	姓名	职工身份	缴费人员类别	缴费截止日期	清算原因	清算日期
31010119481001	602314598	唐米	会计	城镇职工	2008-09-0	退休	2008-10-05

视同缴费年限 22	实际缴费年限 16	逗缴年限 0	n 值 5.75

个人账户存储情况	至上年末个人账户储存额				
	合 计	个人缴费	累计个人利息	单位划转	累计划转利息
	224 022	157 000	6000	58 000	3022
	当年个人账户				
	合 计	个人缴费	个人利息	单位划转	划转利息
	5100	5100	0	0	0

补缴原因	补缴年限	补缴基数	补缴金额	单位缴费	个人缴费	单位划转	个人比例

个人账户总计	224022	个人账户养老金（1/120）	1866.85

社保经办机构：南京市雨花台区人保中心　经办人：伍月　日期：2008-10-05

养老保险各年度缴费情况明细

年度	缴费月数	缴费基数	单位缴费	个人缴费	单位划转	备注

步骤名称5：申请退休，见表3-37。

表3-37　参保人员退休申请审批表

单位编号：_____

姓名	唐米	性别	男	手册编号	
身份证号码	3101011948100116789			出生日期	1948-10-01
退休类型	(√)正常退休 　　( )特殊工种退休 　　( )农转城退休				
军转干部级别 (复员干部)		入伍时间		转业时间 (复员时间)	
劳模级别		职称级别		个人账户累计 储存额	
参加工作时间	1970-09-01		退休时间	2008-10-01	
扣减年限			扣减原因		
全部缴费年限 (含视同缴费年限)	38 年 0 个月		个人账户年限	个月	
建立个人账户 前年限	22 年 0 个月				
特殊工种年限 (大写)	年 个月		折算年限 (大写)	个月	
单 位 意 见	同意退休 经办人：夏黛 (公章)		劳 动 保 障 行 政 部 门 意 见	经办人：_____ 复核人：_____ (公章)	

备注：1. 本表一式五份。

　　　2. 职称级别一栏须填写副高级以上的技术职称级别。

　　　3. 如是复员干部请在(复员干部)栏打√。

步骤 6：审批退休申请，见表 3-38。

表 3-38　退休人员审批表

单位编号：＿＿＿＿＿＿＿＿＿

姓名		性别	男	手册编号	
身份证号码				出生日期	
退休类型	（　）正常退休		（　）特殊工种退休	（　）农转城退休	
军转干部级别 (复员干部)		入伍时间		转业时间 (复员时间)	
劳模级别		职称级别		个人账户累计 储存额	
参加工作时间			退休时间		
扣减年限			扣减原因		
全部缴费年限 (含视同缴费年限)	年　　个月		个人账户年限	个月	
建立个人账户 前年限		年　　个月			
特殊工种年限 (大写)	年　　个月		折算年限 (大写)	个月	
单位意见	同意退休 经办人：＿＿＿＿＿＿＿ (公章)		劳动保障行政部门意见	经办人：<u>伍月</u> 复核人：＿＿＿＿＿＿＿ (公章)	

备注：1. 本表一式五份。

　　　2. 职称级别一栏须填写副高级以上的技术职称级别。

　　　3. 如是复员干部请在(复员干部)栏打√。

步骤 7：申请养老待遇核准，见表 3-39。

表 3-39　基本养老保险待遇核准表

单位名称：南京夏普科技有限公司　　　　　编号：_____

姓名	唐米	社会保障号			
年龄	60	参保月份	1970 年 9 月	退休类别	正常
性别	男	参保原因	新参统	特殊工种名称	
民族	汉	参加工作时间	1970-09-01	从事年限	
出生年月	1948 年 10 月	退休时间	2008-10-01	因病退休监督级别	
户口性质	城镇	应缴费年度	16	劳动能力鉴定号	
职工身份	会计	视同缴费年月	22	N 实 98 值	5.75
专业技术职务		实际缴费年月	16	Z 实指数	2.2893
是否高级技师		逐缴年月	0	N 值(至 98 年 6 月缴费年限)	27.75
个人账户储存额	229 122	全部缴费年月	38		
上年职工月平均工资	3005.58				

现办法			原办法		
	计发基数	9886.25		计发基数	
基础养老金	计发比例(%)	38	基础养老金	计发比例(%)	
	计发金额	1021.17		计发金额	
个人账户养老金	计发月数	139	个人账户养老金	计发金额	
	计发金额	1648.36	过渡性养老金	G=(S*N*1%)*2.98	
过渡性养老金	G 视同	1513.75	综合补贴	计发金额	
	G 实际	395.64	因病退休	减发比例	
	计发金额	1909.39		减发金额	
养老金合计		4578.92	养老金合计		
过渡比例(%)		40	统筹支付金额		
参统单位申报意见		主管部门意见		退休核准部门意见	
签字(章)： 日期：__2008-10-05__		签字(章)： 日期：_____		签字(章)： 日期：_____	
备注					

步骤8：核准养老待遇，见表3-40。

表3-40　基本养老保险待遇核准表

单位名称：＿＿＿＿＿＿＿＿　　　　编号：＿＿＿＿＿＿＿＿

姓　名		社会保障号			
年　龄		参保年月		退休类别	
性　别		参保原因		特殊工种名称	
民　族		参加工作时间		从事年限	
出生年月		退休时间		因病退休鉴定级别	
户口性质		应缴费年限		劳动能力鉴定号	
职工身份		视同缴费年限		$N_{实98值}$	
专业技术职务		实际缴费年限		$Z_{实指数}$	
是否高级技师		逗缴年限		N值（至1998年6月缴费年限）	
个人账户储存额		全部缴费年限			
上年职工平均工资					

现办法			原2号令办法		
基础养老金	计发基数		基础养老金	计发基数	
	计发比例（‰）			计发比例（‰）	
	计发金额			计发金额	
个人账户养老金	计发月数		个人账户养老金	计发金额	
	计发金额		过渡性养老金	$G＝(S·N·1‰)·2.98$	
过渡性养老金	$G_{视同}$		综合补贴	计发金额	
	$G_{实际}$		因病退休	减发比例	
	计发金额			减发金额	
养老金合计			养老金合计		
过渡比例（％）			统筹支付金额		

参统单位申报意见	主管部门意见	劳动保障行政部门核准意见
签字（章）： 日期＿＿＿＿	签字（章）： 日期＿＿＿＿	签字（章）： 日期 2008-10-05
备注		

步骤9：申请退休人员增加，见表3-41。

表 3-41　社会保险参保人员增加表

填报单位（公章）： 南京夏普科技有限公司
组织机构代码： 6220255-9
社会保险登记证编码：

序号	*姓名	性别	*公民身份证号码	*参加险种					*个人缴费/支付(恢复)原因		申报月工资收入\入档次(元)	*增加日期
				养老	失业	工伤	生育	医疗	四险	医疗		
				1	2	3	4	5	6	7	8	9
甲	乙	丙	丁						新退休			9
	唐米	男	3101011948100116789									

单位负责人： 唐可嘟
单位经办人： 夏盏
填报日期： 2008-10-05

社保经（代）办机构经办人员（签章）：
社保经办机构（盖章）：
办理日期：

步骤 10：受理退休人员增加，见表 3-42。

表 3-42　按月领取养老金人员登记表

组织机构代码：62200255-9　社会化发放代发机构（　）

单位名称（章）：南京夏普科技有限公司

单位编码：（　）矿产企业（　）转制企业（　）停产企业（　）原行业（　）个人存档（　）超龄人员

退休核准编号：

电脑序号	公民身份证号码	姓名	性别	民族	出生年月	户口性质	外埠标志	现居住地址	街道编码	邮政编码
	31010119481001116789	唐米	男	汉	1948 年 10 月	城镇				
用工形式	职工身份	专业技术职务	工人技术等级 行政职务	参加工作年月日	缴费年限		足缴年限	个人缴费
固定工				1970-09-01	合计	视同缴费年限	实际缴费年限	
增加日期	退休分类	退休前所在单位代码	退休前所在单位名称	经济类型	发放地点	邮政汇款账号	户口所在地址	街道编码	邮政编码
2008-10-05									
参保时间	参保原因		特殊工种 名称	隶属关系	因病退休鉴定级别	劳动能力鉴定表号	批准退休时间	批准支付日期
2008-10-05	新参统							
1970-09-01	N值(98年6月缴费年限)	16	从事年限	T值	G平=(730×N×2.98)	183号统筹支付额	183号统筹养金差额
N实98值	Z实指数		上年职工月平均工资	Z平			
5.75	2.2893	27.75	3005.58				

新计发办法

	基础养老金		个人账户养老金		过渡性养老金		G视同	G实际	计发金额	养老金合计
计发基数（元）	计发比例%	计发金额	个人账户养老金合计发金额	计发月数	过渡性养老金C=(S×N×1%)×2.98 综合补贴×N×N1%	计发金额				
9886.25	38	1021.17		139		1648.36	1513.75	395.64	1909.39	4578.92

中断缴费核减(206 号)　　中断缴费月数(206 号)　　核减金额(206 号)　　过渡比例% 40

原计发办法

	基础养老金		个人账户养老金	过渡性养老金		养老金合计
计发基数（元）	计发比例%	计发金额	个人账户养老金合计发金额	过渡性养老金C=(G平+Z平)×T 综合补贴	计发金额	

原计发办法(117 号和 60 号)

因病退休　减发比例%　减发金额

中断缴费核减

	基础养老金			原机关事业办法纳入统筹项目的养老金合计
计发基数（元）	计发比例%	计发金额	中断缴费月数(206 号)	核减金额

因病退休　减发比例%　减发金额

单位负责人：唐可嘿　　填报人：夏盛　　联系电话：62102602　　填报日期：2008-10-05

·77·

(八) 南京夏普科技有限公司吴邪养老金月报支付

1. 任务情境

南京夏普科技有限公司职工吴邪，男，1954年10月1日出生，1980年9月1日参加工作，2014年10月退休。吴邪为单位里第一个到达退休年龄的职工。吴邪基本参保信息见表3-43。

南京夏普科技有限公司经办人夏黛2014年10月5日到南京市雨花台区人保中心为吴邪办理了退休金手续。当日，夏黛到人保中心为吴邪办理养老金月报支付手续，人保中心经办人伍月于当日受理了其业务申请。

表3-43　吴邪基本参保信息

身份证号码	110101195410011311	电脑序号	602314581
基础养老金	1655.33	个人账户养老金	2250.02
过渡养老金	1030	其他	其他

南京夏普科技有限公司信息：

组织机构代码	62200255-9	单位编号	1000119
负责人	唐可嘟	社保经办人	夏黛

2. 任务要求

请根据上述案例描述，模拟职工退休后养老金申领手续的办理。

3. 任务实施

步骤1：申报支付人数增减，见表3-44。

表3-44　基本养老金支付月报增减变动表

结算日期：

组织机构代码：62200255-9　　单位名称（章）：南京夏普科技有限公司　　　单位：人、元（保留两小数）

	支付单位个数		1	1
支付人数	本月人数　　2=3+4-5		2	1
	上月人数		3	
	本月增加		4	1
	本月减少		5	
支付金额	本月金额　　6=7+8-12		6	4935.35
	上月金额		7	
	本月增加		8	4935.35
	其中	新中国成立前补贴金额	9	
		正常调整机制金额	10	
		表十七变更金额	11	
	本月减少		12	
补充资料	本月增加	新中国成立前补贴人数	13	
		正常调整机制人数	14	

单位负责人：<u>唐可嘟</u>　　　填报人：<u>夏黛</u>　　　联系电话：　　　填报日期：<u>2014-10-05</u>

说明：1. 本表由参保单位于每月1日前按报表月发生的支付增减情况统计上报，一式两份。

2. 经社保经（代）办机构审核确认后作为拨付报表月养老金的依据。

3. 如调整机制增加的养老金作为发放"新中国成立前补贴"的基数时，则其增加部分于调整的当月在第9栏、13栏一次性填报。

4. 第10栏、第14栏，调整月填写，次月不再填写。

步骤 2：审核支付人数增减。

步骤 3：生成养老金支付月报，见表 3-45。

表 3-45 基本养老金支付月报表

结算日期：<u>2014-10-05</u>

社保经(代)办机构(章)：　　　　　　　　　单位：人、元(保留两位小数)

项目				本月	累计
支付单位个数			1	1	—
支付养老金人数	"决定"实施前	合计 2=3+8	2	1	—
		小计 3=4+5+6+7	3		—
		离休	4		—
		退休	5		—
		退职	6		—
		退养	7		—
	"决定"实施后	小计 8=9+10	8	1	—
		离休	9		—
		退休	10	1	—
应支养老金		合计 11=12+23	11	4935.35	
	"决定"实施前	小 计 12=13+…+17+19	12		
		离休金	13		
		退休金	14		
		退职金	15		
		退养金	16		
		各项补贴	17		
		其中 新中国成立前工作补贴	18		
		调整机制增加额	19		
		其中 离休	20		
		退休	21		
		退职(养)	22		
	"决定"实施后	小计 23=24+25+26	23	4935.35	
		基础性养老金	24	1655.33	
		个人帐户养老金	25	2250.02	
		过渡性养老金	26	1030	
		其中 新中国成立前工作补贴	27		
		调整机制增加额	28		
补充资料		库中实有支付人数	29		—

单位负责人：<u>唐可嘟</u>　　　　填报人：<u>夏黛</u>　　　联系电话：　　　　　填报日期：<u>2014-10-05</u>

说明：1. 本表由各级社保经(代)办机构汇总上报使用，一式两份。

　　2. "《决定》实施后"是指按"2 号令"规定审批的按月领取养老金的人员及其领取的养老金金额。

步骤 4: 查收养老金支付月报。

第三单元　南京市城乡居民养老保险实务操作

一、参保对象

(1) 同时符合以下条件的城乡居民，可以参加居民养老保险。

① 具有本市户籍，年满 16 周岁不满 60 周岁(不含在校学生)。

② 非国家机关、社会团体工作人员；当期未参加企业职工基本养老保险(以下简称企保)或参保中止缴费、未纳入事业单位养老保险、被征地人员社会保障(以下简称征地社会保障)等城镇非职工居民和农村居民。

(2) 同时符合以下条件的城乡老年居民，可以按规定享受相关养老待遇。

① 具有本市户籍满 5 年，年满 60 周岁。

② 未按月享受国家规定的其他社会养老待遇。国家规定的其他社会养老待遇现包括：国家机关及社会团体离退休待遇；企保、事业单位养老保险、征地社会保障养老待遇；供养直系亲属定期救济费；"五六十年代"精简退职人员定期补助费(生活补助费)；保养人员保养金；离休干部配偶无工作生活困难补贴费；原支边、插队(场)、下放"三无"人员老年生活困难补助；城市"三无"人员及农村"五保"人员供养待遇等。

(3) 特殊缴费人员界定：

① 最低生活保障人员：在享受城乡居民最低生活保障期间申报缴费的人员。

② 重度残疾人员：持有中国残联统一制作的第二代《中华人民共和国残疾人证》，残疾等级为一级、二级人员。

二、参保登记

(1) 符合居民养老保险参保条件的人员，持本人户口簿、身份证到户籍所在社区(村)劳动保障站或街道(镇)劳动保障所办理参保登记手续，填写《南京市城乡居民社会养老保险参保登记表》(宁居保表一，以下简称《参保登记表》)，申请参保缴费。

(2) 社区(村)劳动保障站或街道(镇)劳动保障所在收到《参保登记表》的 3 个工作日内，对参保申请材料进行初审，录入参保缴费信息。江南八区经办机构要对申请材料进行复核确认，上报市经办机构。

(3) 市、区(县)经办机构在收到参保缴费信息和参保申请材料后的 5 个工作日内，对人员参保申请进行审批。

(4) 市、区(县)经办机构在 15 个工作日内，将参保信息报送指定银行，同时委托银行为参保人员制发银行存折(卡)，并发放到参保人员手中，告知到指定的银行缴纳保费。银行存折(卡)用于参保人员缴纳保费或领取养老待遇。

(5) 市、区(县)经办机构在收到银行到账信息的 3 个工作日内，对参保人员的缴费记录进行确认。

三、基金筹集

居民养老保险保费实行按年缴纳。缴费年度为每年的 7 月至次年的 6 月；缴费时间为每年的 7 月 1 日至次年的 6 月 30 日。江南八区居民养老保险费从 2011 年度开始缴纳。

(一) 个人缴费

(1) 个人年缴费标准由市人力资源和社会保障部门(以下简称市人社部门)于每年 5 月 31 日前公布。

(2) 参保人员在缴费时间内未按期缴费的，逾期不予补缴。

(3) 区(县)政府或街道(镇)、社区 (村)集体对下一缴费年度城乡最低生活保障对象及重度残疾人等缴费困难群体个人缴费补贴标准于每年 5 月 31 日前公布。

(4) 从 2012 年 1 月起，参保人员入伍服役年限视同居民养老保险缴费年限。其中：原新农保参保人员，从 2008 年 7 月起，其入伍服役年限视同居民养老保险缴费年限。

(5) 凡具备参加其他社会养老保险条件的人员，应办理居民养老保险关系暂停手续后方可参加。

(二) 政府补贴

(1) 缴费补贴：政府对参保人员缴费每年给予补贴。江南八区：市财政和江南八区财政各承担 50%。其他区(县)：市财政按缴费补贴最低标准对六合区、溧水县、高淳县补贴 50%，对江宁区、浦口区补贴 20%。

(2) 养老金补贴：政府对符合养老待遇领取条件人员全额支付基础养老金和缴费年限养老金。江南八区：除中央财政和省财政补贴资金外，基础养老金由市、区财政各承担 50%，缴费年限养老金由市财政承担。其他区(县)：按最低计发标准，除中央财政和省财政补贴资金外，市财政对六合区、溧水县、高淳县补贴 50%，对江宁区、浦口区补贴 20%。

(3) 定期公布标准：政府缴费补贴和养老金补贴最低标准，由市人社部门会同市财政部门定期公布。

(三) 集体补助

(1) 有条件的街道(镇)、社区(村)集体可对缴费人员给予适当补助，每年 5 月 31 日前公布下一缴费年度的补助标准。

(2) 街道(镇)或社区(村)定期根据参保人员的缴费情况，申报集体补助，生成《年度南京市城乡居民社会养老保险集体补助花名册》(宁居保表二)，由街道(镇)或社区(村)根据审核确认的缴费总额将保费缴入指定的银行。参保人员已申请缴费但当期个人未缴费的，集体补助不予确认。

(3) 市、区(县)经办机构收到街道(镇)、社区(村)上缴的保费后，对上述人员集体补助的到账时间给予确认，并向缴费街道(镇)、社区(村)出具征收凭证。

四、个人账户管理

居民养老保险个人账户资金每年参照江苏省企业职工基本养老保险个人账户记账利率计息，每年 6 月 30 日为结息日。个人账户资金实行到账计息，从个人缴费以及集体补助实际到账之月起计息。政府补贴资金随个人缴费同期记入。原新农保参保人员个人账户资金2011 年 12 月 31 日前按原利率计息，2012 年 1 月 1 日后按新利率计息。

缴费年度内核定为最低生活保障人员、重度残疾人等缴费困难人群，个人缴费由区(县)政府补贴或街道(镇)、社区(村)集体补助，其个人账户计息分四种情况处理：

(1) 个人不需缴费，全由政府补贴：个人办理参保登记后，审核确认时间视同政府补贴到账。

(2) 个人不需缴费，由政府和集体共同承担或完全由集体补助：个人办理参保登记后，集体补助到账时间视同政府补贴到账。

(3) 个人需缴一部分，其余部分由政府补贴：个人保费到账时间视同政府补贴到账。

(4) 个人需缴一部分，其余部分由政府和集体共同承担或完全由集体补助：个人办理参保登记后，需个人先缴费，集体后补助。集体补助到账时间视同政府补贴到账。

五、养老待遇支付

(一) 申领条件

(1) 老年居民基础养老金申领条件:《南京市城乡居民社会养老保险办法》(以下简称《办法》)实施时，已年满 60 周岁，本市户籍满 5 年，未享受国家规定的其他社会养老保险待遇的城乡老年居民，自 2012 年 1 月起按月领取基础养老金。

本市户籍不满 5 年的城乡老年居民，个人按本年度各区(县)居民养老保险个人缴费最低标准一次性补缴 5 年保费。保费到账次月，全额领取基础养老金。不补缴人员，基础养老金不予发放。

(2) 缴费人员基本养老金申领条件：参保人员按规定缴纳居民养老保险保费，年满 60 周岁时，且本市户籍满 5 年，未享受国家规定的其他社会养老保险待遇的，按月领取基本养老金。

本市户籍不满 5 年的参保人员，年满 60 周岁后，可往后顺延缴费，待居民养老保险缴费年限满 5 年后，方可按月领取基本养老金。

(二) 计发标准

(1) 老年居民基础养老金：按定期公布的计发标准执行。

(2) 缴费人员基本养老金：由基础养老金、缴费年限养老金和个人账户养老金三部分组成。

基础养老金：按定期公布的计发标准执行。

缴费年限养老金：2012 年 1 月起，每缴费 1 年，缴费年限养老金据计发标准按月增加。

个人账户养老金：月计发标准为个人账户储存额除以 139。

缴费人员基本养老金月计发标准=基础养老金+缴费年限养老金×累计缴费年限+个人账户储存额/139。

(三) 办理手续

(1) 待遇申领：

① 老年居民基础养老金申领：符合享受老年居民基础养老金条件的人员，应携带本人

身份证、户口簿到户籍所在社区(村)劳动保障站或街道(镇)劳动保障所办理基础养老金申领手续，填写《南京市城乡老年居民基础养老金申领表》(宁居保表三，以下简称《基础养老金申领表》)。

社区(村)劳动保障站或街道(镇)劳动保障所在收到《基础养老金申领表》的3个工作日内，对申领资料进行初审。对初审合格人员进行公示，公示时间为7天。对公示无异议的人员，录入申领基本信息，盖章后将《基础养老金申领表》、身份证复印件上交区(县)经办机构。

② 缴费人员基本养老金申领：符合基本养老金领取条件的参保人员应在到达领取年龄前一个月，持本人户口簿、身份证到户籍所在地的街道(镇)劳动保障所办理基本养老金领取手续。街道(镇)劳动保障所对申领材料进行初审，合格后生成《南京市城乡居民基本养老金发放审批表》(宁居保表四，以下简称《基本养老金发放审批表》)，由参保人员签名确认。街道(镇)劳动保障所在3个工作日内将参保人员签字确认的《基本养老金发放审核表》和户口簿、身份证的复印件等材料，上交到区(县)经办机构。江南八区经办机构对申领信息复核确认后，上报市经办机构。

(2) 待遇审核：市、区(县)经办机构在收到申领信息后的5个工作日内，对申领信息进行审批。

(3) 待遇发放：市、区(县)经办机构对申领资料审核无误后，委托银行制发银行存折(卡)，并发放到老年居民手中。养老待遇实行社会化发放，发放日为每月10日。

六、制度衔接

(一) 与原新农保的衔接

原新农保参保人员全部并入居民养老保险，其缴费年限和个人账户储存额转入居民养老保险，按居民养老保险规定的标准缴费并享受相应的养老待遇。

(1) 原新农保缴费人员：2011年度保费继续按原标准缴纳和享受政府补贴，2012年7月1日后再行调整。

(2) 原养老待遇领取人员：2012年1月起，60周岁以上已领取养老待遇人员，基础养老金按新标准发放，其他养老金仍按2011年度计发的标准领取。2012年1月1日后到达养老年龄的参保缴费人员，其基本养老金按新标准计发。《办法》实施前55周岁至60周岁已领取养老待遇人员，仍按原新农保待遇标准继续领取，年满60周岁后按新标准计发。

(二) 与原城镇居民养老补贴的衔接

原城镇居民养老补贴人员全部并入居民养老保险。2012年1月起，60周岁以上人员按新标准发放。《办法》实施前55周岁至60周岁已领取养老待遇人员，仍按原待遇标准继续领取，年满60周岁后按新标准计发。

(三) 与企保的衔接

居民养老保险参保人员参加企保的，保险关系可按以下规定转接：

(1) 居民养老保险转企保：由本人提出申请，填写《南京市城乡居民社会养老保险转接企保申请表》(宁居保表五)，可将居民养老保险个人账户储存额转入企保，按我市企保相应结算年度基准缴费基数计算的个人账户记账本息，首次参加企保人员从本人企保参保之月起向前折算，企保续保人员从本人续保之月向前折算企保缴费年限。居民养老保险个人账户储存额转入企保个人账户后，终止居民养老保险关系。

(2) 到达法定退休年龄，既有居民养老保险又有企保的人员：

① 符合企保按月领取养老金条件的，其居民养老保险个人账户储存额，由经办机构一次性退还本人，终止居民养老保险关系。

② 不符合企保按月领取养老金条件的，按居民养老保险规定领取居民养老保险待遇。本人也可向区(县)社保经办机构提出申请，办理企保转接居民养老保险手续，将企保个人账户储存额转入居民养老保险个人账户，企保缴费年限视同居民养老保险缴费年限。

(四) 与征地社会保障的衔接

居民养老保险参保人员土地被征用后，应纳入征地社会保障，终止居民养老保险关系。正常缴费人员，其个人账户储存额一次性退还本人；基本养老金领取人员，其个人账户剩余资金一次性退还本人；基础养老金领取人员，其基础养老金停止发放。

(五) 与原农村社会养老保险的转接

(1) 符合居民养老保险参保条件的原农村社会养老保险(以下简称原农保)人员，可将原农保个人账户储存额转入居民养老保险个人账户，按居民养老保险办法实施当年居民养老保险缴费标准(个人缴费+政府补贴)，向前折算居民养老保险缴费年限。

(2) 原农保人员不符合居民养老保险参保条件的，或符合参保条件而不愿转入居民养老保险的，可继续保留原农保关系；也可终止原农保关系，将其个人账户储存额中个人缴纳本息一次性结算给本人。

(3) 本办法实施前，已领取原农保养老待遇的人员，继续按原标准按月领取，也可一次性领取。符合老年居民基础养老金领取条件的，养老待遇同时发放。

七、养老保险关系转移

(一) 外市迁移

(1) 参保缴费人员户口迁居外市的，由本人提出申请，迁出市、区(县)经办机构将其保险关系连同个人账户储存额转入迁入地的经办机构。若迁入地尚未建立城乡居民社会养老保险制度的，将缴费人员个人账户储存额或剩余资金一次性退还参保人，终止居民养老保险关系。

(2) 老年居民基础养老金领取人员户口迁居外市，其基础养老金自迁出次月起停止发放。

(二) 本市迁移

(1) 缴费人员户口在本市区(县)之间迁移的，由本人提出申请，迁出市、区(县)经办机构将其保险关系连同个人账户储存额转入迁入区(县)经办机构。

(2) 养老待遇领取人员户口在本市区(县)之间迁移的，养老金仍由原户籍所在区(县)按原标准发放。其保险关系不做变更，需更改户籍所在地和实际居住地信息。

(3) 参保人员在区(县)内户口迁移的,需变更户籍所在地、实际居住地等基本信息,其他不变。

八、退保及一次性结算

(1) 居民养老保险参保人员进入国家机关或社会团体工作、参加企保满 15 年、纳入事业单位养老保险或征地社会保障以及户口迁移等原因不再具备我市居民养老保险参保条件的,个人账户储存额一次性退还本人,终止居民养老保险关系。

(2) 参保人员在缴费期间死亡的,其法定继承人或指定受益人应在 1 个月内携带参保人员户口簿、死亡证明书,与死者的关系证明及本人身份证等相关资料到市、区(县)经办机构办理继承手续,其个人账户储存额一次性退还给法定继承人或指定受益人。

(3) 参保人员在领取基本养老金期间死亡的,其养老金待遇从死亡次月停止发放。其法定继承人或指定受益人应在 1 个月内携带参保人员户口簿、死亡证明书,与死者的关系证明及本人身份证等相关资料到市、区(县)经办机构办理继承手续,其个人账户剩余资金一次性退还给法定继承人或指定受益人。

第四章　社会基本医疗保险实务

医疗保险是针对个体或家庭医疗花费风险的社会分担机制，能够缓解患者及其家庭医疗费用方面的压力。它同良好的医疗服务以及其他有关各项保险相辅相成，共同发挥重要的作用。人们在日常生活和生产活动中，不可避免会遭受意外事故和疾病等伤病风险，使身心健康受到伤害，影响劳动生产效率，甚至导致暂时停止工作。工作中断和劳动生产效率的下降会减少人们的收入，同时疾病治疗还需支付医疗费用，因而，疾病风险给个体带来的经济损失是双重的。医疗保险制度的实施可以使患病的个体得到治疗和康复，有助于保证国民健康，满足个体及家庭的基本医疗需求，促进劳动力的恢复，为社会经济发展提供基本的保障。

与此同时，医疗保险的待遇享受水平和机会总体来说，并不与劳动者的劳动数量、劳动质量直接挂钩，也不与缴费水平相关联，它保证所有劳动者患病后有均等的就医机会，依据其病情提供基本医疗服务；医疗保险对医疗费用的补偿数额与缴费多少、参保人的个人特征(如性别、年龄、收入高低)无关，仅与患者实际发生的医疗费用有关。因而，医疗保险能够使低收入者看得起病，有助于合理调节社会分配关系，防止因病致贫，促进医疗资源公平分配。

医疗保险制度还会促进医疗卫生事业的发展和完善。社会医疗保险制度的实施，将对医疗服务提供的质量、合理性、科学性和规范性起到重要的促进作用。同时，也将对保障国民健康的预防、保健、康复等起到很好的促进作用。

实务操作方面，虽然对于社会医疗保险制度的实施，在全国范围有实施的统一的制度框架，但是在医疗费用分担及支付的具体金额和项目上，各地方政府针对当地的人口、财政、物价等具体情况，做出了相应的调整，地区差异性较大。因而，本章以南京为例进行医疗保险业务政策的详细解析，着重关注城镇职工医疗保险、城镇居民医疗保险以及新型农村合作医疗三大板块的具体业务操作流程。

【教学目标】

1. 能力目标

(1) 了解医疗保险的基本理论。

(2) 掌握我国基本医疗保险的筹资方式。

(3) 掌握我国基本医疗保险的制度架构。

(4) 了解我国城镇职工医疗保险、城镇居民医疗保险、新型农村合作医疗的覆盖人群、参保登记。

(5) 掌握我国城镇职工医疗保险、城镇居民医疗保险、新型农村合作医疗的缴费水平、缴费方式。

(6) 掌握我国城镇职工医疗保险、城镇居民医疗保险、新型农村合作医疗的待遇内容、支付方式、享受条件、结算方式。

(7) 掌握我国基本医疗保险制度的转移接续办法及手续办理。

(8) 掌握异地就医所产生的医疗费用的报销条件、报销方式。

(9) 了解医药机构定点工作流程。

(10) 掌握社会保障卡或市民卡的各项日常业务。

2. 知识目标

(1) 掌握医疗保险的特点。

(2) 掌握医疗保险基金筹集模式、费率。

(3) 掌握医疗保险费用支付方式。

(4) 掌握医疗保险费用分担方式。

第一单元　理论链接：社会基本医疗保险

一、医疗保险的定义

医疗保险是一个很大的概念，既可以专指由政府提供的社会医疗保险，也可以指由市场提供的商业医疗保险，但更多的情况是指社会医疗保险，本教材即关注社会医疗保险(下文简称医疗保险)。

医疗保险是根据立法规定，通过强制性社会保险原则，由国家、单位(雇主)和个人共同缴纳保险费，集资建立起来医疗保险基金，当个人因疾病接受医疗服务时，由社会医疗保险基金提供医疗保险费用补偿的一种社会保险制度。即其理论基础是：对于每个人来说，其生病和受伤害是不可预测的；而对于一个群体来说，按照大数法则，则又是可以预测的，将具有不同医疗需求群体的资金集中起来进行再分配，这种社会合作才有力量。

所以，医疗保险的实质是社会风险共担，目的在于鼓励用人单位和个人缴纳一定的医疗保险费，通过社会调剂，保证劳动者在其健康受到伤害时得到基本医疗，不会因为医疗花费而影响生活。

二、医疗保险的特点

1. 医疗保险具有普遍性

医疗保险是社会保险各个项目中保障对象最广泛的一个保险项目，因为疾病风险是每个人都可能遭遇且难以回避的，不像生育、失业、工伤、残疾甚至老年风险，保险对象主要是劳动者，而且有些人甚至可以避开这些风险。由于疾病的特点，医疗保险是无法避开的；对于每个人、每个家庭来说，医疗保险的使用频率是其他保险项目无法比拟的。因而，医疗保险覆盖对象原则上应是全体公民，具有普遍性。

2. 医疗保险涉及面广，更具复杂性

首先，医疗保险涉及医、患、保，还有用人单位等多方之间复杂的权利义务关系；其次，为了确保医疗保险资源的合理利用，医疗保险还存在着对医疗服务的享受者和提供者

的行为进行合理引导和控制的问题；再次，医疗保险不仅与国家的经济发展有关，还涉及医疗保健服务的需求和供给。这些都是其他社会保险项目所没有的。

3. 医疗保险属于短期的、经常性的保险，支付频率高

由于疾病的发生是随机的、突发性的，医疗保险提供的补偿也只能是短期的、经常性的，支付频率高；不像其他社会保险项目，如养老保险或生育保险那样，保险待遇支付是长期的、可预测的或一次性的。因此，医疗保险在财务处理方式上也与其他社会保险项目有所不同，更多地采用现收现付制和年度平衡的财务结算方式。

4. 医疗保险的费用难以控制

相对于其他风险，疾病风险的发生频率很高，每个人都会遇到疾病风险，有的人甚至会多次遇到这种风险。每个人每次医疗开支的费用都不尽相同，其间发生的数额差距较大；数额低时，不会影响患者或其家庭的生活，数额高时又足以致患者及其家庭于困境。医疗保险对享受者主要采取医疗给付的补偿形式，其资金的筹集和使用具有明确的目的性；而补偿额度与实际病情需要关系紧密，往往与享受者所缴纳的保险费无紧密关系。这与其他社会保险项目实行定额现金给付，而对其最终用途没有明确限定的做法是明显不同的。因此，医疗保险相对于其他社会保险项目来讲，其风险预测和费用控制是一个重要问题。

三、医疗保险基金的筹集

(一) 医疗保险基金的来源

基本医疗保险基金，是国家为保障被保险人患病期间的基本医疗需求，由社会医疗保险机构按照国家的有关规定，向用人单位和个人收缴的以及通过其他合法方式形成的用于保障被保险人基本医疗的专项基金。

医疗保险基金是整个医疗保险制度运行的物质基础。没有必要的医疗保险基金，医疗保险制度就难以正常运行，个人也难以享受到足够的医疗保障。因此社会医疗保险基金的筹集关系到医疗保险的实施范围和保障水平，是医疗保险制度的核心问题。

由于社会医疗保险是一项社会公益事业，其社会性强、受益面广、费用花费大，需要社会各方面的合作才能办好。一般来说，多数国家的医疗保险基金来源于政府、企业(雇主)和雇员，但占的份额是不同的，通常都是以企业(雇主)、雇员出资为主，政府补助为辅，但也有相反的情况。社会医疗保险基金除来源于政府、企业和个人的缴费外，另一个重要来源是把积累起来的基金用于投资经营或储蓄。

(二) 医疗保险基金的筹资模式

社会医疗保险基金的筹集方式大致可分为现收现付式、基金积累式和混合式。三种方式各有利弊，分别适合于不同形式的医疗保险制度。

(1) 现收现付式。

这种筹资方式以一定时期(一般为 1 年)收支平衡作为筹资目标，先测算出该时期需支付的纯保险费，然后制定本期的筹资标准，并按一定比例分摊到参加保险的各方。即每年筹集的医疗保险资金要全部用于支付当年的医疗费用，也就是由用人单位和在职职工个人按工资总额的一定比例(缴费率)缴纳的医疗保险基金，能够且只能满足当年的医疗费用

支出。

这种筹资模式的特点：① 以"横向平衡"原则为依据，"以支定收"，每年筹集的医疗保险费与当年的医疗保险基金支出基本平衡，略有结余。② 费率调整灵活，易于操作。③ 医疗费用体现人与人之间的横向调剂，通过保险期内不同年龄、体质的投保人之间的互助共济实现收支平衡。④ 具有通过再分配达到公平目的的特性。

现收现付制的优点是以支定收，只需考虑短期资金平衡，不必因维持较大数量的风险储备金而承担长期风险。其缺点是，当人口结构和劳动力的年龄结构发生变化时，由于没有长期资金积累，会增加现有人口和劳动力的费用负担，可能因财政负担过重而难以承受。

(2) 基金积累式。

这种筹资方式是在对有关的人口健康指标和社会经济指标(如患病率、工资率、平均医疗费用、通货膨胀率等)进行长期的宏观测算之后，将被保险人在享受保险待遇期间的费用总和按一定的提取比例分摊到整个投保期内，并对已提取但尚未支付的保险基金进行有计划的管理和运营。

投保人早年付出的保险费大于保险支出，其差额作为以后年份的储备基金；随着投保人年龄增长，保险支出会逐渐超过其交纳的保险费，这时用储备基金及其利息弥补收支差额，做到整个保险期内收支大体平衡。

这是一种以远期纵向平衡为目标的筹资方式，具有储蓄性质。其优点是可以用长期积累的基金对付可预见的和未能预见到的风险；其缺点在于储备基金由于跨越年度长易受到通货膨胀的侵蚀，造成贬值。

(3) 混合式。

混合式是将上述两种筹资方式互相结合，扬长避短的筹资方式。该筹资方式下，医保基金的收支呈"T"形平衡结构，一方面，在一定区域内的社会群体中"横向"筹集医疗基金，风险分担，费用共济；另一方面，保险费中的一部分进入个人账户"纵向"积累，以劳动者年轻力壮少病时积攒的储备金弥补年老体衰多病时的费用缺口，自行缓解后顾之忧。这种把社会共济与个人保障结合起来的筹资结构，既能体现社会公平原则，又能体现效率原则。它有利于消费者(被保险人)树立费用意识，自觉约束医疗消费行为，也有利于促进消费者监督服务提供方，规范医疗服务提供方的行为。不过在这种方式中，如何确定个人账户与社会统筹两部分医疗基金的比例，沉淀于个人账户的基金如何保值与增值等问题，还需要理论界做进一步探讨。

我国实行的"社会统筹与个人账户结合"的筹资模式就属于这种筹资方式。

四、医疗保险费用支付

医疗保险费用支付也称为医疗保险费用偿付或结算。它是指由医疗保险组织(机构)按照保险合同的规定，在被保险人接受医疗服务后，对其所花费的医疗费用进行部分或全部补偿，也可以理解为对医疗服务机构所消耗的医疗成本进行补偿。医疗保险费用支付的具体方法和途径，就是医疗保险费用的支付方式。医疗保险费用的支付方式是医疗保险制度运行中一个重要环节，不同的费用支付方式，会影响医疗费用的开支、医疗资源的配置以及患者所得到的医疗服务质量。

医疗保险费用的支付按照经济关系不同分为两个部分：一是对提供医疗服务的供方(医院)的费用支付，即保险方与医疗机构所进行的费用结算，体现医保双方的经济关系；二是对医疗服务需方(病人或被保险人)的费用结算，即保险方与被保险方对费用进行分担，体现医疗保险机构与被保险人的经济关系。

医疗保险费用的支付方式从付费的时间上看，可分为后付制和预付制两种。后付制是指在提供了医疗服务之后，医疗保险机构根据医疗费用开支的多少，向医疗机构或病人支付医疗费用。预付制是指在医疗服务机构提供医疗服务之前，医疗保险机构就按合同向医疗服务机构提前支付费用。

从费用支付所发生的关系上看，可分为由医疗保险机构同医疗服务机构直接结算，以及参保人就诊时，先由患者垫付，然后患者再凭就医的诊断和费用凭证同医疗保险机构进行结算两种。

从医疗保险费用的具体支付方式上看，可分为按服务项目支付、按人头支付、按平均费用支付、按病种分类支付、总额预算制、工资制、以资源为基础的相对价值标准制。

(1) 按服务项目支付。

由医疗保险机构根据病人接受服务的项目及其收费标准向医疗服务提供者支付费用补偿的办法。它属于费用后付制办法。

按服务项目支付是医疗保险中最传统，也是应用最广泛的一种费用支付方式。中国长期以来实行的劳保医疗和公费医疗制度就是采用按项目支付费用的办法，也叫实报实销。这种付费方式的优点是实际操作简便，适用范围较广。

其缺点是由于医院收入同提供医疗服务项目和数量的多少有关，因而具有诱导医疗服务机构提供过度医疗服务的倾向。医院通过增加服务项目和服务量，过度检查、用药、治疗，造成卫生资源的浪费。同时，由于医疗费用由第三方保险机构事后支付，作为第三方的保险机构处于被动地位，只能在事后对账单进行审查，难以有效地控制医疗费用的浪费。

(2) 按人头支付。

医疗保险机构按合同规定的时间(如 1 年)，根据定点医院服务对象的人数和规定的收费标准，预先支付供方(医疗服务机构)一笔固定的服务费用。在此期间，医院和医生负责提供合同规定范围内的一切医疗服务，不再另外收费。这种方式实际上是一定时期、一定人数的医疗费用包干制。

按人头支付的优点是由于医疗费用采取按人头包干的形式预先支付给了医院，结余归医院，超支自付，从而使医院产生内在的成本制约机制，能自觉地采取控制费用的措施，如积极开展预防、健康教育、体检等活动，以期最大限度地降低发病率，从而减少费用开支；鼓励医生以较低的医疗成本为更多的病人服务，促进卫生资源的合理使用，防止医生提供过量服务；行政管理简便，管理费用较低。

它的缺点是可能出现医疗服务提供者为节约费用而减少服务或降低服务质量的现象；或可能出现医生的"挑客现象"，只收轻病人，拒收重病人。为保证医疗服务质量，按人头支付方式通常规定服务对象的最高人数限额，以防止病人太多，医院因对病人的照顾不周而降低服务质量。

(3) 按平均费用支付。

按平均费用支付也叫按服务单元支付或定额支付。根据参保人就医时间的长短可将医疗服务分为门诊服务和住院服务两部分。在医疗保险费用支付办法的计算上也会不同。其总费用公式为：

$$总费用 = 平均服务单元费用 \times 服务单元量$$

对门诊医疗服务费用补偿则采用平均门诊人次费用标准，对住院医疗服务费用补偿采用平均住院日以及日均费用标准。

这种支付方式能防止医生提供过多服务，有利于保险机构控制成本和费用；同时保险机构也不用逐项详细审核医疗服务账单，大大减少了工作量，从而降低了管理成本。

其缺点在于：对门诊来说，虽然门诊费用标准是事先确定的，但增加门诊次数，就可以增加服务量和收入；对住院来说，尽管住院日费用标准是定数，但会刺激医院减少必要的服务和降低服务质量，或增加住院天数也可以扩大服务量和收入。这种状况会使病人增加不必要的多次就诊以及延长住院日的麻烦。对保险机构而言，虽然平均费用标准在某种程度上限制了所提供的服务量，但医生或医院可通过增加服务次数达到增加服务量，以获取更多服务收入的目的，这也会造成医疗费用的增长。

(4) 按病种分类支付。

这种支付方式的全名叫按疾病诊断分类定额支付，即根据国际疾病分类法，将住院病人按诊断、年龄等分为若干组，每组又根据疾病的轻重程度及有无并发症、并发症为几级，对每一组不同级别分别制定价格，按这种价格对该组某级疾病治疗全过程向服务供给方一次性付清。它把医疗服务的全过程看成是一个计量单位和确定服务价格的标识。实际上就是按医生所诊断的住院病人的病种进行定额付费。设计该方案的目的是通过统一的疾病分类定额支付办法，达到医疗资源利用的标准化。这种方式使医疗保险费用的支付与诊断的病种相关联，而与病人实际花费的医疗费用无关。

该方案的优点是会激励医院从经济上以低于固定价格(标准价格)的费用来提供服务，保留固定价格与实际成本的差额。这在客观上将促进医院节约成本，缩短住院时间，减少诱导性消费；注意病人检查治疗的有效性，避免不必要的支出，在一定程度上能减缓和控制医疗费用。

该方案的问题和缺点是如何为一个病人进行恰当的病种分组。医院有可能在自身利益的驱动下，为了多获取收入，在诊断界限不明时，使诊断升级，将病人重新分类到高补偿价格的病种组中；可能减少提供的服务量；另外还需要大量的基础工作，是对管理技术要求高、信息量大、成本较高的支付方式。

(5) 总额预算制。

由政府单方面或医疗保险机构同医院协商，事先确定年度预算总额，在该年度内，医院的医疗费用全部在总额中支付，"结余留用，超支不补"，这就是总额预算制。总额预算制属于预付制的办法，通常双方一年协商调整一次。在理论上，年度预算的确定，应当按照以往年度实际发生的医疗费总额，兼顾参保人数的变动、人口老龄化、疾病普遍化、通货膨胀、医药科技进步等因素，确定一个"提前消费量"，医保双方在此基础上，再商定当年医疗费用的总预付额。

总额预算制的优点是从运行机制上消除了医疗服务供方提供过度医疗服务的经济动因，促进医疗行为的规范化，有效地控制医疗费用的不合理增长；由于总额预算下的成本是固定的，医院可主动地事先安排计划，合理利用医疗卫生资源；这种费用结算方式手续简便，可降低管理成本。

其缺点是医疗供方在预付总额既定的"硬约束"下，可能出现医疗服务提供不足和医疗服务质量下降的现象；确定年度预算总额是一件困难的事，因为变动因素很多，难以事先估计准确。

(6) 工资制(薪金支付制)。

社会保险机构根据定点医院医生或其他医疗卫生服务人员所提供的服务向他们发工资，以补偿定点医院人力资源的消耗。一般是依据所提供服务的时间、医生的技术等级、服务的数量及质量来确定医疗服务人员的劳动价值。

工资制的特点是医务人员的收入按固定数额支付，与医务人员提供服务的质量和数量无关。这种方式的好处是医疗保险机构能够控制医院的总成本和人员开支，医务人员的收入有保障。其缺点是缺乏对医生的激励机制，不能调动医生的积极性，可能会导致服务态度不好和服务质量下降。

(7) 以资源为基础的相对价值标准制。

这是一种新的医疗费用支付方式，此方式被用于美国的老年医疗保险计划。它的基本内容是：根据医疗服务中投入的各类资源成本，计算出医生服务或技术的相对价值或权数；应用一个转换因子把这些相对价值转成收费价格。

该方法所依据的消耗成本包括：医生的服务时间；服务的复杂性，承认所需要的技术及努力程度存在差异；机会成本，使接受不同培训时间的医生能够得到相应的回报率；开业的管理费用，如办公室人员工资及设备折旧等。

此种支付方式的优点：能全面合理地估计和比较每个医生服务资源的投入，并以此为基础使各种服务得到近似于理想的竞争市场中的补偿标准；有助于调节医生的服务行为，促使医生将其活动范围向诊断及管理性服务转移，减少不必要的外科手术；改善目前各医疗专业服务补偿水平不公平的现象，提高全科医生的收入，降低专科医生过高的收入。但目前该制度还处于研究阶段，需要进一步的完善。

五、医疗保险费用分担方式

医疗保险费用分担方式，即在医疗保险费用支付过程中，被保险方参与分担一部分医疗费用的支付方式。这是一种传统的支付方式。早期的医疗保险付费一般是被保险人直接向服务方付费后，再由保险机构给予补偿。以后保险机构逐步替代了被保险人的支付形式，直接向服务提供方支付。

费用分担方式有以下几种：

(一) 起付线制

起付线制也叫起保线制，即保险方规定报销的医疗费用最低限额以下的部分由病人自付。

起付线制的主要特点：① 费用分担有利于产生费用意识，控制消费行为，从而控制医疗费用。② 节省小额费用报销所带来的管理成本。③ 当起付线较高时，起到了保大病、保高额费用的作用，相对于按比例分担有较好的公平性。

起付线制的主要缺点：当起付线不能与家庭收入挂钩时，会给低收入家庭带去较大经济负担，成为一些个人和家庭获得必要医疗服务的障碍。另外，起付线之上的全额补偿制度，会诱发被保险人在补偿心理的支配下，过度利用医疗服务，甚至会将一些服务转让给其他人。

(二) 共同付费方式

共同付费方式也叫按比例自付方式，指被保险人支付医疗费用时，要与保险机构各自按一定比例共同负担费用。这种比例叫共同负担率或共同付费率。这是费用分担方式中最常用的一种，也是现在中国医疗保险制度改革中普遍采用的方法。

共同付费方式的主要特点：① 要求病人负担总医疗费用的一定比例，对病人整个求医过程产生影响，能够调节医疗消费、控制医疗费用。② 在医疗价格需求弹性的作用下，促使病人选择相对价格较低的服务，可以降低医疗服务费用。

共同付费方式的缺点：由于家庭收入和健康状况的差别，可引起享有医疗服务的不公平情况。对于消费较高的医疗项目，一些收入较低的人群会主动放弃一些医疗服务或是提前结束医疗而使医疗效果降低。

(三) 最高保险限额

最高保险限额是医疗保险机构规定补偿某一数量或家庭成员个人收入某一比例以内的医疗费用部分，超出这个水平的医疗费用由病人自己负担。这个最高限额是医疗保险机构支付的"封顶线"。

它是最有争议的支付方式之一，最明显的好处就是可以有效地抑制医疗费用的增长，而且可限定在一个人们所要求的范围之内，这样可以避免出现保险机构费用超支，常被一些商业性保险公司或独立经营的保险公司采用。

这种支付方式最明显的问题是它降低了医疗保险的功能和水准。因为发生在少数人身上的大数额疾病负担风险，即医疗保险所要解决的风险问题，最终以限额方式又还给了被保险人。

六、我国医疗保险基金的筹集

(一) 社会统筹和个人账户相结合的筹资模式

我国目前正在实施的城镇职工基本医疗保障就采取了社会统筹与个人账户相结合的形式。根据中华人民共和国国务院国发〔1998〕44 号文件《关于建立城镇职工基本医疗保险制度的决定》，城镇职工基本医疗保险制度实施中，"基本医疗保险费由用人单位和职工双方共同负担；基本医疗保险基金实行社会统筹和个人账户相结合"。

所谓社会统筹，就是对医疗保险基金实行统一筹集、统一管理、统一调剂、统一使用。大多数国家的医疗保险基金都是通过税收或缴纳保险费的形式在全社会范围内"横向"筹集的，这种社会统筹方式可实现社会成员间横向的互助共济和统筹调配，较好地分散风险，有助于提高社会公平，符合社会保障的基本原则。

个人账户形式筹集医疗保险基金的具体模式为储蓄型医疗保障模式。该形式将疾病风险分散在相对较长的时期内，有助于提高抵御疾病风险的能力；同时还有利于增强被保险人加强费用意识，自觉约束医疗消费行为；也有利于被保险人加强对医疗服务供方的监督，约束其可能出现的诱导需求现象。但另一面，个人账户模式的医疗保障又存在缺乏互助共济的缺陷，用其承受一定的医疗费用还可以，如果发生高额医疗费用(患重大疾病)则由于缺乏横向共济而无力负担。

采取社会统筹和个人账户相结合的形式筹集医疗保险基金，将社会统筹和个人账户两种形式优势互补。一方面，社会统筹基金的建立，体现了社会医疗保险互助共济的"大数法则"，可通过横向筹集保障基金实现互助共济、风险分担，使医疗保障社会化，均衡医疗费用负担，分散医疗风险，实现社会公平。另一方面，又通过建立个人账户实现基金的部分积累，加强被保险人的费用意识和健康投资意识，约束卫生服务供需双方过度提供(利用)卫生资源的行为，强化费用支出的制约机制，有助于遏制医疗费用的不合理增长。

(二) 医疗保险基金来源

基本医疗保险费由用人单位和职工共同缴纳，职工个人缴纳的基本医疗保险费，全部计入个人账户。用人单位缴纳的基本医疗保险费分为两部分，一部分用于建立统筹基金，一部分划入个人账户。用人单位缴费率在职工工资总额的6%左右，职工缴费率一般为本人工资收入的2%，建立基本医疗保险统筹基金和个人账户基金。随着经济发展，用人单位和职工缴费率可做相应调整。

因而，基本医疗保险基金由统筹基金和个人账户基金构成。个人账户基金主要来源于两部分：一是职工个人缴纳的医疗保险费；二是用人单位缴纳的医疗保险费的一部分，一般用人单位缴费的30%左右用于为职工建立个人账户(具体比例由统筹地区根据个人账户的支付范围和职工年龄等因素确定)。利息收入也是职工个人账户资金的一个来源。退休人员本人不缴费，但也要为其建立个人账户。建立退休人员个人账户的资金全部由单位缴费部分解决，且总的个人账户计入水平不得低于职工个人账户的水平。个人账户的本金和利息归个人所有，可以结转使用和依法继承，一般不得提现。

统筹基金的主要来源是用人单位缴纳的一部分基本医疗保险费。用人单位缴费划入统筹基金的比例为70%左右，即用人单位缴费的30%左右用于为职工建立个人账户后剩余的部分。统筹基金的来源还包括统筹基金利息收入、上级补助收入、下级上解收入、财政补贴和其他收入。

(三) 医疗保险的支付范围

我国按门诊和住院划分统筹基金和个人账户基金的支付范围，统筹基金主要用于支付大额医疗费用和住院费用。

我国个人账户实行的是社会化管理，个人账户只能用于个人医疗支出而不能变现或用于其他非医疗支出。个人账户主要用于支付小额医疗费用、医保药品费用和门诊费用。

第二单元　南京市城镇职工基本医疗保险实务操作

一、行政机关

各级统筹区劳动保障行政部门负责本行政区域内的城镇社会基本医疗保险工作。市、区(县)医疗保险及相关经办机构按照职责分工，具体承办城镇社会基本医疗保险工作。市本级统筹所属区以及街道(乡镇)、社区(村)劳动保障经办机构按规定要求为参保对象提供经办服务。

二、社会医疗保险的登记工作

(一) 用人单位申请办理医疗保险

用人单位应按照《社会保险费征缴暂行条例》和《南京市城镇社会基本医疗保险办法》的规定,到社会保险经办机构填写《用人单位参加城镇职工基本医疗保险登记表》(见附表4-1),按程序办理医疗保险参保登记手续(见图 4-1),逾期未办理的,由社会保险经办机构以其基本养老保险费缴费基数为基数进行预征缴。用人单位补办申报手续并按核定数缴纳基本医疗保险费后,由经办机构按规定结算。

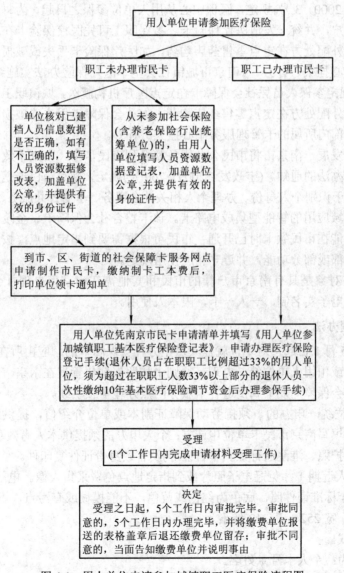

图 4-1　用人单位申请参加城镇职工医疗保险流程图

职工参保由用人单位统一到社会保障经办机构办理南京市民卡(以下简称市民卡)，按规定办理有关参保手续，履行缴费义务后，职工自缴费次月起享受基本医疗保险待遇。凡退休人员占在职职工比例超过33%的用人单位，须为超过在职职工人数33%以上部分的退休人员一次性缴纳10年基本医疗保险调节资金后办理参保手续。基本医疗保险调节资金缴纳标准由市劳动保障部门根据上一年度本市社会平均工资测算后确定，并向社会公布。

(二) 南京市市民卡办理

根据2000年《南京市城镇职工基本医疗保险就诊、转诊管理暂行办法》，2001年《关于医疗保险启动运行中有关问题处理意见的通知》的有关规定，参保人在本市定点医疗机构就医、定点药店购药、到本市医保经办机构办理医疗费零星报销等各项医疗保险事项时，应使用社会保险卡或《劳动社会保障卡》。《南京市城镇职工基本医疗保险暂行规定实施细则》(宁劳医字〔2000〕3号)规定，医保中心从用人单位参保之日起，为每位职工建立基本医疗保险个人账户，并统一发放医疗保险卡。参保职工可凭医疗保险卡在本人定点的医疗机构就医，或持外配处方在定点零售药店购药。如医疗保险卡丢失或破损后，应携带本人身份证到医保中心挂失、补办。《南京市城镇社会基本医疗保险办法实施细则》(宁劳社医〔2008〕11号)规定参保人员凭社会保障卡在定点医疗机构就医，城镇职工基本医疗保险参保人员可凭卡持外配处方在定点零售药店购药。如社会保障卡丢失或破损，应携带本人身份证到劳动保障部门所属的卡管理服务中心挂失、补办。

随着技术的发展，南京市将市民公共服务整合到市民卡中。南京市政府《关于印发南京市市民卡管理办法的通知》(宁政发〔2009〕260号)规定，南京市市民卡是经南京市人民政府授权发放，用于识别个人身份、办理个人相关社会事务、享受公共服务、进行电子支付，可以在全市多领域应用的智能型集成电路卡。该卡整合社会保障卡、金陵通卡和银行卡功能。社会保障功能在市民领卡时已开通；市民可根据需要到指定地点，按照功能应用提供部门规定开通全部或部分功能，并遵守相应使用规定。

市民卡发放对象是具有南京市户籍的市民和其他需在南京市办理社会保障业务的人员。市民卡采用电子实名制，一人一卡，限本人使用。

1. 申请办理办法

自2008年5月1日起，对单位就业人员申办社会保障卡的，应由所在单位集中办理。

申领人申领或由用人单位统一办理，原则上按照属地化管理在南京市民卡服务中心和区人力资源和社会保障局及下属街道各卡服务网点办理申领手续。

(1) 用人单位统一申办的，须持劳动保障证副本或单位介绍信，提供申领人员个人身份证件复印件并填写南京市民卡单位申请书；个人申办的须提供本人有效身份证件(包括身份证、户口簿、护照、港澳通行证、军官证等)及有效身份证件复印件。

(2) 提供个人近期1寸免冠电子照片或到指定地点免费采集人像。电子照片要求：

① 最近一年标准证件照，底色为红色或蓝色，不能模糊或有污点，不能留白边。

② 大小为：宽252×高312像素。

③ JPG格式。

④ 文件名为：个人卡号＋姓名。

(3) 申请人填写、阅读、核对南京市民卡单位申请书，并签字确认。

(4) 申领市民卡收费。经苏价费〔2013〕341 号文件批准，首次申请领取市民卡的人员免费；遗失、损坏补发卡的人员按 20 元/卡收取工本费。对持有南京市原社会保障卡人员、纳入社会化管理服务的企业退休人员、居民医保全额补助人员、大学生参加居民医保人员、享受新农保待遇人员、享受低保待遇人员以及持敬老卡人员，首次更换或办理免收工本费。

(5) 单位领取请携带社会保障证副本或单位介绍信，个人领取请携带本人有效身份证件，如需代领，请携带双方有效身份证件。

2. 市民卡挂失办法

市民卡发生丢失的，持卡人应当及时申请挂失。各经办网点应当在接到挂失信息后及时冻结该卡的使用。

挂失分为电话挂失和书面挂失。市民可拨打 12333 或凭持卡人有效身份证件到市民卡服务中心及所属指定地点书面挂失，社会保障功能挂失即时生效。12333 电话挂失后，市民须在 3 个工作日内到指定地点办理书面挂失，否则社会保障功能在 3 个工作日后将自动解除电话挂失。

银行账户功能口头挂失须通过银行提供的渠道办理；银行账户功能书面挂失须到银行指定网点办理，书面挂失 7 日后可办理销卡转账。

市民卡挂失后续服务办理：

(1) 卡挂失后寻回的。卡挂失后，若找回挂失的卡且未办理补卡申请的，由持卡人本人携卡凭有效身份证件到市民卡服务中心及所属指定地点办理书面解除挂失手续，社会保障功能即时解挂。若已办理补卡手续，卡主须将原卡自行销毁，避免损失。

(2) 卡挂失后补卡的。补卡需到市民卡服务中心及所属指定网点办理，5 个工作日后可领新卡。

3. 市民卡补换办法

市民卡有效期为 10 年，自发放之日起计算；有效期满前 3 个月内，持卡人应当到市民卡管理服务机构指定的网点申请换领新卡。

持卡人个人基础信息(包括姓名、证件号、照片等)发生变更的，须在办理信息变更后，到市民卡服务网点办理换卡申请。

市民卡出现卡面污损、残缺不能辨认，或者在市民卡专用读卡设备上不能正确读写或者无法读写，持卡人应当凭本人有效身份证件携卡至市民卡管理服务机构指定网点按相应规定办理换卡。

市民卡自发放之日起，质保期 2 年。质保期内，卡面完好的，属卡质量原因的，换卡免费；超过质保期的，以及市民卡有弯、折、裂、破、洞、磨损、凹凸、火烧、水浸等痕迹或其他因人为因素损坏的，换领新卡的费用由持卡人自行承担。

4. 市民卡注销

持卡人因死亡、失踪等原因被公安部门注销户籍，在劳动保障部门办结业务注销手续后 30 日内，按政府规定注销卡社会保障功能；逾期不办注销手续的，市民卡管理服务机构可以直接予以注销。

持卡人长期离开本市行政区域，可注销市民卡，注销手续参照上述程序办理；如不办理注销手续，则暂时中止社会保障业务。

持卡人因死亡、失踪等原因被公安部门注销户籍的，或者持卡人迁出本市行政区域的，应在办结劳动保障业务注销手续后 30 日内，到市民卡管理服务机构指定网点办理市民卡注销手续。

5. 市民卡密码服务

（1）密码设置与取消。

社保功能根据社会保障卡的规定，可设置密码。持卡人可以在劳动保障各网点通过触摸屏等联网的自助设备和卡服务网点插卡启用、修改或注销密码。持卡人一旦启用密码，以后凭卡办理业务时均需录入密码。

社会保障功能密码主要应用在以下方面：市民卡电话挂失、医疗保险支付、养老保险生存认证、社保信息查询，以后逐步拓展到其他劳动保障事务办理领域。

怀疑密码泄露时，要及时修改密码。

用户启用（修改）社会保障功能密码后，若不想使用密码，可凭市民卡和持卡人身份证件原件，到市民卡服务网点取消密码。

（2）密码修改。

① 通过市民卡服务网点触摸屏等联网的自助设备，插卡修改社会保障功能密码。

② 通过市民卡服务网点，书面申请修改社会保障功能密码，需提供市民卡和持卡人身份证件原件。

（3）密码重置。

用户遗忘社会保障密码，需提供市民卡和持卡人有效证件，到市民卡服务网点进行用户密码重置。代办需提供市民卡和双方有效身份证件原件。

使用社会保障功能密码时，密码当日连续输入错误达 5 次，该卡进入密码锁定状态。进入密码锁定状态的卡，必须到市民卡服务网点凭有效身份证件和市民卡进行密码重置。

（4）电话及网址。

南京市人力资源和社会保障局服务热线为 12333。

网址：www.njhrss.gov.cn

工商银行服务热线为 95588、农业银行服务热线为 95599、中国银行服务热线为 95566、建设银行服务热线为 95533、南京银行服务热线为 96400、交通银行服务热线为 95559、紫金农商银行服务热线为 96008、金陵通服务热线为 96095。

三、医疗保险缴费工作

（一）征缴机关及程序

1. 用人单位及个人缴费

用人单位应当按照规定到经办机构办理城镇职工基本医疗保险参保登记手续，并按规定缴纳基本医疗保险费。

南京市政府关于印发《南京市社会保险费改由地方税务部门征收实施办法的通知》(宁政发〔2000〕162 号)规定，社会保险费改由地税部门征收。暂未由地税部门征缴基本医疗保险费的用人单位应在每月 25 日前到医保中心缴纳基本医疗保险费。职工个人缴费由用人单位统一按月代扣代缴。

（1）市社会保险经办机构做好缴费基数的审核工作，并于每月 6 日前向地税部门提供当月有关征缴对象应缴各类保险费的具体数据，作为市地税部门征缴社会保险费的依据。

社会保险经办机构提供的数据包括：社会保险费的缴费单位名称、组织机构代码、缴费基数、各险种费率、应缴数额等有关资料，以及缴费单位在社会保险费改由地税部门征收前欠缴的社会保险费。

(2) 市地税部门每月 15 日前根据市社会保险经办机构提供的数据，向各征缴对象开出社会保险收缴凭证，各征缴对象必须于当月 15 日前缴清所有款项。逾期未缴的，地税部门应开出社会保险费催缴通知书，并限于当月 20 日前缴清所有款项；催缴后仍不缴纳的，地税部门应视同税款向其开户银行开具扣款通知书，于当月 24 日前从企业账户划转。上述办法无效的，市地税部门或按《社会保险费征缴暂行条例》有关规定加收费滞纳金、罚款等。

(3) 市地税部门在银行开设"社会保险待解户"，专用于社会保险费的征缴和汇解。为便于资金及时划拨，市地税部门的"社会保险费待解户"应设在联网的商业银行。地税部门在"社会保险费待解户"中征收的社会保险费应在 3～5 日内由银行全部划入财政部门设立的"社会保障基金财政专户"。

2. 灵活就业人员缴费

灵活就业人员[①]应当到本人户籍所在地或居住地的县(区)社会保险经办机构办理城镇职工基本医疗保险参保登记手续，并按规定缴纳基本医疗保险费。

(二) 缴费基数与比例

城镇职工基本医疗保险费由用人单位和在职职工共同按月缴纳。用人单位以本单位全部职工工资总额为单位缴费基数，在职职工以本人上年度月平均工资收入为缴费基数。职工个人月平均工资低于省、市政府规定标准 60%的，以 60%为基数缴纳；超过 300%以上部分，不作为缴费基数。用人单位按在职职工工资总额的 9%缴纳；在职职工按本人工资收入的 2%缴纳，由用人单位按月从职工工资中代扣代缴。退休人员个人不缴费。

灵活就业人员由个人按省、市政府确定的缴费基数(见表 4-21)的 11%缴纳。

医保中心从用人单位参保之日起，为每位职工建立基本医疗保险个人账户，个人账户的来源既包括职工本人缴费，也包括用人单位缴纳的基本医疗保险费(即统筹基金)中划入的部分。南京市对于统筹基金划入个人账户的比例做了如下规定，见表 4-1。

表 4-1　统筹基金划入个人账户比例表

年龄段	统筹基金划入个人账户的比例
35 周岁及以下	本人缴费基数的 1%
35 周岁以上至 45 周岁	本人缴费基数的 1.4%
45 周岁以上至退休前	本人缴费基数的 1.7%
退休(职)人员	本人上月基本养老保险实发养老金的 5.4% (不满 70 周岁的退休人员个人账户划入最低标准为 70 元/月(含应由个人缴纳的大病医疗救助费，下同)，满 70 周岁不满 80 周岁的退休人员最低标准为 100 元/月，80 周岁及以上退休人员最低标准为 150 元/月，新中国成立前参加革命工作的老工人最低标准为 200 元/月。

---

① "灵活就业人员"是指具有南京市户籍、年满 16 周岁以上、已参加基本养老保险但尚未依法享受基本养老保险待遇，以个体经营、非全日制务工及自由职业等灵活多样形式实现就业或再就业的人员。

表 4-2　历年自由职业者历年缴费标准表

申报起始月份	申报截止月份	最低缴纳标准	最高缴纳标准
2016-07-01	2017-06-01	525.6	3360
2015-07-01	2016-06-01	525.6	3240
2014-07-01	2015-06-01	480	3240
2013-07-01	2014-06-01	440	2735.6
2012-07-01	2013-06-01	394.6	2735.6
2011-07-01	2012-06-01	358	2439
2010-10-01	2011-06-30	316.6	1794
2010-07-01	2010-09-30	300	1583
2009-07-01	2010-06-01	300	1583
2008-07-01	2009-06-01	290	1369
2007-07-01	2008-06-30	277	1189
2006-07-01	2007-06-30	244	1048
2005-07-01	2006-06-30	207	1035
2004-07-01	2005-06-30	188	938
2003-07-01	2004-06-30	155	775

数据来源：南京市人力资源和社会保障局官方网站，http：//wsbs.njhrss.gov.cn/NJLD/ ForWard?act= ForWardLes&id=141&lx=n。

四、医疗保险待遇申领

(一) 待遇资格

1. 单位职工

用人单位按规定办理城镇职工基本医疗保险参保登记手续并足额缴费的，缴费当月月底划拨个人账户，参保人员自缴费次月起享受基本医疗保险待遇。

用人单位与职工解除或终止劳动关系，在办理社会保险关系中止手续后，就业转失业人员个人账户结余资金可继续使用，但不享受基本医疗保险统筹、大病待遇；其重新就业时，在新录用单位续办参保手续后，可继续享受基本医疗保险统筹、大病待遇。

用人单位参加城镇职工基本医疗保险后中断或未足额缴费，自次月起暂停其参保人员(包括退休、退职人员)的基本医疗保险待遇，并中止向个人账户划账；用人单位在 3 个月内补足欠费的，从补缴次月起恢复享受基本医疗保险待遇，补划个人账户，欠费期间发生的医疗费用按规定支付；欠费超过 3 个月以上的，用人单位在按规定补缴后，可恢复参保人员待遇享受资格，补记个人账户，缴费年限连续计算，但欠费期间发生的医疗费用统筹基金和大病医疗救助基金不予支付。

2. 灵活就业人员

灵活就业人员首次参加城镇职工基本医疗保险，从参保缴费次月起可使用个人账户就医、购药；连续足额缴费满 6 个月后，可享受基本医疗保险统筹、大病待遇。灵活就业人员参加城镇职工基本医疗保险后中断或未足额缴费，自次月起暂停其基本医疗保险待遇，并中止向个人账户划账；在 3 个月内补足欠费的，补划个人账户，缴费年限连续计算，并从补缴次月起恢复享受基本医疗保险待遇；欠费超过 3 个月再次缴费的，必须连续缴费满 6 个月后，方可享受基本医疗保险待遇，实际连续缴费年限重新计算。灵活就业人员欠费期间发生的医疗费用统筹基金和大病医疗救助基金不予支付。

3. 用人单位退休职工

用人单位参保前已退休(职)的人员不缴纳基本医疗保险费。参保后退休的人员在在职期间缴纳的基本医疗保险费年限必须为：男满 30 年、女满 25 年。不足年限的，在办理退休手续时，由用人单位或职工个人以全市上年度职工月平均工资为基数，按单位和个人合计费率补足所差年份的基本医疗保险费，可享受退休人员基本医疗保险待遇。职工参保前符合国家规定的连续工龄或工作年限可视同缴费年限。参保后新办理退休的人员，参保单位必须及时持经市劳动保障行政部门审核的南京市企业职工退休审批表，到市医保中心为其办理退休人员医疗保险登记手续，登记后方可享受退休人员医疗保险待遇。

(二) 待遇支付方式及标准

我国医疗保险实行的是社会统筹与个人账户相结合的制度，在其待遇支付上，由个人账户与社会统筹账户分工负责。为保障资金的使用效率和医疗保险制度的正常运转，在医疗费用的分担上，医疗保险待遇设定了起付线和最高支付限额。

起付标准又称起付线，是指统筹基金开始支付前，按规定必须由参保人员个人负担的医疗费用额度，也就是通常所说的统筹基金支付的"门槛"费；最高支付限额，就是通常所说的统筹基金给付的"封顶线"，是指统筹基金所能支付的基本医疗费用的最高限额。一般而言，在一个自然年度内基本医疗保险统筹基金一次或累计支付的医疗费用的最高支付限额为本市上年度职工社会平均工资的 4 倍；最高限额会随着经济社会的发展而不断调整。

目前，南京市参保人员门诊统筹、门诊慢性病(以下简称门慢)和住院均要负担起付标准。一个自然年度内统筹基金最高支付限额为 18 万元。

起付标准以下的医疗费用由个人账户资金或个人现金支付，即当个人账户余额用完，仍未达到起付标准，那么个人账户余额与起付标准之间的差额则需个人现金支付。

在南京市，个人账户支付范围不仅可用于支付符合基本医疗保险的普通门诊费用、定点零售药店购药费用以及职工住院、门慢、门诊统筹、门诊特定项目(以下简称门特)等费用中个人负担的费用，而且可用于支付体检、门诊、住院、购药等个人自理及自费的医疗费用。个人账户资金不足支付时，由个人现金支付。

城镇职工基本医疗保险参保人员享受普通门诊、门慢、门特、门诊精神病、门诊艾滋病、住院、家庭病床等待遇。城镇职工基本医疗保险参保人员患有门慢、门特病种、门诊精神病、门诊艾滋病的，在办理申请手续时需携带本市三级定点医疗机构或专科医院出具的诊断证明和经医院盖章、副主任以上医师签字同意的申请表，经医疗保险经办机构批准后，方可享受有关待遇。

1. 普通门急诊费用

普通门急诊费用可由个人账户支付或现金支付。在一个自然年度内，参保人员门诊发生的符合规定的医疗费用，起付标准以下的费用由参保人员个人支付；起付标准以上、最高支付限额以下的费用，由统筹基金和个人共同分担，具体合担标准如表4-3所示。

表4-3　门诊统筹待遇标准表

人员类别		在职职工	退休(职)人员	新中国成立前老工人
起付标准		1200元	1000元	200元
补助比例	社区医疗机构	70%	75%	100%
	其他医疗机构	60%	65%	95%
最高支付限额		2000	3000	4000

门诊统筹实行以社区卫生服务机构为主的首诊、转诊制。参保人员可在城镇职工基本医疗保险定点社区卫生服务机构或参照社区管理的医疗机构进行首诊；专科医院可作为全体参保人员首诊医疗机构。参保人员需转诊的，由首诊医疗机构负责转诊，急诊、抢救不受此限制。门诊慢性病补助限额使用完以后，从下一笔费用起直接享受门诊统筹待遇，在原门慢定点医疗就诊慢性病不需要转诊。门诊特定项目补助限额使用完以后，必须按门诊统筹的规定办理转诊手续并使用普通病历，方可享受门诊统筹的待遇。在药店购药不享受门诊统筹待遇。

2. 住院费用

城镇职工基本医疗保险参保人员住院发生的符合基本医疗保险规定的医疗费用，起付标准及以下的由参保人员个人账户或现金支付；起付标准以上、统筹基金最高支付限额以下的费用，由统筹基金和个人共同分担。

按照南京市最新规定，参保人员发生的住院费用，一个自然年度内，基本医疗保险统筹基金最高支付18万元。起付标准和乙类药品、诊疗项目、服务设施个人按比例负担部分及基本医疗保险范围外的费用，先由个人自付，其余费用由统筹基金和个人共同分担，具体分担标准如表4-4所示。

表4-4　住院待遇标准表

医疗机构等级	费用段及个人分担比例		
	起付标准	起付标准以上至统筹基金最高支付限额以下	
		在职	退休(职)
一级	300元	3%	2%
二级	500元	5%	3%
三级	900元	10%	7%
备注	(1) 一个自然年度内第二次住院的，起付标准降低50%；第三次及以上住院的，免除起付标准。 (2) 新中国成立前参加革命工作的退休老工人个人分担比例为在职职工的10%。		

当年"多次住院"的具体计算办法如下：

(1) 参保人员每办理一次入、出院手续作为一次住院，同一病种15日内返院治疗作为一次住院；参保人员在定点医疗机构之间转院继续治疗的，按一次住院处理。

(2) 参保人员跨年度住院为一次住院，只支付一次起付标准。按医疗费用发生的时间分别计算各年的医疗保险待遇，各年度住院费用段单独计算，不相互叠加。

(3) 参保人员住院期间需转院治疗的，其住院起付标准不重复承担，即由高级别医院转向低级别医院的，无须再次支付起付标准；由低级别医院转向高级别医院的，只需补足不同等级医院起付标准的差额。

案例：某退休参保人员 2016 年首次住三级医院，住院总费用 16 000 元，其中住院费用明细清单右栏个人自理(自付)部分为 950 元(是指乙类药品、诊疗项目、服务设施个人按比例负担部分和基本医疗保险范围外的费用)。该参保人员按医保政策个人负担多少？

① 住院费用明细清单右栏个人自理(自付)部分为 950 元需个人全部负担。

② 基本医疗保险范围内的费用[住院总费用 – ①]为 16 000 – 950 = 15050 元，个人需分担：

首次住院三级医院的起付标准为 900 元；

起付标准至 15 050 元个人分担为(15 050 – 900) × 7% = 990.5 元。

综上，该参保人员此次住院个人负担为 950 + 900 + 990.5 = 2840.5 元。

3. 门诊慢性病费用

(1) 补偿标准。

门慢患者因门诊慢性病到本人选择的定点医院就诊或持外配处方到本人选择的定点药店购药时，须出具市民卡并详细告知挂号、诊治、收费人员自己诊治的慢性病病种(注意必须挂门慢号)。发生的门慢适应症医疗费用，在起付标准以内的由参保人员个人自付，超过起付标准的按照一定的比例和限额进行补助。个人自付部分由患者直接与医院或药店收费前台进行结算，应由统筹基金支付的部分由市医保中心每月与定点医院或药店结算。

门慢费用在起付标准以上的费用按规定实行限额补助。门慢病种由市劳动保障行政部门会同财政、卫生等部门确定。南京市对于门诊慢性病的规定及医保费用分担比例如表 4-5、表 4-6 所示。

表 4-5　门诊慢性病具体病种

病种类型	病　种
第Ⅰ类	(1)高血压Ⅱ期、高血压Ⅲ期；(2)心绞痛、心肌梗死；(3)风湿性心脏病；(4)扩张性心肌病；(5)糖尿病 1 型、糖尿病 2 型；(6)脑梗死后遗症期、脑出血后遗症期、蛛网膜下腔出血后遗症期；(7)帕金森氏病、帕金森氏综合征；(8)癫痫；(9)慢性支气管炎伴阻塞性肺气肿、肺心病；(10)支气管哮喘；(11)活动性肺结核；(12)淋巴结核；(13)骨结核；(14)类风湿性关节炎；(15)强直性脊柱炎；(16)硬皮病/系统性硬化症；(17)白塞氏病；(18)多发性硬化；　(19)自身免疫性肝炎；(20)多发性肌炎/皮肌炎；(21)干燥综合征；(22)银屑病；(23)系统性血管炎；(24)血友病；(25)真性红细胞增多症；(26)原发性血小板增多症；(27)原发性血小板减少性紫癜；(28)自身免疫性溶血性贫血；(29)骨髓异常增生综合征；(30)慢性萎缩性胃炎；(31)慢性溃疡性结肠炎；(32)克罗恩病；(33)重症肌无力；
第Ⅱ类	(34)慢性乙型肝炎、慢性丁型肝炎；(35)慢性丙型肝炎；(36)肝硬化失代偿；(37)慢性肾炎、慢性肾功能不全(非透析治疗)；
第Ⅲ类	(38)系统性红斑狼疮；(39)慢性再生障碍性贫血；(40)颅内良性肿瘤；(41)骨髓纤维化；(42)运动神经元病。

表 4-6　门诊慢性病补助标准

人员类型	在职职工	退休(职)人员	70 岁以上退休人员	新中国成立前老工人
起付标准	1000 元	800 元	600 元	0 元
补助比例	社区医院：70% 非社区医院：60%	社区医院：85% 非社区医院：75%	社区医院：95% 非社区医院：85%	社区医院：100% 非社区医院：95%
最高补助限额　第Ⅰ类	2000 元	3000 元	3500 元	4000 元
最高补助限额　第Ⅱ类	4000 元	5000 元	5500 元	6000 元
最高补助限额　第Ⅲ类	10 000 元	10 000 元	10 000 元	10 000 元
同时患有两种及两种(以序号为准)以上慢性病，在单病种最高补助限额基础上增加 2000 元。				

(2) 办理流程。

① 领表。患有《南京市城镇职工基本医疗保险参保人员门诊慢性病准入申请表》(以下简称《门诊慢性病准入申请表》) (见附表 4-2)所列慢性病种的参保人员，向用人单位(灵活就业人员向所在区社会保险所)或在三级定点医院直接领取《门诊慢性病准入申请表》，提出申请并填写该表(一式两份)。

② 认定。患者持《门诊慢性病准入申请表》及近一年来的病历、检查报告单或出院小结，到三级定点医疗机构(其中：高血压Ⅱ期、Ⅲ期，糖尿病 1 型、2 型可以到二级定点医疗机构)相关科室，由专科副主任以上医师按规定的准入标准进行认定，医院医保办审核盖章。

③ 送件。用人单位或区社会保险所经办人带医疗机构审核确认后的《门诊慢性病准入申请表》，到市医保经办机构办理审核准入手续。送件同时附下列材料之一：审核医院医务处出具的疾病诊断证明书原件；相关病种的病理报告、出院小结原件、复印件；近一年来相关门诊病历、检查报告单原件等。

④ 定点。门慢病人员定点医院可选三家：中医(中西医结合)、社区和非社区医疗机构各一家；定点药店可选一家。专科疾病在专科医院直接就诊无需定点。

(3) 就诊流程。

① 医院就诊者。

患者持市民卡到本人所选定的定点医院→挂"门慢"号→就诊→开具相关检查和处方→持处方在医院刷卡(交费)取药。

② 定点药店购药者。

患者持市民卡到本人所选定的定点医院→挂"门慢"号→就诊→开外配处方→持外配处方到定点药店刷卡(交费)购药。

(4) 定点变更。

门慢人员在市医保经办机构办理病种准入后，若需变更定点医疗机构或定点药店的，可持市民卡到南京市任一家三级以下具有门慢服务范围的定点医疗机构，申请办理定点变更。市医保经办机构原则上不受理门诊慢性病定点医疗机构和定点药店变更。门诊慢性病人员定点变更一个月后，原则上方可进行第二次变更。

4. 门诊特定项目费用

(1) 补偿标准。

门诊特定项目是暂纳入恶性肿瘤放、化疗，尿毒症透析，肾移植术后抗排斥治疗三个病种项目。门特人员因门特病种到本人选择的定点医院就诊或持外配处方到本人选择的定点药店购药时，须出具市民卡和门诊特定项目人员专用病历。患有门特病种的人员因门特病种住院治疗费用按规定实行限额补助，免收住院起付标准。发生的符合基本医疗保险规定的门特项目医疗费用，直接与定点医院或定点药店收费前台进行结算；乙类药品和乙类诊疗项目先由参保人员分别按规定的比例自付，其余部分再按基本医疗保险规定支付。具体病种及补助标准如表4-7、表4-8、表4-9、表4-10所示。

表4-7　慢性肾衰竭门诊透析治疗待遇表

相关项目费用待遇		个人自付比例			
项目名称	补助限额	在职	退休(职)	70岁以上退休(职)	新中国成立前参加革命工作的老工人
透析费用	6.3万元/年	8%	5%	4%	无
辅助检查用药费用	1.2万元/年	10%	7%	5%	无
备注	(1) 最高支付限额：透析费用指透析医疗费限额；辅助治疗费用指医保基金支付限额。 (2) 享受慢性肾衰竭门诊透析治疗待遇的参保人员，不再同时享受慢性肾炎和慢性肾功能不全(非透析治疗)的门诊慢性病限额补助待遇。 (3) 有自付比例的药品和项目需个人先按比例支付后，再按本表规定的个人分担比例支付。				

表4-8　人体器官移植术后门诊抗排异治疗待遇表

项目名称	相关项目费用待遇		个人自付比例			
	时间	医保基金最高支付限额	在职人员	退休(职)人员	70岁以上退休(职)人员	新中国成立前老工人
抗排异药物治疗	移植手术当年	8万元	8%	5%	4%	无
	移植术后第一年	8万元	8%	5%	4%	无
	移植术后第二年	7.5万元	8%	5%	4%	无
	移植术后第三年	7万元	8%	5%	4%	无
	移植术后第四年及以后	6.5万元/年	8%	5%	4%	无
辅助检查和用药	移植术当年	1万元	10%	7%	5%	无
	移植术后第一年	1万元	10%	7%	5%	无
	移植术后第二年	8000元	10%	7%	5%	无
	移植术后第三年	6000元	10%	7%	5%	无
	移植术后第四年及以后	4000元/年	10%	7%	5%	无
备注	(1) "骁悉"按通用名"吗替麦考酚酯"纳入抗排异药物治疗限额内统一管理。 (2) 有自付比例的药品和项目需个人先按比例支付后，再按本表规定的个人分担比例支付。					

表 4-9　造血干细胞(异体)移植术后门诊抗排异治疗待遇表

相关项目费用待遇			个人自付比例			
项目名称	时间	医保基金最高支付限额	在职人员	退休(职)人员	70岁以上退休(职)人员	新中国成立前老工人
抗排异药物治疗	移植手术当年	8万元	8%	5%	4%	无
	移植术后第一年	8万元	8%	5%	4%	无
辅助检查和用药	移植术当年	1万元	10%	7%	5%	无
	移植术后第一年	1万元	10%	7%	5%	无
备注	(1) 造血干细胞(异体)移植术后门诊抗排异治疗待遇在移植术后第一年年底截止，仍需继续治疗的，需经指定医院评估，再到市医保中心办理审核登记手续后，医保基金参照器官移植术后门诊抗排异治疗对应年限待遇标准支付。 (2) 有自付比例的药品和项目需个人先按比例支付后，再按本表规定的个人分担比例支付。					

表 4-10　恶性肿瘤门诊治疗待遇表

相关项目费用待遇			个人分担比例			
项目名称	确诊后时间	医保基金最高支付限额	在职人员	退休人员(职)	70岁以上退休人员(职)	新中国成立前参加革命工作的老工人
门诊放化疗(在指定医院申请)	每年	15万元/年	8%	5%	4%	无
针对性药物治疗(在指定医院申请)	每年	10万元/年	8%	5%	4%	无
辅助检查和用药(定点医院直接就诊，无需再申请)	病理确诊当年	2万元/年	10%	7%	5%	无
	确诊后第1~3年	2万元/年	10%	7%	5%	无
	确诊后第4~5年	1万元/年	10%	7%	5%	无
	确诊后第6年及以后	4000元/年	10%	7%	5%	无
备注	有自付比例的药品和项目需个人先按比例支付后，再按本表规定的个人分担比例支付。					

(2) 办理流程。

① 领表。患恶性肿瘤或肾(肝)移植手术后抗排斥治疗的参保人员，向用人单位 (灵活

就业人员向所在区社会保险所)提出申请，领取并填写《南京市城镇职工基本医疗保险参保人员门诊特定项目申请表》(一式两份)(见附表 4-3)。恶性肿瘤患者限填三家定点医院和一家定点药店，肾(肝)移植门诊抗排斥治疗患者限填一家定点医院和一家定点药店。

② 认定。患者持《南京市城镇职工基本医疗保险参保人员门诊特定项目申请表》到三级定点医疗机构请专科主任医师确诊签字，医院医保办审核盖章。肾(肝)移植手术后抗排斥治疗患者到原手术医院认定。

③ 送件。用人单位(区社会保险所)经办人带医疗机构审核确认后的《南京市城镇职工基本医疗保险参保人员门诊特定项目准入申请表》和患者近期一寸免冠照片及相关材料，到市医保中心办理审核准入手续。恶性肿瘤患者提供确诊病理报告(或相关检查报告单)、出院小结的原件及复印件。肾(肝)移植术后门诊抗排斥患者提供移植手术的出院小结原件及复印件。

5. 家庭病床待遇标准及费用结算

参保人员长期卧床不起且符合以下条件之一：中风瘫痪康复期、恶性肿瘤晚期、骨折牵引需卧床治疗的、符合住院条件的 70 周岁以上老人，由本人或家属就近向具备家庭病床服务资格的定点医疗机构提出申请，经医师检查确诊后可设立家庭病床。

参保人员自设立家庭病床之日起，每 90 天为一个结算周期。设床患者在每个结算周期内由个人支付起付标准和乙类药品、诊疗项目及一次性医用材料需个人按比例自付的费用，其余符合医保范围内的费用由医保基金支付 95%，个人自付 5%，医保基金支付最高限额 1500 元，见表 4-11 所示。属于参保人员个人承担的费用，由医疗机构直接与其结算；属于医保基金支付的费用，由医保中心与医疗机构按规定结算。设立家庭病床期间，门统、门慢、门特待遇暂停享受，门诊精神病、门诊艾滋病、住院待遇正常享受。

表 4-11　家庭病床个人负担比例表

起付标准	补助比例	补助限额
300 元	95%	1500 元
备注	(1) 上述为家庭病床患者一个结算周期的负担比例，家庭病床一个结算周期为 90 天。 (2) 恶性肿瘤晚期的参保人员起付标准免予支付。 (3) 支付限额以上费用全部由个人负担。	

6. 门诊精神病治疗费用

(1) 补偿标准。

申请门诊精神病病种包括：精神分裂症、抑郁症(中、重度)、狂躁症、强迫症、精神发育迟缓伴发精神障碍、癫痫伴发精神障碍、偏执性精神病共七种。

门诊精神病患者因精神疾病到本人选择的定点医院就诊时，须出具市民卡，并挂"医保精神病专科"号。发生的基本医疗保险支付范围内的精神病专科诊治费(包括检查和用药费用)无需个人支付，由市社保中心医保部按规定的标准与医院结算。

七种精神病患者，需因精神疾病住院进行治疗的，免付住院起付标准，所发生的基本医疗保险范围内按规定属个人自付部分的医疗费用，由大病医疗救助基金、用人单位、个人各支付三分之一。精神病人肢体疾病发生的医疗费用按基本医疗保险规定执行。长期驻外人员，门诊精神病按每月 160 元标准定额包干使用，每年通过单位发放给个人。

(2) 办理流程。

① 领表。患有精神分裂症、中重度抑郁症、狂躁症、强迫症、精神发育迟缓伴发精神障碍、癫痫伴发精神障碍、偏执性精神病的参保人员，向用人单位(或区社会保险所)提出申请，或在南京市脑科医院、东南大学附属中大医院、南京市江北人民医院直接领取《南京市城镇职工基本医疗保险精神病患者门诊医疗申请表》(一式两份)(以下简称《精神病患者门诊医疗申请表》)(见附表 4-4(1))，并填写个人资料。

② 认定。患者持《精神病患者门诊医疗申请表》及近一年来的病历、检查报告单或出院小结等，到南京市脑科医院、东南大学附属中大医院或南京市江北人民医院由专科主任医师按规定的准入标准进行认定，医院医保办审核盖章。

③ 送件。用人单位(或区社会保险所)经办人或患者家属带定点医院审核确认后的《精神病患者门诊医疗申请表》，到市社保中心医保部办理审核准入手续。

7. 门诊艾滋病费用

(1) 补偿标准。

对于参加南京市基本医疗保险的艾滋病病毒感染者和艾滋病病人，其因艾滋病病种住院治疗，免收住院起付标准，其中基本医疗保险范围内个人自付部分的医疗费用，由大病救助基金补助 65%。

艾滋病病毒感染者和艾滋病病人实行病种准入制和定点医疗机构专科就诊制。《南京市城镇职工基本医疗保险艾滋病医疗费用补助管理办法(试行)》特指艾滋病定点医疗机构暂定为南京市第二医院。

(2) 艾滋病门诊病种准入办理程序。

① 病人或其家属向定点医疗机构提出书面申请，由专科主任医师负责为病人填写《南京市城镇职工基本医疗保险艾滋病门诊限额补助申请表》(以下简称《艾滋病门诊限额补助申请表》)和《疾病诊断证明书》，病人或其家属必须在《艾滋病门诊限额补助申请表》上签名。定点医疗机构医保办公室负责对《艾滋病门诊限额补助申请表》和《疾病诊断证明书》的真实性进行审核并盖章。

② 定点医疗机构医保办公室负责将《艾滋病门诊限额补助申请表》《疾病诊断证明书》、门诊病历或出院小结、相关检查报告单以及病人或家属提交的书面申请，报送到市医疗保险结算管理中心。经市医疗保险结算管理中心专人审批备案后，病人方可享受艾滋病门诊定额补助待遇。

五、就医办法

只有符合医疗保险制度规定的医疗费用，才能进行费用分担。因而，职工就医时需要遵守一定的规范，具体而言，就是持卡就医，明确"两定点、三目录"，遵守转诊制度。

(一) 持卡就医

参保人员门诊、住院就诊必须出示本人市民卡并刷卡就诊，门诊须告知医院就诊类别(如：门慢、门特)，对未出示卡证或就诊类别告知不清的，参保职工就医时所发生的医疗费用，医保基金不予支付。

参保人员在定点零售药店购药，须出示本人市民卡，告知就诊类别(如：门慢、门特)，按有关政策刷卡购药，因特殊情况由他人代购药品时，须出示参保人员及代购人的身份证，并由药店登记备案。

参保人员不得将本人的社会保障卡转借他人使用或以其他方式骗取城镇社会基本医疗保险待遇、套取基本医疗保险基金。

(二) 定点就医、购药

城镇职工基本医疗保险实行定点就诊。参保人员普通门诊可到本市任何一家定点医疗机构、零售药店就诊购药；门慢、门特、门诊精神病和门诊艾滋病患者必须到本人选定的定点医疗机构或定点零售药店就诊购药。

(三) 三目录

三目录即医疗保险管理部门制定的药品目录、诊疗目录、医疗服务设施范围和支付标准目录。

我国各统筹地区根据《城镇职工基本医疗保险用药范围管理暂行办法》(劳社部发〔1999〕15 号)、《关于印发城镇职工基本医疗保险诊疗项目管理、医疗服务设施范围和支付标准意见的通知》(劳社部发〔1999〕22 号)的要求，详细规定了本地区三目录的具体内容。南京市城镇职工基本医疗保险用药范围按照《江苏省基本医疗保险和工伤保险药品目录》执行，医疗服务范围参照《江苏省基本医疗保险诊疗项目、医疗服务设施范围和支付标准》执行，对于参保人员使用目录外的药品、诊疗手段以及医疗服务设施所发生的费用，医疗保险不予报销。

南京市基本医疗保险用药执行《江苏省基本医疗保险和工伤保险药品目录》(2010 年版)(以下简称《药品目录》)和《南京市基本医疗保险医疗机构制剂目录》。《药品目录》中的西药和中成药分为"甲类目录"和"乙类目录"。"甲类目录"的药品主要是临床治疗必需，使用广泛，疗效好，同类药品中价格低的药品。"乙类目录"的药品主要是可供临床治疗选择使用，疗效好，同类药品中比"甲类目录"药品价格略高的药品。《南京市基本医疗保险医疗机构制剂目录》是临床治疗必需，疗效较好，价格较低的治疗性医疗机构制剂。

参保人员使用《药品目录》中的西药与中成药(含民族药)所发生的费用，应由基本医疗保险基金支付的，甲类药品按基本医疗保险的规定支付；乙类药品先由参保人员按规定的比例自付，其余部分再按基本医疗保险规定支付；属于丙类目录范围的，基本医疗保险不予支付，费用全部由个人自理。使用中药饮片所发生的费用，除国家规定的基本医疗保险基金不予支付的药品外，均按基本医疗保险的规定支付。

参保人员发生的符合基本医疗保险医疗服务目录范围的特殊医用材料费用，凡有费用支付上限规定的，限额以上部分由参保人员自付；限额内的费用，先由参保人员按规定的比例自付，剩余部分再按基本医疗保险规定支付；范围外的其他特殊医用材料，基本医疗保险不予支付，费用全部由个人自理。

定点医疗机构为参保人员使用自付比例40%(含40%)以上的诊疗项目和特殊医用材料，以及自费诊疗项目、特殊医用材料，必须征得参保人员或其家属同意(精神病人须征得单位或监护人员同意)，并在医疗文书上签字。急症抢救除外。

参保人员到定点零售药店购买《药品目录》中的非处方药，可持市民卡直接购买；购买《药品目录》中的处方药，须持有定点医疗机构医师开具的外配处方、市民卡和门诊病历。

（四）转诊制

门诊统筹实行以社区卫生服务机构为主的首诊、转诊制。参保人员可在城镇职工基本医疗保险定点社区卫生服务机构或参照社区管理的医疗机构进行首诊；专科医院可作为全体参保人员首诊医疗机构。参保人员需转诊的，由首诊医疗机构负责转诊，急诊、抢救不受此限制。门慢补助限额使用完以后，从下一笔费用起直接享受门诊统筹待遇，在原门慢定点医疗就诊慢性病不需要转诊。门特补助限额使用完以后，必须按门诊统筹的规定办理转诊手续并使用普通病历，方可享受门诊统筹的待遇。

参保人员如因病情需要转往外地医院就诊的，须由本市三级医疗机构主任医师出具转诊证明和病历摘要，医院医疗保险办公室审核后，报医疗保险经办机构备案，发生的费用做零星报销处理。

六、医保费用结算

城镇职工基本医疗保险参保人员发生的符合基本医疗保险规定的医疗费用，结算方式如下所示。

（一）门诊费用结算

(1) 城镇职工基本医疗保险普通门诊费用应由个人账户支付的部分，由医疗保险经办机构按规定与定点医疗机构、定点零售药店结算；应当由个人现金支付的部分，由定点医疗机构、定点零售药店与个人直接结算；门诊统筹部分应由基金支付部分，限额内由医疗保险经办机构向定点医疗机构、定点零售药店按比例结算，限额以上费用不予支付。

(2) 城镇职工基本医疗保险门诊慢性病费用应由基金支付部分，限额内由医疗保险经办机构向定点医疗机构、定点零售药店按比例结算，限额以上费用不予支付。

(3) 城镇职工基本医疗保险门诊特定项目病种费用应由基金支付部分，由医疗保险经办机构向定点医疗机构按规定比例支付。

(4) 艾滋病病毒感染者和艾滋病病人在门诊进行抗艾滋病病毒和机会性感染治疗及相关检查的费用，按每人每季度 1000 元的标准由定点医疗机构定额控制、包干使用。艾滋病病毒感染者和艾滋病病人因急救或定点医疗机构无力收治的其他疾病，在非定点医疗机构诊治的，艾滋病的相关诊疗，由接诊医疗机构向定点医疗机构专科提出会诊，定点医疗机构负责派遣专家制定治疗方案并提供治疗用药，相关费用纳入定点医疗机构该病人的专项账户与市医保中心结算。诊治其他疾病发生的费用按基本医疗保险的政策规定支付。

(5) 门诊精神病费用，门诊医疗费定额标准暂定为每人每月 120 元(包括必要的检查和辅助用药的费用)，由定点医疗机构总额控制使用，包干使用。

(6) 城镇职工基本医疗保险家庭病床费用应由基金支付部分，限额内由医疗保险经办机构按比例结算，限额以上费用不予支付。

（二）住院、急救费用

职工在定点医疗机构住院发生的医疗费用，属个人自付的，由本人与定点医疗机构结算；属统筹基金支付的，由医保中心与定点医疗机构结算。

职工因公出差或准假外出期间，发生的急救、抢救住院医疗费用，由所在单位按规定与医保中心结算。

(三) 异地就医结算

异地安置的退休(职)人员或驻外地工作学习 6 个月以上的参保职工，必须在其申报的当地定点医疗机构就医。其住院、门诊特定项目医疗费用，由所在单位汇总后按规定与医保中心结算。

七、医保关系转移或变更

(一) 医保关系转移

劳动力流动是经济发展的正常需要，医疗保险的关系转接必不可少。按照《南京市城镇社会基本医疗保险办法实施细则》(宁劳社医〔2008〕11 号)规定：职工(含灵活就业人员)在南京市各统筹地区间流动并按规定办理社会保险关系转接手续的，其基本医疗保险缴费年限可合并计算。职工从外地调入本市的，按规定重新办理参加医疗保险相关手续。参保职工调离本市，需同时办理个人账户资金转移手续；无法转移的，医保中心可将个人账户余额退还本人，并注销医疗保险卡。

《关于做好流动就业人员基本医疗保障关系转移接续工作的通知》(宁人社规〔2011〕6 号)对基本医疗保险转移细节进行了规定。

1. 转入南京市的流动就业人员

流动就业人员在南京市各类单位稳定就业并与用人单位建立劳动关系的，应由用人单位按规定为其参加职工医保。参加职工医保的流动就业人员，在办理基本养老保险关系转移接续手续的同时，办理职工医保关系转移接续手续。在异地参保的年限符合规定的，经确认后累计计算。未参加基本养老保险的公务员、全额拨款事业单位人员和在省参加养老保险行业统筹人员，可以单独办理职工医保关系转移接续手续。流动就业人员在 3 个月内按规定申请办理转移接续职工医保关系的，补缴后视同连续参保，享受城镇职工基本医疗保险待遇。超过 3 个月办理转移接续手续的，自缴费到账次月起按规定享受职工医保待遇，缴费年限合并计算。

流动就业人员在南京市办理退休手续并享受养老保险待遇的，如符合职工医保退休人员享受待遇条件，可享受退休人员医疗保险待遇。如未能在南京市办理退休手续、享受养老保险待遇的，其医疗保险关系应随同养老保险关系转出。

2. 转出南京市或市内跨区的流动就业人员

调入单位已参保，医保关系随养老保险关系转入新单位。调入单位未参保，医保关系暂时中断，个人账户余额可继续使用。养老保险关系转出本统筹地区的，单位填报个人账户一次性支付申请表，到市医保中心办理退账手续；养老保险关系中止后一个月且已开具缴费凭证，个人账户余额以转账方式一次性退给单位或本人，收回市民卡，医保关系终止。

3. 医保关系转移具体办理手续

对于流动就业人员的基本医疗保险转移手续，人力资源和社会保障部办公厅关于印发

《流动就业人员基本医疗保险关系转移接续业务经办规程》的通知(人社厅发〔2016〕94号)进行了明确规定,如图 4-2 所示。

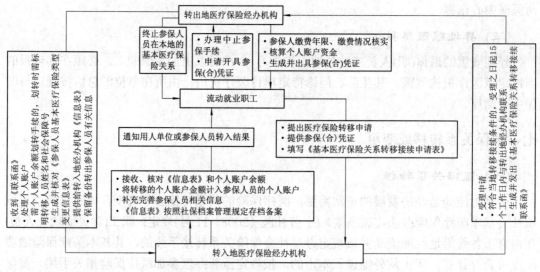

图 4-2　医疗保险关系转移具体办理手续

(1) 参保人员跨统筹地区流动前,参保人员或其所在用人单位到基本医疗保险关系所在地(以下简称"转出地")经办机构办理中止参保手续,并按规定提供居民身份证等相关证明材料,申请开具参保(合)凭证(见附表 4-5)。

转出地经办机构应核实参保人在本地的缴费年限和缴费情况,核算个人账户资金,生成并出具参保(合)凭证;对有欠费的参保人员,告知欠费情况并提醒其及时补缴。

转出地经办机构应保留其参保信息,以备核查。参保人遗失参保(合)凭证,转出地经办机构应予补办。

(2) 参保人员跨统筹地区流动就业后,按规定参加转入地基本医疗保险。参保人员或其新就业的用人单位向转入地经办机构提出转移申请并提供参保(合)凭证,填写《基本医疗保险关系转移接续申请表》(以下简称《申请表》)(见附表 4-6),并按规定提供居民身份证等相关证明材料。

(3) 转入地经办机构受理申请后,对符合当地转移接续条件的,应在受理之日起 15 个工作日内与转出地经办机构联系,生成并发出《基本医疗保险关系转移接续联系函》(以下简称《联系函》)(见附表 4-7)。

(4) 转出地经办机构在收到《联系函》之日起的 15 个工作日内完成以下转移手续:

① 终止参保人员在本地的基本医疗保险关系。

② 按规定处理个人账户,需办理个人账户余额划转手续的,划转时需标明转移人员姓名和社会保障号。

③ 生成并核对《参保人员基本医疗保险类型变更信息表》(简称《信息表》)(见附表 4-8),并提供给转入地经办机构。

④ 转出地经办机构将参保人员有关信息转出后,仍需将该信息保留备份。

《联系函》信息不全或有误的,应及时联系转入地经办机构,转入地经办机构应予以配合更正或说明情况。不符合转移条件的,转出地经办机构应通知转入地经办机构。

(5) 转入地经办机构在收到《信息表》和个人账户余额后的 15 个工作日内办结以下接续手续：

① 核对《信息表》列具的信息及转移的个人账户金额。

② 将转移的个人账户金额计入参保人员的个人账户。

③ 根据《信息表》及用人单位或参保人员提供的材料，补充完善相关信息。

④ 将办结情况通知用人单位或参保人员。

⑤ 《信息表》按照社保档案管理规定存档备案。

参保(合)凭证、《信息表》或个人账户金额有误的，转入地经办机构应及时联系转出地经办机构，转出地经办机构应予以配合更正或说明情况。

(二) 医保关系变更

1. 参保人员境外定居

参保人员出国(境)定居的，用人单位应及时向医疗保险经办机构提供国(境)外定居的有关证明，经办机构审核后，个人账户资金一次性支付给本人。

具体办理程序：单位或区经办机构凭有关证明，填报个人账户一次性支付申请表，到市医保中心办理个人账户退账手续，收回市民卡、终止医保关系。

2. 参保职工死亡

参保职工死亡的，用人单位应及时携带有关死亡证明，到医疗保险经办机构办理注销手续，其个人账户结余资金依据相关法律规定处理。

具体办理程序：养老保险关系注销次月，由单位(灵活就业人员由区社会保险经办机构)凭个人账户继承申请表、死亡证明复印件，到市医保中心办理个人账户余额继承或退账，并收回市民卡、终止医保关系。

八、异地就医

异地就医是指参保地和就医地不在同一医疗保险统筹地区的就医行为。原有政策规定是：转诊人员、长期驻外人员办理备案手续后在异地定点医疗机构发生的医疗费用，参保人员临时外出期间因抢救住院发生的医疗费用以及参保人员在其他特殊情况下发生的医疗费用，由用人单位或区社会保险经办机构汇总，并携带医疗费票据原件和相关材料到医疗保险经办机构按规定审核结算。

由于长期驻外人员或转诊人员因异地就医而产生频繁报销，事务繁琐，为解决参保人员异地就医结算难的问题，建立更加便民快捷的服务体系，江苏省出台了《江苏省医疗保险异地就医省内联网结算经办服务规程(试行)》(苏医管〔2009〕13 号)。江苏省 13 个省辖市之间联网互通后，参保人员省内跨地就医可刷卡实时结算，比如宿迁市的参保人员来南京看病，门诊、住院均可直接刷卡，只需支付个人应承担的医药费，不用先垫付费用后再回到宿迁社保经办机构报销，而由经办机构与医疗机构直接结算。异地就医人员持卡到定点医疗机构门诊或住院治疗，应执行就医地医疗机构就医流程和服务规范，医疗保险待遇实时享受，待遇标准执行参保地政策。

(一) 覆盖范围

江苏省内联网结算服务覆盖的群体为省内跨市(省辖市)有异地就医刷卡结算需求的医疗保险参保人员，主要包括：异地安置退休人员；长居外地退休人员和长期驻外工作、学习人员(6 个月以上)；因大病、重病等需要转外就医的人员。前两种情形简称"长期驻外人员"。

(二) 定点就医原则

异地就医依然需要遵守定点就医原则：① 长期驻外人员可在居住地选择 2～3 家医疗保险定点的医疗机构定点就医。② 转外就医人员可在参保地规定的转外就医定点医疗机构范围内选择一家定点就医。

(三) 费用结算与支付

(1) 个人费用的结算。异地就医人员持卡就诊实时结算。就医地医院要及时将异地就医人员就诊明细上传，按参保地政策结算其医疗费用，并提供相应的结算清单。住院结算清单须由本人签字。医疗费用应该由个人负担的部分，由个人直接支付就医医院；应该由医保个人账户及统筹基金支付的部分，纳入就医地经办机构与定点医院的基金结付。

(2) 定点医疗机构与经办机构结算，原有结算方式不变。

(3) 经办机构之间的结算，实行互为垫付并定期按实差额结算方式。

省平台于每月 2 日前生成经办机构间清算明细及汇总统计数据；各地经办机构于每月 5 日前，根据省平台提供的明细及汇总数据，做好上月异地就医发生医疗费用的核对工作，确认清算信息；每月 10 日前省平台完成各地差额结算数据；每月 15 日前各地经办机构将应支付异地的医疗保险差额费用，汇至省医保中心，再由省医保中心核对，于每月 20 日前分汇至各地经办机构。

(四) 异地就医的申请登记手续

异地就医的申请登记手续办理由参保地医疗保险经办机构负责。

(1) 符合长期驻外条件的参保人员，需填写《南京市城镇职工基本医疗保险长期驻外地人员登记表(省内异地就医联网结算申请表)》(见附表 4-9)，提交至参保地经办机构。

(2) 转外就医人员，由参保地医疗机构出具符合要求的《参保人员转外就医审批表》(见附表 4-10)，提交至参保地经办机构。

(3) 参保地经办机构进行审核，确认就医地定点医疗机构，提交异地就医人员相关信息至医疗保险异地就医省内联网结算平台。并将审核盖章后的《省内异地就医联网结算申请表》或《参保人员转外就医审批表》，交予异地就医参保人员。

(4) 异地就医人员凭参保地经办机构反馈审批表，至异地就医地医保经办机构办理医疗保险卡或社保卡。

① 长期驻外人员，凭本人身份证和参保地出具的《省内异地就医联网结算申请表》，至就医地经办机构办理和领取就医地医疗保险卡或社会保障卡，领卡时开通异地就医结算功能。

② 转外就医人员，凭本人身份证(代办人员需同时出示代办人员身份证)和《参保人员转外就医审批表》，至就医地经办机构办理和领取异地就诊卡(异地就诊卡只限用于转外就

医人员)。

(5) 就医地经办机构在审核异地就医人员提供的材料，并接收省平台提供的异地就医人员相关信息后，应及时办理异地就医人员就诊时所需的卡，并将审核办理结果及时上传至省平台。

(6) 转外就医人员本次就医结束后，异地就诊卡自行失效。

(7) 长期驻外人员若异地居住地或定点医疗机构发生变更，或转外就医人员在异地医疗期间如需再次转院治疗的，均可通过江苏劳动保障网或直接向参保地经办机构申请变更，并经其审核确认。

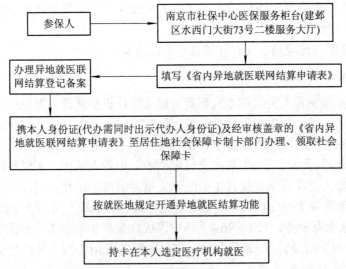

图4-3　南京市城镇职工医疗保险参保人员办理省内异地就医联网结算流程图

参保人员办理职工医保长期驻外时，既可以在长驻地选择联网医疗机构，也可以选择非联网医疗机构。参保人员在选定的省内联网医疗机构持卡就医联网结算，在选定的非省内联网医疗机构产生的医疗费用，由个人全额垫付，再回参保地通过医疗保险经办机构申请零星报销。另外，南京市长期驻外人员未在本人选定省内联网定点医疗机构发生的急诊费用，可回南京通过医疗保险经办机构办理零星报销。

九、零星报销

(一) 零星报销范围

参加南京市城镇职工基本医疗保险的人员，符合下列情况之一发生的医疗费，可办理零星报销。

(1) 长期驻外人员在异地本人定点的医疗机构发生的住院、门特、门慢医疗费。

(2) 办理相关手续后转外地指定医疗机构就医发生的住院医疗费。

(3) 外出期间因急症在门诊抢救后即转住院(或死亡)，且按规定办理外地就诊登记手续发生的住院(含门诊抢救)医疗费(本文所称"抢救"均按《江苏省急危重症诊断标准》执行)。

(4) 本地因急症在门诊抢救后即转住院(或死亡)的，在门诊发生的抢救医疗费(已享受门慢、门特待遇的除外)。

(5) 用人单位和职工自中断或未足额缴费之月起三个月内补足欠款及滞纳金的，欠款期间发生的住院、门特、门慢，及因急症在门诊抢救后即转住院(或死亡)的相关医疗费(不含灵活就业人员)。

(6) 因未办理退休(职)确认、退休人员领取养老金资格认证等原因中止医疗保险待遇，经确认或资格认证符合条件的，待遇中止期间所发生的住院、门特、门慢，及因急症在门诊抢救后即转住院(或死亡)的相关医疗费。

(7) 住院期间确诊病种为门特范围的，个人负担的住院起付标准，或通过门诊检查确诊所患病种为门特范围的，个人负担的门诊检查确诊费。

(8) 经相关职能部门鉴定或核实，不属于工伤保险或生育保险基金支付范围，属于医疗保险基金支付范围的抢救、住院医疗费。

(9) 其他符合医疗保险基金支付管理规定的医疗费。

(二) 零星报销标准

长期驻外及异地安置人员须在本人选定的定点医疗机构就医，发生的符合支付范围的门诊医疗费用，累计超过规定起付标准、低于最高支付限额的，本人提供门诊医疗费用票据原件和双处方底联及各项检查报告单，由市医保中心按零星报销处理，基金支付比例统一为50%。低于起付标准的或高于最高支付限额的，由本人承担，不做零星报销处理。

职工医保参保人员在异地住院发生的医保支付范围内的医疗费用，起付标准以上的，三级、二级、一级及以下医疗机构，统筹基金支付比例在职职工分别为82%、88%、93%；退休(退职)人员分别为85%、92%、96%；新中国成立前参加革命工作的退休老工人分别为98.2%、98.8%、99.3%。超过统筹基金最高支付限额的费用仍按大病医疗救助基金支付比例报销。

抢救后即转住院治疗或抢救无效死亡的参保人员发生的门诊抢救费用参照住院待遇报销，免收起付标准。

(三) 零星报销程序

参保人员发生的符合零星报销条件的医疗费，按下列流程(如图 4-4 所示)办理申报手续。

(1) 参保人员申报零星报销费用，填写《南京市城镇职工基本医疗保险单位参保人员零星报销费用申报表》(见附表 4-11)，同时需提供医疗费的医保票据(异地提供医疗费票据)原件，并按申报费用类别分别提供以下材料(请自留复印件)。

① 住院：出院小结、医疗费明细清单。

② 门特、门慢：门诊病历、双处方底联、检查化验单。

③ 抢救：门诊病历、医疗费明细清单、出院小结(或死亡证明)。

(2) 单位参保人员将申报材料送本单位，由单位经办人填写《南京市城镇职工基本医疗保险医疗费零星报销分类汇总表》(见附表 4-12)后，于每月 1 日至 10 日期间到市医保中心办理费用申报手续。符合受理条件的，填写《南京市城镇职工基本医疗保险零星报销费用交接单》(见附表 4-13)，办理费用申报交接手续。

(3) 灵活就业参保人员将申报材料于每月 1 日至 10 日期间送户口或居住地所在区社会保险经办机构。符合受理条件的，填写《南京市城镇职工基本医疗保险零星报销费用交接单》，办理费用申报交接手续。

(4) 申报材料完备的，市医保中心将在 30 个工作日内完成医疗费审核、复核、会审及支付工作。市医保中心根据南京市城镇职工基本医疗保险基金结算管理相关规定，按下列方式支付参保人员零星报销费用：

① 单位参保人员，由市医保中心转账支付至单位账户，并由单位将费用支付给参保人员。

② 灵活就业参保人员，由市医保中心直接汇至其个人缴费卡内。单位收到转账款后，至市医保中心财务支付部门，凭《南京市城镇职工基本医疗保险零星报销费用交接单》领取《南京市医疗保险结算管理中心医疗费零星报销支付单》(以下简称《零星报销支付单》)(见附表 4-14)；灵活就业参保人员由区社会保险经办机构统一领取并发放《零星报销支付单》。

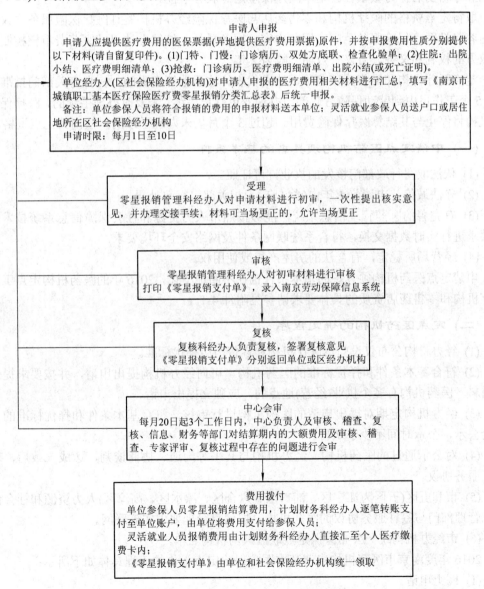

图 4-4　城镇职工医疗保险费零星报销流程图

十、医药服务机构定点工作

　　劳动保障行政部门根据统筹区域城镇基本医疗需求、基金支付能力以及计算机网络容量等，制定本统筹区定点医疗机构、定点零售药店总体规划。凡自愿承担城镇社会基本医疗保险定点服务的医疗机构和零售药店，应按规定向劳动保障行政部门提出书面申请，并提供相关材料。

　　劳动保障行政部门根据医疗机构和零售药店的申请及提供的各项材料，对医疗机构和零售药店进行筛选、现场考察，并征求有关部门意见，择优确定初步审查合格名单。初步审查合格的医疗机构和零售药店名单将向社会公示，公示时间为 30 天。公示无异议的医疗机构和零售药店作为城镇社会基本医疗保险定点服务单位。

　　取得定点资格的医疗机构和零售药店与医疗保险经办机构签订医疗保险服务协议，协议内容包括医疗保险服务范围、服务内容、服务质量、结算办法以及医药费审核控制，明确双方的权利和义务。协议有效期一般为 2 年。

　　定点医疗机构和零售药店名称、法人代表、注册地等变更的，应自有关部门批准之日起 15 个工作日内到劳动保障行政部门办理变更登记手续。未及时办理手续的，医疗保险经办机构将停止与其结算医疗保险费用。超过 3 个月仍未办理手续的，取消其定点资格。

(一) 申请定点医药机构须具备的基本条件

　　(1) 依法取得行政部门核发的执业许可证照。

　　(2) 守法诚信，申请前 1 年内(含 1 年)无相关部门行政处罚。

　　(3) 有完善的医药管理信息系统，能够按照市人力资源和社会保障信息系统技术标准和要求进行实时数据交换，符合系统联网条件及网络安全环境要求。

　　(4) 经营场所稳定，有合法的房屋产权或使用权。

　　申请定点医药机构须具备的基本条件也在不断地变化，2016 年的医药机构定点工作对医疗机构和零售药店资质的具体要求请参见附件 4-1。

(二) 定点医药机构的确定程序

　　(1) 经办机构公布仅设门诊医疗机构和零售药店择优标准。

　　(2) 符合基本条件和择优标准的医药机构，可向经办机构提出申请，并按要求提供相关材料。医药机构有多个执业(经营)地点的，应独立提出申请。

　　(3) 经办机构定期对提出申请的医药机构进行审核，符合基本条件和择优标准的，向社会公示，公示时间不少于 7 日。

　　(4) 对公示通过的医药机构，经办机构与其平等沟通、协商谈判，达成一致后，双方签订服务协议。

　　(5) 市和五区(五区为江宁区、浦口区、六合区、溧水区、高淳区)人力资源和社会保障信息管理部门与签订服务协议的医药机构，按信息管理要求实施联网。

　　(6) 市经办机构统一公布医保定点联网医药机构名单。

　　2016 年度南京市医药机构申请基本医疗保险定点工作的流程具体如下所示：

　　(1) 网上申请。

医药机构通过网上办理基本医疗保险定点申请手续，具体要求及步骤如下：

① 网上注册。

医药机构登录南京市人力资源和社会保障局网站(www.njhrss.gov.cn，以下简称"市人社网")点击申请基本医疗保险定点项目，凭单位劳动保障证记载的劳动保障证号码及单位名称办理网上注册手续。

② 信息登记。

医药机构在网上填报《南京市城镇职工基本医疗保险定点医疗机构资格申请表》(见附表4-15)和《南京市城镇职工基本医疗保险定点零售药店申请表》(见附表4-16)，医药机构有多个执业(经营)地点的，应独立提出申请，分别进行登记。

③ 资料申报。

医药机构在网上填报基础信息后，按要求上传相关资质材料。

(2) 核查确认。

南京市本级和江宁区、浦口区、六合区、溧水区、高淳区社会保险经办机构(以下简称"南京市和五区经办机构")，按照属地原则，做好本辖区内医药机构申请基本医疗保险定点核查确认工作。

① 网上审核。

南京市和五区经办机构根据定点医药机构条件对医药机构网上申报资料进行审核。

② 现场核查。

南京市和五区经办机构根据协议管理要求对医药机构开展现场核查。

(3) 社会公示。

全市通过核查确认的医药机构名单统一由市经办机构在市人社网进行公示，公示期为7天。

(4) 培训测试。

南京市和五区经办机构对医药机构开展政策业务培训，并统一组织政策业务能力测试。

(5) 签订协议。

南京市和五区经办机构分别与业务能力测试达标的医药机构签订服务协议，协商确定医药机构基本医疗保险服务范围、内容等，明确双方权责义务。

(6) 信息联网。

南京市和五区人力资源和社会保障信息管理部门与签订服务协议的医药机构，按信息管理要求实施联网。联网医药机构名单由南京市经办机构在南京市人社网公布。

(三) 定点医药机构的年审程序

1. 年审内容

(1) 两定单位注册登记和相关执业资质情况。

(2) 两定单位管理人员配备及实际经营面积情况。

(3) 单位名称、法人代表等基础信息，经营地点、服务范围等准入条件相关信息。

(4) 执行医疗保险有关政策规定、履行定点服务协议情况。

2. 材料申报

两定单位在南京市人力资源和社会保障网下载年审表格(见附表 4-17、4-18)，按要求准备年审材料(所有上报材料需加盖公章并统一 A4 纸张)，并将两定单位资格证书递交至区人社局社会保险科。

年审需递交的材料如下所示。

(1) 定点医疗机构。

① 基本医疗保险定点医疗机构年审表。

② 医疗机构执业许可证副本原件及复印件。

③ 组织机构代码证原件及复印件。

④ 营利性医疗机构工商营业执照副本原件及复印件。

⑤ 定点资格证书。

(2) 定点零售药店。

① 基本医疗保险定点零售药店年审表。

② 药品经营许可证、营业执照、药品经营质量管理规范(GSP)认证。

③ 两名药师的资格证书及执业药师注册证。

④ 全体员工劳动合同及人员花名册。

⑤ 经营场所合法的房屋产权或使用权证明。

⑥ 药监、物价部门出具的两年内无违法违规记录证明。

⑦ 全体职工在本区参保缴费凭证(退休人员提供《退休证》)。

⑧ 定点资格证书。

3. 资格审核

南京市各区人力资源和社会保障行政部门通过书面审核、现场抽查方式，同时结合区社保中心年终考评和日常监督管理情况，完成对两定单位的审核。

4. 结果公布

两定单位年审情况通报及时在南京市各区人力资源和社会保障网予以发布。年审不合格的两定单位，须自通报发布 5 个工作日内，到各区人社局社会保险科领取《年审整改意见书》。

5. 证书核发

南京市各区人力资源和社会保障行政部门完成年审结果登记及定点资格证书核发工作。通过年审的两定单位在规定时间内取回定点资格证书。

6. 年审结果的处置

(1) 两定单位有以下情形之一的，年审暂不予通过，并限期 3 个月内整改：

① 未在规定时限内递交年审材料或递交材料不完整。

② 单位名称、法人代表等基础信息及经营地点、服务范围等准入条件信息发生变化但未按规定及时办理变更手续。

③ 劳动保障证、组织机构代码证、医疗机构执业许可证等证照不全或未办理年审验证超出有效期限。

④ 定点零售药店实际经营面积达不到规定要求的。

⑤ 员工未参保的。

(2) 两定单位有以下情形之一的，取消定点资格：

① 年审不合格，整改期满仍不合格。

② 违反卫生、物价、药品监督等行政部门有关规定，被吊销医疗机构执业许可证、药品经营许可证、营业执照。

③ 经营地址变更后未按规定办理相关手续，在执业地址以外私自联网刷卡的。

④ 因破产、歇业 3 个月以上等原因，不能为参保人员继续提供医保服务的。

⑤ 其他需要取消定点资格的情形。

十一、南京市城镇职工基本医疗保险实训

(一) 南京夏普科技有限公司花芊医疗实时报销

1. 任务情境

花芊是南京夏普科技有限公司的职工，2008 年 9 月进入单位上班后一直正常缴纳社会保险费。2014 年 1 月 8 日，花芊在家中突然晕倒，家人紧急送往南京市第一人民医院(三级医院)，办理入院手续时向医院出示了医保卡并交了 3000 元押金，医院收费员楚离收取了押金并出具了押金单。在医院一共住了 90 天，共花费 120 000 元。住院费用 110 000 元，其中自费药有 3000 元，分类半自费药费为 2000 元(个人占 10%)；门诊费 10 000 元，其中自费药 2000 元。截止到住院前，花芊医保个人账户余额为 10 000 元。

在出院时花芊家人夏晴与医院进行了自付医疗费用的结算，应由统筹支付的医疗费用医院直接与医保中心进行了结算，具体信息见表 4-12、表 4-13、表 4-14。

表 4-12　花芊住院情况

病案号	100600111	医保号	110101198508181315
科别	内科	住院次数	第 1 次住院
入院时间	2014-01-08	入院诊断	突发性脑出血
出院时间	2014-04-08	住院号	1100002
床位号	205	主任医师	夏回春
性别	男	年龄	28
单位电话	98989822	账号	6225967898098900990
定点医疗机构名称	南京市第一人民医院	连续参保时间	5

收费项目分类：

收费项目	总金额(元)
化验费	6000
治疗费	90 000
诊查费	1000
西药费	10 000
卫生材料	1000

收费项目	总金额(元)
护理费	5000
其他费	2000
床位费	3000
中草药费	2000
合计	120 000

表 4-13　三级医院门诊与住院费用的起付线标准

	起付线	
	门诊急诊	住院费用
在职职工	1200	900
退休人员	1000	900

表 4-14　在职职工门诊及住院费用报销比例

医疗机构等级	报销类型	
	住院费用统筹支付%	门诊统筹支付%
一级	97	70
二级	95	60
三级	90	60

备注:

(1) 按照南京市最新规定,在职参保人员发生的住院费用,在一个自然年度内,由医保统筹基金支付的最高限额为 18 万元;门诊统筹在一个自然年度最高支付限额为 2000 元。

(2) 自费和半自费药费个人账户基金不予支付,由个人现金支付。统筹共付部分个人承担金额可由个人账户直接支付。

(3) 计算时保留两位小数。

2. 任务要求

请根据上述案例描述,模拟职工生病住院后,医疗费用的实时报销流程。

3. 任务实施

步骤 1:出示医保卡并交押金,见图 4-5。

支付金额: 3000

提交医保卡: 110101198508181315

图 4-5　出示医保卡并交押金

步骤 2:确认医保卡并收押金。

步骤3：出具押金收据，见图4-6。

交押金收据

病案号：<u>100600111</u> 姓名：<u>花芋</u>

科　别：<u>内科</u>　　　　　收据编号：_____

金额(大写)：<u>叁仟圆</u>	小写：<u>3000</u>
类型：_____	
单位：<u>南京夏普科技有限公司</u>	
账号：<u>622596789809890990</u>	支票号：

附 注	1. 此收据必须保存好不得遗失。 2. 出院时持据到收费处结算，多退少补。 3. 此据不能报销。

交款日期：<u>2014-01-08</u>　　　经办人：<u>楚离</u>　 收款员：<u>楚离</u>

图4-6　医院押金收据

步骤4：接收押金收据并看病。

步骤5：计算个人承担费用，见表4-15。

表4-15　医保普通住院病员医疗费用结算单

定点医疗机构名称：南京市第一人民医院　　　　　　　　结算单编号：_____

姓名	性别	年龄	住院科室	病员单位	电话
花芋	男	28	内科	南京夏普科技有限公司	98989822

医保号	1101011985	病历号	100600111	住院号	1100002	床位号	205	类别	
入院时间	2014-01-08	出院时间	2014-04-08	住院天数	90			第 1	次住院
入院诊断	突发性脑溢血			连续参保年数	5	个人账户余额			
当年已进入医疗基本累计额									
出院诊断									

费用总额	120 000			
个人自付总额	22 690	预交金缴纳金额	3000	
		应补缴金额	19 690	
	(个人自付)=1+2+3+4.2+5.2+6-7-8-9			
1. 全自费部分	5200			
2. 先自付部分				
3. 实付起付线	3.1门诊起付线	1200	3.2住院起付线	900
4. 基本医疗统筹共付	4.1统筹支付部分		97 310	
	4.2个人自付部分		15 390	
5. 商业附加保险统筹共付	5.1统筹支付部分			
	5.2个人自付部分			
6. 超商业附加限额自付				
7. 公务员补助支付	0	8. 退干补助支付	0	9. 退休补助支付	0
入院经办人		结算经办人		结账日期	2014-04-08

收费项目分类	
收费项目	总金额
化验费	6000
治疗费	90 000
诊查费	1000
西药费	10 000
卫生材料	1000
护理费	5000
其他费	2000
床位费	3000
中草药费	2000
合计	120 000

医院垫付	个人账户支付	大写：壹万圆整	(￥：10 000　)
	统筹基金支付	大写：玖万柒仟叁佰壹拾圆整	(￥：97 310　)
	大病统筹支付	大写：	(￥：　)
个人现金支付	预交款	大写：叁仟圆整	(￥：3000　)
	现金补款	大写：玖仟陆佰玖拾圆整	(￥：9690　)
本次住院总金额		大写：壹拾贰万元	(￥：120 000　)
医院经办人签名	夏回春	医院财务审核	
病员或家属签名		(盖章)	日期：2014-04-08

（南一院用 京人财务专章 市民 第医专）

步骤 6：结算个人承担费用。

步骤 7：上报统筹承担费用。

步骤 8：支付统筹承担费用。

(二) 南京夏普科技有限公司许不知手工(零星)医疗报销

1. 任务情境

许不知是南京夏普科技有限公司的职工，2011 年 8 月进入单位上班后一直正常缴纳社会保险费。2014 年 2 月 8 日，许不知在出差时突然晕倒，同事紧急送往北京市第二医院(三级医院)治疗，并办理入院手续。但由于异地就医不能使用医保，许不知的同事只好先垫付医药费用。许不知在医院一共住了 50 天，共花费 110 000 元。住院费用 100 000 元，其中自费药有 3000 元，分类半自费药费为 2000 元(个人占 10%)。门诊费 10 000 元，其中自费药 2000 元。

许不知出院后回了南京，于 2014 年 4 月 6 日通过单位社保专员夏黛向社保经办机构申请了报销，雨花台区医保中心当天办理了许不知的申请，见表 4-16。

表 4-16　许不知医疗基本信息

病历号	200860501	医保号	12020119800818132X
科别	内科	住院次数	第 1 次住院
入院时间	2014-02-08	入院诊断	突发性心脏病
出院时间	2014-03-28	住院号	6100001
床位号	501	主任医师	柳青
性别	女	年龄	33
公民身份证号码	12020119800818132X	住院天数	50
就诊类别	住院	参保人员类别	城镇职工
定点医疗机构名称	南京市第一人民医院	定点医疗机构编码	1110012
缴费地区	南京市雨花台区	参保人员缴费区县	雨花台区
序号	09891	交易流水号	0000008981

公司信息：

公司负责人	唐可嘟	公司经办人/联系人	夏黛
公司盖章	南京夏普科技有限公司	企业经办时间	2014-04-06
单位电话	62102602		

医保中心信息：

单位名称	南京市雨花台区人保中心	经办人	刘菲
审核人	张千	复核人	陈烟
审批日期	2014-04-06	医保中心联系电话	02189982
审核结算人	赵浮		

三级医院门诊与住院费用的起付线标准：

	起付线	
	门诊急诊	住院费用
在职职工	1200	900
退休人员	1000	900

三级(医院)住院费用报销比例:

	三级医院	
	统筹支付%	个人负担%
在职职工	82	18
退休(退职)人员	85	15
新中国成立前参加革命工作的退休老工人	98.2	1.8

备注:

(1) 自费和半自费药费个人账户基金不予支付,由个人现金支付。抢救后即转住院治疗发生的门诊抢救费用在零星报销时参照住院待遇报销,免起付标准。

(2) 计算时保留两位小数。

2. 任务描述

请根据上述案例描述,模拟职工生病住院后,医疗费用的手工报销流程。

3. 任务实施

步骤1:提交医疗报销材料,见图4-7。

基本医疗保险报销申报材料

在进行基本医疗费用报销时,一般可以分为以下几种情况:

一、报销门(急)诊药费需提供的材料:

1. 收据、医保专用处方、检查、化验、治疗费用明细;

2. 医疗保险门诊上传(手工)费用审批表(一式两份);

3. 医疗保险门诊上传(手工)费用明细表(一式一份);

注意 上传:收据上同时有上传号和手册号;

手工:没有上传号和手册号的急诊、异地、药店外购、无生育险的计划生育手术费用;

4. 报盘信息。

二、急诊留观费用报销需提供的材料:

急诊留观费用是指急诊留观并收住院前七天(含住院当天急诊)费用;

1. 收据、医保专用处方、检查、化验、治疗费用明细;

2. 盖有急诊章的急诊证明书或留观证明;

3. 参保人的医疗手册原件;

4. 医疗保险手工报销费用审批表(一式两份);

5. 医疗保险手工报销费用明细表(一式一份);

6. 报盘信息;

三、全额垫付住院费用手工报销需提供的材料:

1. 住院费用结算收据、清单、住院诊断证明、医保手册原件;

2. 单位证明和医院医保办公室证明(为什么没有在医院结账原因);

3. 医疗保险手工报销费用审批表(一式两份);

4. 医疗保险手工报销费用明细表(一式一份);

5. 发生外伤时单位提供外伤证明;

6. 报盘信息。

四、全额垫付特殊门诊费用手工报销需提供的材料:

1. 特殊病费用收据、医疗专用处方、检查、化验、治疗费用明细;

2. 医保手册原件、出院诊断证明;

3. 单位证明和医院医务人员办公室证明(为什么没有在医院结算原因);

4. 医疗保险手工报销费用审批表(一式两份);

5. 医疗保险手工报销费用明细表(一式一份);

6. 报盘信息。

图 4-7 基本医疗保险报销申报材料图

步骤 2：申报医疗保险手工报销，见表 4-17。

表 4-17　医疗保险手工报销费用审批表

单位名称：<u>　南京夏普科技有限公司　</u>

原单位名称：<u>　　　　　　　　　　　</u>

姓名	许不知	性别		女		年龄	33	病历号	200860501
参保人类别	城镇职工	公民身份证号码		12020119800818132X			就诊类别		住院
社保登记证号码						就诊定点医院			南京市第一人民医院
门诊		由			至			连续天数	
住院		入院时间	2014-02-08		出院时间	2014-03-28	天数		50
报销单据		张数				总金额			

病情摘要	企业主管部门登记 经办人：<u>夏黛</u> 日　期：<u>2014-04-06</u> （章）

项目分类	金额	拒付金额	拒付原因
西药费总金额			
西药费(自费)			
西药费(部分自费)			
中药费总金额			
中药费(自费)			
中药费(部分自费)			
检查费总金额			
检查费(自费)			
检查费(部分自费)			
治疗费总金额			
治疗费(自费)			
治疗费(部分自费)			
化验费总金额			
化验费(自费)			
化验费(部分自费)			
材料费总金额			
材料费(自费)			
材料费(部分自费)			
其他费用总金额			
其他费(自费)			
其他费(部分自费)			

此表一式两份，医保中心和用人单位各留一份　　企业联系人：<u>夏黛</u>　　联系电话：<u>62102602</u>

审核人：<u>　　　　</u>　复审人：<u>　　　　</u>　审批日期：<u>　　　　</u>　日　期：<u>　　　　</u>

步骤 3：审核医疗报销材料，见表 4-18。

表 4-18 医疗保险手工报销费用审批表

单位名称：＿＿＿＿＿＿＿＿＿＿＿

原单位名称：＿＿＿＿＿＿＿＿＿＿＿

姓名		性别		年龄		病历号	
参保人类别		公民身份证号码				就诊类别	
社保登记证号码				就诊定点医院			
门诊		由		至		连续天数	
住院		入院时间		出院时间		天数	
报销单据		张数		总金额			

病情摘要	企业主管部门登记 经办人： 日　期： (章)

项目分类	金额	拒付金额	拒付原因
西药费总金额			
西药费(自费)			
西药费(部分自费)			
中药费总金额			
中药费(自费)			
中药费(部分自费)			
检查费总金额			
检查费(自费)			
检查费(部分自费)			
治疗费总金额			
治疗费(自费)			
治疗费(部分自费)			
化验费总金额			
化验费(自费)			
化验费(部分自费)			
材料费总金额			
材料费(自费)			
材料费(部分自费)			
其他费用总金额			
其他费(自费)			
其他费(部分自费)			

此表一式两份，医保中心和用人单位各留一份。　　　企业联系人：＿＿＿＿＿　联系电话：＿＿＿＿＿

审核人：张千　　　复审人：陈烟　　　审批日期：＿2014-04-06＿　　日　期：＿2014-04-06＿

步骤 4：出具医疗费用申报回执，见表 4-19。

表 4-19 参保人员医疗费用申报回执单

编号：＿＿＿＿＿＿

姓名	许不知	性别	女	年龄	33	医保号	12020119800818132x
诊断	突发性心脏病			工作单位		南京夏普科技有限公司	
提供材料： 发票原件＿＿张 诊断证明＿＿份 明细清单＿＿份 病历复印件＿＿份 转院证＿＿份 全费结算证明＿＿份 报销人身份证复印件 报销人中国银行借记卡复印件							
经办人签字 刘菲				联系电话		02189982	
备注							
审核人签字：张千 日期：2014-04-06							

相关提示：1. 如有冒名顶替、弄虚作假等行为，将按相关法规给予处理。

2. 凡提供给医保中心的各种材料，本人有需要必须留好复印件，我中心一经收取不再索回，不提供查询复印服务。

3. 由于身份证号或银行卡号提供错误，导致上不了账，或是上他人账户所引起的责任，由证件提供人员承担全部责任。

步骤 5：接收医疗费用申报回执。

步骤 6：打印结算支付明细表，见表 4-20。

表 4-20 医疗保险住院费用报销结算支付明细

定点医疗机构名称：南京市第一人民医院　　　　　　定点医疗机构编号：<u>1110012</u>

缴费地区：<u>西京市雨花台区</u>　　　　　　　　参保人员缴费区县：<u>雨花台区</u>

序号	交易流水号	姓名	卡号/手册号
09891	0000008981	许不知	12020119800818132x
参保人员类别	交易日期	申报费用总金额	拒付金额小计(明细附后)
城镇职工	2014-04-06	110 000	5200
支付医疗费用金额			

统筹支付	住院大额支付	公务员医疗补助支付	个人支付	支付小计
85 198	0	0	19 602	104 800

审核结算人：＿＿＿＿＿＿＿＿　　　　　　结算日期：＿＿＿＿＿＿＿＿

备注：申报费用总金额=拒付金额小计+支付小计

　　　以支付日期时间段作为查询条件。

医疗保险住院费用拒付明细表

拒付项目名称	单价	数量	拒付金额	拒付原因

备注：以支付日期时间段作为查条件，应与医保结算报表内容相对应。

步骤7：领取结算支付明细表。

步骤8：支付统筹承担费用，见表4-21。

表4-21 医疗保险住院费用报销支付

定点医疗机构名称：　　　　　　　　　　　　定点医疗机构编号：

缴费地区：　　　　　　　　　　　　　　　参保人员缴费区县：

序号	交易流水号	姓名	卡号/手册号
参保人员类别	交易日期	申报费用总金额	拒付金额小计(明细附后)

支付医疗费用金额				
统筹支付	住院大额支付	公务员医疗补助支付	个人支付	支付小计

审核结算人：＿＿＿＿＿＿＿　　　　　　结算日期：＿＿＿＿＿＿＿

备注：申报费用总金额=拒付金额小计+支付小计

以支付日期时间段作为查询条件。

医疗保险住院费用拒付明细表

拒付项目名称	单价	数量	拒付金额	拒付原因

备注：以支付日期时间段作为查条件，应与医保结算报表内容相对应。

(三) 南京盛欣网络科技有限公司唐屹社会保险个人账户转移

1. 任务情境

南京盛欣网络科技有限公司员工唐屹于 2013 年 12 月参加社会保险，并于次月开始正常缴费。2014 年月均收入为 5800 元，2015 年、2016 年月均收入分别为 6800 元、7000 元。2017 年 1 月唐屹辞职后回武汉市在"武汉新科技有限公司"工作。2017 年 1 月 3 日，唐屹原单位业务负责人到社保经办机构为其办理减员及医疗保险转移相关手续。在唐屹原单位、现单位及转入地、转出地社保经办机构的积极配合下，唐屹成功地转移了自己的社会医疗保险关系。唐屹个人信息见表4-22。

表 4-22 唐屹参保信息

身份证号码	323105198804106972	缴费截止日期	2016-12-31 日
户籍地址	武汉市武昌区光谷路 8 号	账户类别	一般账户
本地参保起止日期	2013-12-25 至 2016-12-31	个人账户建立时间	2013-12-25
参加工作时间	2013-12-25	首次缴费时间	2014-01-10
本地缴费起始时间	2014-01-10	转移时间	2017-01-08
本地缴费终止时间	2016-12-31	本地实际缴费月数	36
户籍类型	城镇	年龄	28
性别	男	医疗保险类型	定点医保
统筹地区经办机构名称	南京市雨花台区人保中心	统筹地区经办机构行政区划代码	310110
医疗保障编号	323105198804106972	已转入个人账户余额(医疗)	9818.82
未转入个人账户余额(医疗)	0	填报日期和办理日期	2017-01-03
参保人电话	15689768902		

原参保单位信息:

单位名称	南京盛欣网络科技有限公司	四险停止缴费原因	转往外省市
组织机构代码	50000266-1	医疗停止缴费原因	转往外省市
单位负责人	花陌	缴费截止日期	2016-12-31
单位经办人	花芯	养老统筹基金转移额	

原社会保险经办机构信息:

行政区划代码	310110	电话	021-56895261
单位名称	南京市雨花台区人保中心	地区名称	南京市雨花台区
地址	南京市雨花台区三门路 100 号	打印养老缴费凭证日期	2017-01-03
邮编	210000	打印医疗缴费凭证日期	2017-01-10
经办人	伍月	发送养老关系转移接续信息表日期	2017-01-08
发送医疗保险类型变更信息表日期: 2017 年 1 月 15 日			

现参保单位信息:

单位名称	武汉市新科技公司	申请养老接续关系日期	2017-01-06
联系电话	027-96968651	申请医疗接续关系日期	2017-01-11
邮编	431400	单位地址	武汉市武昌区光谷一路 66 号

现社会保险经办机构信息:

单位名称	武汉市武昌区人保中心	开户全称	武汉市武昌区社会保险基金管理中心
单位地址	武汉市武昌区光谷一路 88 号	开户银行	中国银行
电话	027-68752611	邮编	431400
经办人	张松	养老发联系函日期	2017-01-07
医疗发联系函日期	2017-01-12		

备注: 所有金额保留 2 位小数, 金额单位为人民币元。

2．任务要求

请根据上述背景案例描述，分别扮演背景中的各个角色，模拟跨统筹地区社会医疗保险关系的转移手续与流程。

3．任务实施

步骤1：原单位办理减员手续，见表4-23。

表 4-23　社会保险参保人员减少表

填报单位(盖章)：<u>南京盛欣网络科技有限公司</u>

组织机构代码：<u>　　50000266—1　　　　　　　　　</u>

社会保险登记证编码：<u>　　　　　　　　　　</u>

序号	*姓名	性别	*公民身份证号码	*停止缴费(支付)险种					*个人停止缴费(支付)原因		是否清算	*缴费(支付)截止日期
				养老	失业	工伤	生育	医疗	四险	医疗		
甲	乙	丙	丁	1	2	3	4	5	6	7	8	9
	唐屹	男	323105198804106972	√	√	√	√	√	转往外省市	转往外省市		2016-12-31

单位负责人：<u>花陌</u>　　　　　　　　　　社保经办机构经办人员(签章)：

单位经办人：<u>花芯</u>　　　　　　　　　　社保经办机构(盖章)：

填报日期：<u>　2017-01-03　　　</u>　　　　办理日期：<u>　　　　　　</u>

备注：1．表格中带*号的项目为必录项，其他有前提条件的必录项请参考指标解释。

　　　2．四险按收缴业务、支付业务分别填报。

　　　3．请依照表格背面的减少原因按规定填写。

步骤 2：受理参保人员减少，见表 4-24。

表 4-24 社会保险参保人员减少表

填报单位(盖章)：＿＿＿＿＿＿＿＿＿＿＿＿＿＿＿

组织机构代码：＿＿＿＿＿＿＿＿＿＿＿＿＿＿＿

社会保险登记证编码：＿＿＿＿＿＿＿＿＿＿＿＿

序号	*姓名	性别	*公民身份号码	*停止缴费(支付)险种					*个人停止缴费(支付)原因		是否清算	*缴费(支付)截止日期
				养老	失业	工伤	生育	医疗	四险	医疗		
甲	乙	丙	丁	1	2	3	4	5	6	7	8	9

单位负责人：＿＿＿＿＿＿＿＿   社保经办机构经办人员(签章)：伍月

单位经办人：＿＿＿＿＿＿＿＿   社保经办机构(盖章)：

填报日期：＿＿＿＿＿＿＿＿   办理日期： 2017-01-03

备注：1. 表格中带*号的项目为必录项，其他有前提条件的必录项请参考指标解释。

    2. 四险按收缴业务、支付业务分别填报。

    3. 请依照表格背面的减少原因按规定填写。

步骤 3：转出地出具参保缴费凭证，见表 4-25。

表 4-25 基本医疗保险参保凭证

凭证号：

基 本 信 息					
参保人	姓名	唐屹	公民身份证号码	323105198804106972	医疗保障编号	
	户籍所在地	武汉市武昌区光谷路 8 号			户籍类型	城镇
户主	姓名		公民身份证号码			

参 保 信 息			
医疗保障类型	定点医保	参保地**	
参保时间	起：2013-12-25	待遇享受起止时间	起：
	止：2016-12-31		止：
个人账户余额	(小写)￥9818.82		
	(大写)玖仟捌佰壹拾捌元捌角贰分		

经 办 机 构 信 息			
办理机构名称	南京市雨花台区人保中心	(盖章)	
联系人	伍月	电话	56895261

注 意 事 项
1. 本凭证是根据国家有关规定制发，是参保的权益记录，以及申请办理基本医疗保险关系转移接续手续的重要凭证，请妥善保存。
2. 本凭证一式三联。第一联用于参保人员办理基本医疗保险关系转移；第二联由原参保统筹地区经办机构存档备查；第三联由参保人员自己留存。
3. 跨统筹地区流动就业人员，有接收单位的，将此凭证交由单位按照规定办理参保接续手续。
4. 其他跨统筹地区流动就业人员，应携带此凭证及有效证件在 3 个月内到指定办理机构办理相关登记手续。
5. 本凭证如不慎遗失，请与出具此凭证的机构联系，申请补办。
人力资源和社会保障部监制

步骤 4：现单位申请接续关系，见表 4-26。

表 4-26 基本医疗保险关系转移接续申请表

(此表由申请人或代办人填写)

编号: _____

参保人员信息					
姓名	唐屹	性别	男	年龄	28
公民身份证号码	323105198804106972		联系电话		15689768902
户籍地址	武汉市武昌区光谷路 8 号			户籍类型	城镇
联系地址	武汉市武昌区光谷一路 66 号			邮政编码	431400
原参保地经办机构名称	南京市雨花台区人保中心		原参保地经办机构行政区划代码		310110
原参保地经办机构地址	南京市雨花台区三门路 100 号	邮编	210000	联系电话	56895261
现就业地工作单位	武汉市新科技公司				
现参加的医疗保险类型	定点医保				
代办人员信息(若本人办理，则不需填写)					
姓名		与参保人关系		联系电话	
联系地址				邮政编码	

申请人(或代办人)(签字): 唐屹   申请时间: 2017-01-11

备注: 1. 已进行户籍改革的地区，选填居民；尚未进行户籍改革的地区，选填农业或非农业。

2. 根据人力资源和社会保障部指定的各地区行政区划代码填写。

3. 以个人身份参保的人员不填写此项。

步骤 5: 转入地发转移接续联系函，见表 4-27。

表 4-27 基本医疗保险关系转移接续联系函

(此表由新参保地经办机构填写并提供给上一参保地经办机构)

编号: _____

原参保地经办机构名称:

原在你处的参保人员，因流动就业等原因，现申请将其基本医疗保险关系转移至我处。若无不妥，请按相关规定办理转移手续。

参保人员信息					
姓名	唐屹	性别	男	年龄	28
公民身份证号码	323105198804106972		户籍类型	□居民 □农业 □非农业	
新就业地经办机构信息					
开户全称	武汉市武昌区社会保险基金管理中心				
开户银行	中国银行		银行账号		
地址	武汉市武昌区光谷一路 88 号		邮政编码	431400	

经办人(签章): 张松   新就业地经办机构(章):

电话: 68752611   日期: 2017-01-12

备注: 1. 已进行户籍改革的地区，选填居民；尚未进行户籍改革的地区，选填农业或非农业。

2. 本函一式两联。一联发给原参保地经办机构，一联发函经办机构留存。

步骤 6：转出地转移账户基金。

步骤 7：转出地发类型变更信息表，见表 4-28。

表 4-28　参保人员医疗保险类型变更信息表

(此表由上已参保地经办机构提供给新参保地经办机构)

参保人员姓名：　唐屹　　　　公民身份证号码：323105198804106972　　　　性别：男

序号	时间 xxxx/xx 至 xxxx/xx	医疗保险类型	医疗保障编号	已转个人账户余额	未转个人账户余额	统筹地区经办机构名称	统筹地区经办机构行政区划分代码
	1	2	3	4	5	6	7
1	2013-12-25 至 2016-12-31	定点医保		9818.82		南京市雨花台区	310110
2							
3							
4							
...							

经办人(签章)：伍月　　　　　　　　　　　　　　经办机构(章)：

电话：56895261　　　　　　　　　　　　　　　日期：2017-01-15

备注：1. 时间：按发生变更的时间段先后顺序依次排列，如有中断，要分开记录。

　　2. 医疗保险类型：从以下三项中选择填写一项。①职工医保；②居民医保；③其他。若填写其他，需说明。

　　3. 医疗保障编号：尚未将公民身份证号码作为城镇职工基本医疗保险、城镇居民基本医疗保险参保唯一身份识别码的统筹地区填写医疗保险编号。

　　4 和 5. 已转和未转个人账户余额：指与 1 栏相对应时间段内已转或未转的个人账户金额。在同一统筹地区未连续参加同一类型医疗保障的，已转或未转个人账户金额统一在转出本统筹地区时一并予以记录。

步骤 8：转入地接收类型变更信息表。

第三单元　南京市城镇居民医疗保险实务操作

一、覆盖对象

凡具有南京市城镇户籍，城镇职工基本医疗保险制度和新型农村合作医疗未覆盖到的各类城镇居民，都可以按规定申请参加城镇居民医疗保险。灵活就业人员及以灵活就业人员身份办理了养老退休手续但无能力缴纳职工医保费的居民，也可选择参加城镇居民医疗保险。

具有本市城镇户籍的下列人员，应当参加城镇居民基本医疗保险。

(1) 未享受城镇职工基本医疗保险，男年满 60 周岁、女年满 55 周岁以上的城镇居民。

(2) 年满 16 周岁以上，男 60 周岁、女 55 周岁以下且无固定职业、无稳定收入、无社会保险的城镇居民。

(3) 各类在校中小学生(包括幼儿园、小学、初中、高中、职高、特殊学校)及婴幼儿。

(4) 非本市城镇户籍的进城务工人员的子女，在本统筹地区中小学借读且其父母一方已参加本统筹地区社会保险的。

(5) 市属全日制高等、中等专科院校、技校等在校学生。

二、参保手续办理

(一) 普通人群参保登记

符合参保条件的居民可携带有关凭证材料直接到户籍地或居住地所在的街道劳动保障所办理参保登记手续。

凡属参保范围的城镇居民，应在每年 1 月至 10 月到户籍所在地的街道劳动保障所，填写《南京市城镇居民基本医疗保险参(续)保登记表》(以下简称《参保登记表》)(见附表 4-19)，办理参保登记手续。城镇居民在办理参保登记手续时，需携带本人身份证、户口簿。

(二) 特殊群体参保登记

下列几类人员参保时还需提供以下证明材料：

(1) 享受最低生活保障待遇人员需携带南京市城市居民最低生活保障金领取证。享受最低生活保障待遇人员以每年 10 月底民政部门在册名单为准。

(2) 一级、二级重度残疾人需携带中华人民共和国残疾人证。一级、二级重度残疾人是指：评定为一级、二级的肢体、智力、精神残疾及一级盲、二级盲视力残疾的重度残疾人。

(3) 列为民政部门的重点优抚对象需携带由户籍所在地的区民政局出具的证明。

(4) 特困职工子女需携带市总工会颁发的有效期内的特困职工证。

(5) 孤儿由其监护人携带居住地街道办事处出具的证明。

(6) 年满 16 周岁以上的在校学生需携带学生证。

(7) 外来务工人员子女需携带父母一方暂住证、父母工作单位提供的参加社会保险的证明和教育部门的相关证明。

(8) 无固定职业、无稳定收入、无社会保险的"其他居民"需携带居住地街道办事处出具的证明。

(9) "老年居民"指参保当年 12 月 31 日(含)前男年满 60 周岁、女年满 55 周岁的居民。出生日期以本人身份证为准。

(10) 新生儿参保。"新生儿"是指出生后到办理参保登记时不足 12 个月的婴儿，新生儿出生后 3 个月内，其亲属应及时到户籍所在地或居住地的街道劳动保障所，为新生儿办理人员建档、制发市民卡等"新生儿"参保手续。"新生儿"每年 6 月 30 日(含)前参保的缴纳全年费用，7 月 1 日(含)后参保的缴纳半年费用。"新生儿"出生 3 个月内办理参保并足额缴费的，从出生之日起享受居民医保待遇，出生 3 个月以后办理参保并足额缴费的，从缴费到账之日起享受居民医保待遇。

列入财政补助对象的享受最低生活保障待遇人员、重度残疾人、重点优抚对象、特困职工子女及孤儿，由户籍所在地街道劳动保障所每年进行一次公示，公示后报相关职能部门审核确认，公示时间为7天。

(三) 续保手续办理

居民参保后，每年需要办理续保手续。一般居民的续保由市社保中心医保部统一办理。以下几种情况需在每年的11月1日至12月25日期间，凭相关证明到户籍地或居住地所在的街道劳动保障所办理续保验证手续。未在规定时间内办理续保及缴费验证手续的，不再另行办理。

(1) 本人身份发生变化的。

(2) 低保人员、低保家庭子女、特困职工子女。

(3) "学生儿童"中年满22周岁，下一年度仍在校就读的。

三、参保缴费

(一) 缴费办理规定

南京市城镇居民医疗保险费按年度缴纳，每年11月1日至12月25日为缴费期。在规定期限内办理参保登记手续并足额缴费的，从缴费次年的1月1日起享受城镇居民基本医疗保险待遇。未按规定时间缴费或未足额缴费的不享受下一年度居民医保待遇。

参保居民可在每年的12月25日前将下一年度医保费预存到有社保代扣关联关系的工商银行卡中，由工商银行统一代扣。具体方式如下：

(1) 原使用"工商银行牡丹灵通卡"缴费的居民，可以继续使用该卡将医保费预存到该卡中。

(2) 使用市民卡缴费(选择工商银行)的居民，可凭本人身份证或户口簿到全市任意一家工商银行开通银行卡功能、办理银行缴费代扣关联手续后，即可将医保费预存到该卡中。

(3) 有市民卡但未选择工商银行的以及参保后尚未领到市民卡的居民，可凭市民卡或《参保登记表》在缴费期内到工商银行柜面报社保卡号直接缴纳下一年度的医保费。

(4) 新生儿和准新生儿办理参保登记后，当年医保费可凭《参保登记表》直接到工商银行柜面缴纳。

(二) 缴费办法与标准

城镇居民基本医疗保险不建立个人账户。城镇居民基本医疗保险费实行政府补助与单位分担、个人缴费相结合。

财政对老年居民、享受最低生活保障待遇人员、重度残疾人、学生儿童等对象缴费给予补助。享受最低生活保障待遇、二级以上重度残疾人(肢体、智力、精神及盲残)、重点优抚对象、特困职工子女、孤儿参保，个人不需缴费，参保费用由各级财政予以全额补助。

用人单位对符合计划生育政策的职工子女和供养直系亲属参保费用部分分担。18周岁以下学生儿童和职工供养直系亲属，参保缴费后由街道劳动保障所提供缴费凭证，其父母所在单位或供养单位按有关规定予以报销。

凡户籍关系迁入本市不满10年的城镇居民，参加居民医保由个人按规定的标准全额缴纳参保费用。

城镇居民基本医疗保险的缴费标准每年都在变化，2017年度城镇居民基本医疗保险筹资标准具体如下所示。

老年居民筹资标准由860元/人·年提高至900元/人·年，其中，财政补助500元/人·年，个人缴费400元/人·年。

其他居民筹资标准由910元/人·年提高至960元/人·年，其中，财政补助480元/人·年，个人缴费480元/人·年。

学生儿童筹资标准由580元/人·年提高至630元/人·年，其中，财政补助480元/人·年，个人缴费150元/人·年。

大学生筹资标准由550元/人·年提高至600元/人·年，其中，财政补助480元/人·年，个人缴费120元/人·年。

四、待遇申领

(一) 待遇资格

城镇居民每年应按规定办理续保登记手续。在规定期限内办理参保登记手续并足额缴费的，从缴费次年的1月1日起享受城镇居民基本医疗保险待遇。未按规定时间缴费或未足额缴费的不享受下一年度居民医保待遇。

城镇居民未按规定期限参保或参保中断后续保的，按规定实行等待期制度。未按规定期限参保或参保中断后续保的城镇居民，应在下一年度缴费期内办理参保或续保手续，自缴费次月起满6个月等待期后方能继续享受城镇居民基本医疗保险待遇，中断缴费期间和6个月等待期内发生的医疗费用，城镇居民基本医疗保险基金不予支付。

居民医保参保人员患有门诊大病的，在办理申请手续时需携带本市三级定点医疗机构或专科医院出具的诊断证明和经医院盖章、副主任以上医师签字同意的《南京市城镇居民基本医疗保险门诊大病申请表》(以下简称《门诊大病申请表》)(见附表4-20)，经医疗保险经办机构确认后，方可享受有关待遇。门诊大病医疗机构发生变化的，需填写《南京市城镇居民基本医疗保险门诊大病定点医疗机构变更申请表》(见附表4-21)，经医保办机构确认后，才能享受有关待遇。否则，无法享受居民医保相关待遇。

(二) 待遇支付

城镇居民基本医疗保险参保人员享受普通门诊、门诊大病、住院等待遇。城镇居民参保人员在一个自然年度内发生的符合支付范围的住院、门诊大病和门诊医疗费用，设立起付标准和最高支付限额，起付标准以上、最高支付限额以下部分按比例支付(如表4-29所示)。

1. 普通门诊

城镇居民医疗保险实行门诊统筹。设立起付标准和最高支付限额，起付线和最高支付限额之间的费用，按照"累加支付"的原则，由基金和城镇居民个人按比例分担。在一个自然年度内，"居民"看门诊200元以内的费用由个人承担，200～900元之间的费用，在社区医院就诊基金支付 60%，在其他医院就诊基金支付 50%；80 周岁以上居民，在社区医院就诊基金支付 65%，在其他医院就诊基金支付 55%，900 元以上的费用由个人承担；"学生儿童"看门诊 0～400 元的医疗费用，在社区医院就诊的基金支付 60%；在其他医院就诊的基金支付 50%，400 元以上的费用个人承担。未经备案登记，参保居民在外地就诊发生的门诊费用由个人承担，基金不予补助。

2. 门诊大病

(1) 病种。居民医保的门诊大病种类包括恶性肿瘤放化疗(仅指放化疗，一般为 6 个月)、重症尿毒症的血液透析(含腹膜透析)治疗、器官移植手术后的抗排异治疗和精神病(指精神分裂症、中重度抑郁症、狂躁症、强迫症、精神发育迟缓伴发精神障碍、癫痫伴发精神障碍、偏执型精神病等七种类型)共四种门诊大病。"学生儿童"还包括再生障碍性贫血、系统性红斑狼疮、血友病共七种门诊大病。

(2) 申请。患有门诊大病的参保居民，需携带本市三级定点医院或专科医院出具的诊断证明和医院医保办盖章、主任医师签字同意的《门诊大病申请表》以及相关资料，到区社会保险管理服务中心办理门诊大病准入手续。

(3) 待遇。在门诊进行门诊大病病种专项治疗的，免起付标准，医保范围内的费用，"居民"基金支付 80%，"学生儿童"基金支付 85%。

(4) 办理流程。

① 领表。患有《门诊大病申请表》所列病种的参保居民，向所在街道劳动保障所(大学生向所在学校)提出申请，领取并填写本表(一式两份)。

② 认定。患者持《门诊大病申请表》到三级定点医疗机构(或专科医院)请专科主任医师确诊签字，医院医保办审核盖章。器官移植手术后抗排异治疗患者到原手术医院认定。

③ 送件。患者持医疗机构审核确认后的《门诊大病申请表》和患者近期一寸免冠照片及相关材料，到区社保中心(大学生由学校统一到市医保中心)办理审核准入手续。

• 恶性肿瘤患者提供确诊病理报告(或相关检查报告单)、出院小结的原件及复印件。

• 血液透析和腹膜透析患者提供出院小结或肾功能检查报告单的原件及复印件。

• 器官移植术后门诊抗排异患者提供移植手术的出院小结原件及复印件。

• 血友病、再生障碍性贫血、系统性红斑狼疮患者提供出院小结原件及复印件或疾病诊断书原件。

• 精神病患者须由南京市脑科医院、南京江北人民医院的专科主任医师确诊(如已具备南京市脑科医院、南京江北人民医院诊断证明的，无需再填写"确诊定点医疗机构意见"栏，需附诊断证明原件和复印件)。

3. 居民血友病

按照轻、中、重分型，基金支付限额分别为 1 万、5 万和 10 万，限额内基金支付比例为 70%。

4. 医疗保险特殊药品(特药)

医疗保险特殊药品特指不在《江苏省基本医疗保险、工伤保险和生育保险药品目录》之内，但对治疗重大(罕见)疾病临床必须、疗效确切、价格昂贵、且通过谈判机制纳入医疗保险基金支付范围的药品(以下简称特药)，如抗肿瘤分子靶向药、孤儿药等。

(1) 支付范围。甲磺酸伊马替尼片(格列卫)的限定支付范围限慢性髓性白血病、不能切除和/或发生转移的恶性胃肠道间质肿瘤，且无使用禁忌症的患者使用。尼洛替尼胶囊(达希纳)的限定支付范围限既往治疗(包括伊马替尼)耐药或不耐受的费城染色体阳性的慢性随性白血病慢性期或加速期成人患者，且无使用禁忌症的患者使用。注射用曲妥珠单抗(赫赛汀)的限定支付范围为 HER2 阳性乳腺癌。

(2) 申请。符合特药待遇规定的居民，办理门诊大病申请后，到指定医院就诊申请，填写《江苏省医疗保险特药使用申请表》(以下简称《特药使用申请表》)(见附表 4-22)并经指定医院医保办审核，审核后持《特药使用申请表》及相关资料到市社保中心医保服务大厅办理准入手续。

(3) 待遇。包括基金支付待遇和按规定获得的无偿供药待遇。

① 医保基金支付待遇(医保支付期)。参保患者在一个医疗年度内，按规定发生的特药费用按照医保结算价，基金支付比例为70%。

② 无偿供药待遇(无偿供药期)。参保患者按规定获得的由慈善机构或药品生产企业无偿提供的特药，医保基金和个人均不再支付特药费用。

(4) 办理流程。

关于特药享受待遇的资格准入与复查退出办理流程如下所示。

① 资格准入。

• 参保患者持《特药使用申请表》及有关材料向统筹地区医保经办机构提出申请，经办机构按规定进行资格审核，符合条件的发给江苏省医疗保险特药待遇证(以下简称待遇证)，可享受一个医疗年度的特药医保待遇。

申请医保待遇需提供的材料：社会保障卡、门诊特定项目(门诊大病)证、相关医疗文书(基因检测、病理诊断、影像报告、门诊病历、出院小结)和照片等。

• 参保患者在医保支付期即将结束时，可向(慈善)合作机构申请慈善援助，经(慈善)合作机构审核批准后，享受后续治疗的无偿供药期待遇。

申请慈善援助需提供的材料：本人身份证、社会保障卡、待遇证、慈善援助项目规定的材料(援助项目知情同意书，援助项目申请信息表，赠药申请评估表，收入证明等)。

• 特药待遇资格自核准之日生效。医疗年度终结后，仍需继续使用特药治疗的，须重新申请。

② 复查与退出。

• 建立参保患者特药使用复查评估制度。参保患者享受特药待遇期间因病情变化、临床需要等情形应定期到责任医师处复查评估，复查结果以《江苏省医疗保险特药使用评估表》(见附表 4-23)形式记录，由责任医师签字确认。

• 不按规定时限复查(超过复查时限一个月以上)的，将被暂停或取消特药待遇；经复查评估达不到临床医学诊断标准的参保患者，不再享有特药待遇。

5. 住院

医保范围内的住院医疗费用中，起付标准以内的由参保人员个人承担，起付标准以上的由基金按比例支付。"居民"起付标准三、二、一级医院分别为 900、500、300 元，基金支付比例分别为 65%、85%、90%；"学生儿童"起付标准三、二、一级医院分别为 500、400、300 元，基金支付比例分别为 80%、90%、95%。

在一个自然年度内多次住院的，起付标准逐次降低，第二次及以上住院按规定住院起付标准的 50% 计算，但最低不低于 150 元。

参保人员因门诊大病病种或精神病病种住院治疗的，免收住院起付标准。

6. 意外伤害

"学生儿童"因意外伤害发生的门诊医疗费用，按照住院基金支付比例支付，凭相关医疗费用票据到街道劳动保障所办理零星报销。

"学生儿童"人身意外伤害是指外来、突然、非本意、非疾病使其身体受到剧烈伤害的客观事件。在一个结算年度内，"学生儿童"自遭受意外伤害之日起 180 天内，因意外伤害在居民医保定点医疗机构治疗的符合支付范围的费用由基金支付。

7. 生育

南京市《关于调整城镇居民基本医疗保险政策的意见》(宁劳社医〔2009〕9 号)明确扩大基金支付范围，将符合国家计划生育政策的产前检查和生育费用纳入居民医保基金支付范围，生育用药、诊疗目录参照城镇职工生育保险用药、诊疗目录执行。产前检查费用基金最高支付 300 元，生育住院分娩费用按照住院费用标准支付。

符合生育规定的参保居民，应凭市民卡、结婚证、社区居民委员会出具的符合计划生育的相关证明，先到户籍地所在的街道劳动保障所办理生育登记手续。就诊时须出示市民卡，发生的产前检查和分娩费用直接与医院结算。产前检查费用基金按 40% 支付，最高支付 300 元；住院分娩费用起付标准同普通疾病住院，起付标准以上符合生育保险支付范围和标准的费用在三级、二级、一级医院基金支付比例分别为 75%、85%、90%。

8. 基金最高支付限额

基金最高支付限额与个人缴费年限挂钩。参保缴费第 1 年，其住院、门诊大病、门诊和生育医疗费用，基金累计最高支付限额 29 万元，连续缴费每增加 1 年，最高支付限额增加 1 万，最高可增加到 36 万元。参保居民中断缴费的，再次参保基金累计最高支付限额从第一年重新计算。

9. 大病保险

参保人员在一个自然年度内(大学生为一个学年)，发生的基本医疗保险支付范围内的居民医保住院和门诊大病的医疗费用，在享受基本医疗保险待遇基础上，个人自付费用超过大病保险起付标准以上的部分，由大病保险按规定予以支付。大病保险的起付标准以本市上一年度城镇居民年人均可支配收入的 50% 左右设置，现暂定为 2 万元。对起付标准以上的费用实行"分段计算，累加支付"，不设最高支付限额。

具体办法如下：2 万元以上至 4 万元部分，支付 50%；4 万元以上至 6 万元部分，支付 55%；6 万元以上至 8 万元部分，支付 60%；8 万元以上至 10 万元部分，支付 65%；10 万元以上部分，支付 70%。

表 4-29　南京市居民医保待遇一览表

就诊类别	类别	起付标准	就诊医院	费用段	基金支付比例
普通门诊	老年居民 其他居民	200 元	社区医院	200～900 元	60%
			非社区医院		50%
	80 周岁以上 居民		社区医院		65%
			非社区医院		55%
	学生儿童	—	社区医院	0～400 元	60%
			非社区医院		50%
门诊大病	居民	免起付标准		医保范围内费用	80%
	学生儿童				85%
居民血友病	按照轻、中、重分型，基金支付限额分别为 1 万、5 万和 10 万，限额内基金支付比例为 70%。				
特药	医保基金支付待遇(医保支付期)：参保患者在一个医疗年度内，按规定发生的特药费用按照医保结算价，基金支付比例为 70%。				
	无偿供药待遇(无偿供药期)：参保患者按规定获得的由慈善机构或药品生产企业无偿提供的特药，医保基金和个人均不再支付特药费用。				
住院	老年居民 其他居民	900 元	三级医院	起付标准以上	65%
		500 元	二级医院	起付标准以上	85%
		300 元	一级医院	起付标准以上	90%
	学生儿童	500 元	三级医院	起付标准以上	80%
		400 元	二级医院	起付标准以上	90%
		300 元	一级医院	起付标准以上	95%
	(1) 在一个自然年度内多次住院的，起付标准逐次降低，第二次及以上住院按规定住院起付标准的 50% 计算，但最低不低于 150 元。 (2) 因精神病病种或门诊大病病种住院治疗的，免收住院起付标准。				
生育		起付标准	医院等级	支付范围内费用	基金支付比例
	其他居民	900 元	三级医院	起付标准以上	75%
		500 元	二级医院	起付标准以上	85%
		300 元	一级医院	起付标准以上	90%
	产前检查费用基金按 40% 支付，最高支付 300 元。				
最高支付限额	基金最高支付限额与个人缴费年限挂钩。参保缴费第 1 年，其住院、门诊大病、门诊医疗费用，基金累计最高支付限额 29 万元，连续缴费每增加 1 年，最高支付限额增加 1 万，最高可增加到 36 万元。中断缴费再次参保的，基金累计最高支付限额从第一年重新计算。				
大病保险	起付标准为 2 万元。2 万元以上至 4 万元部分，支付 50%；4 万元以上至 6 万元部分，支付 55%；6 万元以上至 8 万元部分，支付 60%；8 万元以上至 10 万元部分，支付 65%；10 万元以上部分，支付 70%。				

五、就医办法

(一) 首诊、转诊制

城镇居民基本医疗保险实行以定点社区卫生服务机构为主的首诊、转诊制。参保居民就诊时，应凭市民卡到社区医院或专科定点医院首诊，因病情需要转诊到三级综合医院的，在首诊医疗机构按规定办理转诊手续后，再凭市民卡到三级医院就诊。16 周岁以下(含 16 周岁)学生儿童还可直接凭市民卡到市儿童医院、南医大二附院、南京市妇幼保健院、南京同仁医院和南京市中西医结合医院或本人参保时选择的一家设有儿童专科的综合医院作为本人的首诊医院。

居民未经转诊直接到三级综合医院发生的医疗费用或不持市民卡发生的医疗费用全部由本人自行承担，不享受医保相关待遇。

需要说明的是，新生儿出生 3 个月后必须持本人的市民卡就医。

(二) 持卡就医、定点医药机构及医药目录

参保人员应当持经办机构统一发放的社会保障卡或市民卡到定点医疗机构、定点零售药店就医(抢救除外)或购药。

城镇居民基本医疗保险实行定点医疗机构管理。定点手续由街道劳动保障所负责办理，下文有专门论述，此处不赘述。

城镇居民基本医疗保险的用药、医疗服务目录，原则上参照城镇职工基本医疗保险用药和医疗服务目录执行。

城镇居民未在定点医药机构就医或购药，以及未按医药目录规定使用药品及医疗服务所发生的费用，均由居民个人承担，居民医疗保险基金不予报销。

(三) 转诊手续办理

需要转诊到三级综合医院就诊的，在首诊医疗机构填写《南京市城镇居民基本医疗保险转诊登记表》(见附表 4-24)，办理转诊手续后转诊，时限一般为 1 个月；若参保居民在此期间因病情需要到市内其他三级综合医院就诊的，须到原办理转诊手续的社区医院注销原转诊记录后，重新办理转诊手续。

六、医保费用结算

城镇居民基本医疗保险普通门诊费用应由基金支付部分，由医疗保险经办机构向定点医疗机构按实支付。城镇居民住院医疗费用，应由基金支付部分，由医疗保险经办机构与定点医疗机构按住院费用结算控制指标结算。

新生儿出生 3 个月后必须持本人的市民卡就医。持新生儿本人的市民卡在定点医疗机构发生的医疗费用，市社会保险管理中心与定点医疗机构按规定的标准结算。

参保居民看病或住院发生的医疗费用，凭市民卡直接与定点医院结算。个人只需结清自付自理费用，统筹基金支付部分不需个人垫付，由市社保中心与定点医院结算。

居民在非医保定点医院或未刷市民卡发生的医疗费用以及医保范围外的医疗费用均由个人自理。

参保居民在定点医疗机构发生的符合国家计划生育政策的产前检查和生育费用，属于居民医保基金支付的，由市医疗保险结算管理中心按规定与定点医疗机构结算。按照南京市 2010 年发布的《关于城镇居民基本医疗保险生育费用结算有关事项的通知》(宁人社规〔2010〕5 号)，规定产前检查费用中属基金支付的部分由基金按实结算；住院分娩费用按结算控制指标结算，具体如表 4-30 所示。

表 4-30　2010 年度居民医保住院分娩费用结算控制指标表

医疗机构等级	生产方式	控制指标(元)
三级	顺产	2200
	助娩产	3200
	剖宫产	4000
二级	顺产	1900
	助娩产	2500
	剖宫产	3500
一级及以下	顺产	1400
	助娩产	2000
	剖宫产	2700

七、异地就医

参保人员需要到外地就医的，要到街道劳动保障所办理备案手续，否则，医药费用无法进入居民医疗保险范畴进行报销。

(一) 长期驻外的参保人员

(1) 办理登记备案手续。居民参保后长期在外地居住的，应携带居住地的暂住证或学籍证明，到户籍地所在的街道劳动保障所，办理登记备案手续，并在暂住地选择一家当地医保定点医院作为本人的定点医院。

(2) 医疗费用结算。长期驻外人员发生的住院、门诊大病(应先办理相关准入手续)医疗费用，由本人先行垫付，治疗结束后，凭市民卡、身份证以及医疗费用发票原件、明细清单、出院小结等到户籍所在地的街道劳动保障所办理零星报销。未按规定办理长期驻外登记备案手续发生的医疗费用均由参保人员个人自理。

(二) 因病情需要转往外地就诊

(1) 办理登记备案。因病情确需转往外地医院就诊(限北京、上海)的，须由本市三级医院主任医师会诊出具转诊证明和病历摘要，并填写《南京市城镇居民基本医疗保险转外地就诊申请表》(见附表 4-25)，经医院医保办审核盖章后，到户籍所在地的街道劳动保障所办理登记备案手续，报医疗保险经办机构备案。具体如图 4-8 所示。

(2) 医疗费用结算。转外地就医发生的住院费用，由本人先行垫付，治疗结束后，凭市民卡、身份证以及医疗费用发票原件、明细清单、出院小结等到街道劳动保障所办理零星报销。未办理登记备案自行到外地医院就诊，发生的医疗费用由参保人员个人自理。

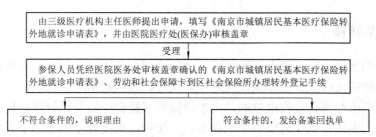

图 4-8 城镇居民基本医疗保险异地转院流程图

八、零星报销

(一) 医疗费用零星报销的情形

(1) 长期驻外人员在外地定点医院发生的门诊大病和住院医疗费。

(2) 转往外地(限北京、上海)住院发生的符合规定的医疗费。

(3) 本地因急症抢救并转住院或死亡发生的门诊抢救医疗费。

长期驻外及异地安置人员须在本人选定的定点医疗机构就医,发生的符合支付范围的医疗费用,累计超过规定起付标准、低于最高支付限额的,本人提供门诊医疗费用票据原件和双处方底联及各项检查报告单,由市医保中心按零星报销处理,基金支付比例统一为50%。低于起付标准的或高于最高支付限额的,由本人承担,不做零星报销处理。

在非本人定点医疗机构就医的,费用不予处理。

(二) 零星报销办理

(1) 办理地点。符合零星报销的参保居民可到户籍所在地的街道劳动保障所办理。

(2) 办理时需携带的材料。市民卡、身份证以及医疗费票据原件,报销住院费用还需携带出院小结、医疗费用明细清单。报销门诊大病、抢救费用还需携带门诊病历、双处方底联、检查化验单。转往外地住院的还需携带转外地就诊申请表回执。

注意:零星报销所需材料需参保人员自留复印件,办理报销前需要开通市民卡银行卡功能,以便报销费用及时入账到参保人员手中。具体如图 4-9 所示,其中零星报销费用交接单见附表 4-26,零星报销支付单见附表 4-27。

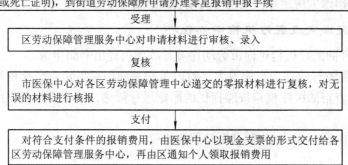

图 4-9 南京市城镇居民医疗保险零星报销流程图

九、 医保关系转移

居民医保的转移接续参照人力资源和社会保障部办公厅《关于印发流动就业人员基本医疗保险关系转移接续业务经办规程的通知》执行，城镇基本医疗保险参保人员跨统筹地区流动就业，新就业地有接收单位的，由单位按照《社会保险登记管理暂行办法》的规定办理登记手续，参加新就业地城镇职工基本医疗保险；无接收单位的，个人应在中止原基本医疗保险关系后的 3 个月内到新就业地社会(医疗)保险经办机构办理登记手续，按当地规定参加城镇职工基本医疗保险或城镇居民基本医疗保险。

南京市《关于做好流动就业人员基本医疗保障关系转移接续工作的通知》(宁人社规〔2011〕6 号)指出，流动就业人员参加南京市居民医保的，应及时按规定申请办理转移接续居民医保关系，并补缴当年度居民医保参保费用，缴费到账次月起按规定享受居民医保待遇。其在原参保地参加的居民医保的实际缴费年限可合并计算。

具体办理流程参照城镇职工基本医疗保险关系转移手续。

十、 定点医疗机构确认

居民医保定点医疗机构是指经市劳动保障行政部门和卫生、财政等相关部门审核确定，并与市医疗保险结算管理中心签订医疗服务协议，为参保居民提供医疗服务的医疗机构。

南京市政府关于印发《南京市城镇居民基本医疗保险暂行办法》的通知(宁政发〔2007〕164 号)规定，城镇居民基本医疗保险定点医疗机构从符合条件的城镇职工基本医疗保险定点医疗机构中选定，统一向社会公示。

(一) 居民医保定点医疗机构的申请条件

(1) 经卫生行政部门批准，取得医疗机构执业许可证。

(2) 已获得城镇职工基本医疗保险定点医疗机构资格，并与市医保中心联网，实现医疗信息实时传送。

(3) 严格遵守国家和省、市有关医疗服务和药品管理的法律、法规，近两年内未受到市劳动保障、卫生、药监、物价等有关职能部门行政处罚。

(4) 申请作为首诊的医疗机构，必须为卫生部门批准的社区卫生服务机构或设有儿童专科的医疗机构。

转诊医院和门诊大病定点医院由市劳动保障、财政、卫生等部门会商后选定。

(二) 居民医保定点医疗机构申办程序

(1) 具备条件的医疗机构可向市劳动保障行政部门提出书面申请。

(2) 市劳动保障行政部门会同卫生、财政等相关部门根据定点医疗机构设置的总体规划，对申请定点资格的医疗机构按照择优的原则进行筛选，选出符合条件的医疗机构，并向社会公示。

(3) 市医保中心与医疗机构签订医疗服务协议。

第四单元　南京市新型农村合作医疗实务操作

　　新型农村合作医疗是指由政府组织引导，农村居民自愿参加，按照个人缴费、集体扶持、政府补助的方式筹集资金，实行门诊统筹与住院统筹相结合的农村居民基本医疗保障制度。农村居民参加新型农村合作医疗，为抵御疾病风险而履行缴费义务，不视为增加农民负担。

　　新农合处在实施探索阶段，各地的做法不统一。现以南京市新型农村合作医疗制度的实施为例，对新农合的运作实务进行展现，其制度根据是南京市卫生局、南京市财政局、南京市委农工办《南京市新型农村合作医疗管理指导意见》(宁卫基妇〔2008〕45 号)的文件规定。全南京市新型农村合作医疗补偿模式统一为住院补偿和门诊补偿，不应设立家庭账户。

一、参保对象

　　参合对象为南京市范围内的所有农村居民(包括乡镇中没有享受城镇职工和城镇居民医保的居民)。实行以户为单位，全员参合。

1. 农村居民(含农村中小学生)

　　(1) 以户为单位参加户籍所在地统筹地区的新型农村合作医疗。

　　(2) 农村居民因就学等原因户口迁出本地，现又回到原籍居住，未参加或者停止参加其他基本医疗保险的，可以参加原户籍所在地统筹地区的新型农村合作医疗。

　　(3) 农村居民停止参加其他基本医疗保险的，凭相应的医疗保险经办机构出具的证明，可以参加当年度的新型农村合作医疗。

2. 居住在乡镇的城镇居民和其他人员

　　按照县级以上地方人民政府的规定，参加当地新型农村合作医疗或者其他基本医疗保险。

3. 退役的士兵

　　在新型农村合作医疗上一个缴费期至下一个缴费期之间退役的士兵，可以参加当年度的新型农村合作医疗。

4. 婴儿

　　婴儿出生之日起 15 个工作日内，父母为其申请参加新型农村合作医疗的，其自出生之日起产生的医药费用纳入新型农村合作医疗基金补偿范围。

　　按照规定已经参加其他基本医疗保险的人员，不参加新型农村合作医疗，其家庭其他成员仍可以按照规定参加新型农村合作医疗；已经参加新型农村合作医疗的人员，需要参加其他基本医疗保险的，其本人应当于下一年度退出新型农村合作医疗。

二、农民个人缴费及财政补助标准

(一) 缴费标准及财政补助标准

2016 年"新农合"人均筹资标准从 750 元提高到 850 元；农民个人缴费标准从 180 元提高到 230 元。

农村最低生活保障对象、五保供养对象、重点优抚对象等医疗救助对象由统筹地区人民政府全部纳入新型农村合作医疗，其个人缴费部分，由市、区财政各承担 50%。

除个人缴费部分，其他费用由省、市、区和镇、街道各级财政共同负担，其中，省市财政对六合、溧水和高淳区补助标准为 340 元/人，其他区补助标准为 210 元/人。

(二) 缴费方式

个人缴费由参加人以户为单位，在规定的缴费时间内向乡镇人民政府、街道办事处或者其所委托的村民委员会、居民委员会等单位一次性缴清，并由个人缴费收缴单位按照规定缴入统筹地区新型农村合作医疗基金财政专户。

三、待遇支付

(一) 门诊补偿

1. 普通门诊补偿

门诊补偿实行按医疗机构级别设置不同的补偿比例，一级、二级、三级定点医疗机构的补偿比例按照逐级递减的原则制定。

① 村卫生室及村中心卫生室就诊报销 60%。

② 镇卫生院就诊报销 40%。

③ 二级医院就诊报销 30%。

④ 三级医院就诊报销 20%。

⑤ 中药发票附上处方每贴限额 1 元。

⑥ 镇级合作医疗门诊补偿年限额 5000 元。

2. 门诊特殊病种补偿

参合人员患肾病综合征、慢性乙肝合并肝硬化、再生障碍性贫血，在本市内就医没有住院而发生的医药费用，按照 70% 的补偿标准每季度集中补偿一次，每人每年补偿限额为 20 000 元；参合人员患恶性肿瘤、尿毒症，没有住院而发生的医药费用，按照 70% 的补偿标准每季度集中补偿一次，每人每年补偿限额为 30 000 元；参合人员患糖尿病(Ⅰ、Ⅱ型)，经二级及以上医疗机构确诊，所发生的降血糖门诊医药费用按照 60% 的补偿标准每季度集中补偿一次，每人每年补偿限额 1000 元。以上门诊特殊病种在市外医疗机构门诊就医的，不予补偿。

患新农合门诊特殊病种的病人在门诊就医时，须持区县居民合作医疗卡、二级及以上医院诊断证明、有关病历和检查资料到所在街道合作医疗办公室办理登记手续，登记之日后的治疗上述疾病的门诊医药费用先按普通门诊补偿，在治疗该种疾病的门诊医药总费用达到 2500 元以后的门诊费用按照住院补偿办法报销，采取事后报销方式补偿，一个自然年度内只计算一次起付线。治疗其他疾病的费用，仍按照门诊报销办法执行。

(二) 住院补偿

1. 普通住院补偿

新型农村合作医疗基金主要补助参合农民的大额医疗费用或住院医疗费用，不实行按疾病分类的"大病补偿"。

不同级别的医疗机构设定不同的住院补偿起付线，住院起付线设定在本地区同级医疗机构上一年度次均门诊费用的 2～3 倍，不实行零起付。

在一级医院、二级医院、市内三级医院、市外省级以上医院住院起报点分别是 0 元、200 元、500 元、1000 元，补偿标准实行全年累计分段按比例补偿，即 500 元以内部分补偿 30%，501～10 000 元以内部分补偿 70%；10 001～30 000 元部分补偿 75%；30001 元以上部分补偿 80%。

2. 住院期间部分特殊项目费用补偿

住院期间做下列特殊项目的检查和治疗，所发生费用按 35% 比例补偿：

(1) 应用 CT、核磁共振。

(2) 立体、定向放射装置(γ 刀，X 刀)。

(3) 超声乳化治疗白内障、前列腺气化仪治疗前列腺肥大、微电极介入治疗、心脏激光打孔、抗肿瘤免疫治疗和快中子治疗项目。

3. 参保新型农村合作医疗保险孕产妇住院分娩补偿

孕期到医疗保健机构建卡并进行产前检查的孕产妇，在开展助产技术服务、取得母婴保健技术服务执业许可证、实行住院分娩限价的医疗保健机构住院分娩达 3 天以上的，在享受农村孕产妇住院分娩补助之后，补偿所得不足 300 元的，按定额 300 元补偿(各区县有差异，例如 2015 年南京市浦口区的定额补偿为 500 元)。产前筛查每例补偿 40 元。当年出生的新生儿如发生医药费用可挂靠其母亲名下申请补偿。

4. 市区外住院补偿政策

江苏省卫生计生委、省民政厅下发了《关于进一步完善新型农村合作医疗、医疗救助省级联网医院管理服务机制的意见》(苏卫基层〔2015〕14 号)要求统一全市区外住院补偿政策，对新农合住院费用补偿标准做了如下规定：

(1) 起付线。参合居民每次住院，起付线设定为 1200 元。以后根据实际情况动态调整。

(2) 分段累进补偿比例。参合居民按规定转诊到各区新农合定点的省级联网医院或非省级联网医院住院的，住院费用可补偿部分扣除起付线后，实行逐院逐次分段累进补偿，补偿比例标准为：起付线以上可补偿费用段小于 2 万元，补偿比例为 50%；可补偿费用段 2～6 万元，补偿比例为 60%；可补偿费用段大于 6 万元，补偿比例为 70%。

(3) 保底补偿比例。参合居民按规定转诊到各区新农合定点的省级联网医院或非省级联网医院住院的参合患者，住院总费用(扣除起付线后)实际补偿比例低于 35%，按住院总费用(扣除起付线后)35% 予以保底补偿。

(4) 封顶线。转诊到各区新农合定点的省级联网医院或非省级联网医院住院的参合患者，新农合个人年度补偿封顶线统一设定为 20 万元，全年累计计算。

(三) 大病补偿

镇级风险基金补偿：凡参加合作医疗的住院病人一次性或全年累计应报医疗费超过5000元以上分段补偿，即5001～10 000元以内部分补偿65%，10 001～18 000元以内部分补偿70%。

镇级合作医疗住院及尿毒症门诊血透、肿瘤门诊放疗和化疗补偿年限额1.1万元。

(四) 保底补偿

对于办理正常转诊手续转外就医的参合人员，采取保底补偿的办法，参合人员在省市级定点医院住院保底补偿标准为总医药费用的35%。

(五) 补偿最高限额

各区县根据自身基金、财政情况的不同设定不同的封顶限额。例如，2015年浦口区实行年最高支付限额制，补偿年封顶额为20万元。

四、就医办法

积极推进新型农村合作医疗信息化建设，参合农民持卡就医，在区县以下定点医疗机构门诊、住院实现即看即报。

1. 持卡就医

参合人员每人一卡(或一证)，不得转借，不得将卡留滞医疗点和医务人员处。就诊必须使用居民合作医疗卡。

2. 定点就医

凡参加合作医疗人员必须在定点医疗机构就诊。

3. 目录用药

社区卫生服务中心必须严格执行卫生行政部门颁发的《新型农村合作医疗基本药物目录》和《乡村医生基本用药目录》。

4. 首诊、转诊制

新农合实行以区域内定点医疗机构为主的首诊和转诊办法。急诊例外。参加合作医疗的居民首先在区内定点医疗机构就诊，经区内二级定点医疗机构就诊确需转诊的，应选择转诊至区县居民合作医疗联网结算的省市卫生主管确定的专病专科中心(三级定点医疗机构)进行治疗，持区县居民合作医疗转诊单进行现场结报或至街道合疗办办理事后补偿，没有经过转诊的患者，按照补偿金额的80%予以补偿。

5. 转诊方式

参合人员需转诊到省市级联网定点医院住院治疗的，在其参合地指定机构办理转外就医手续。对符合转诊条件的，新农合经办机构应告知相关注意事项，提供适合接诊的联网结报定点医院信息，由参合人员自主选择，并通过新农合信息平台及时向参合人员选择的定点医院传输电子转诊单，预约就诊时间。联网医院要及时进行网上审核接诊。

符合转诊手续的省市级医院门诊报销，须持有居民合作医疗卡、病历、用药及检查目录和财务专用发票原件，到街道合疗办进行院外报销。

符合转诊手续的省、市级住院报销，必须持有转诊单、居民合作医疗卡、财务专用发票原件，住院费用明细单原件、出院小结(复印件)等资料，在街道合疗办进行院外报销。院外补偿实行全区集中会审制度。

疑难病人，在区内转诊至省市级定点医疗机构后，仍需转外省、市就医者，须持《南京市_____区(县)居民合作医疗转外地就诊申请表》和省内三级定点医疗机构开具的转院证明，报街道合疗办。外省市医院仅限于公办非营利性医院。补偿办法和比例按省市定点医疗机构报销比例计算。营利性医院和转院前未经转诊的，所发生的费用不予报销。

外出务工、外出探亲的参合人员因病就诊者，须在务工、探亲当地公办非营利医疗机构就诊，应在每年 12 月 20 日前持务工单位证明，外出探亲者须持探亲当地居委会探亲证明，以及正规病历、出院小结、财务专用发票和项目清单等有效资料到所在街道合疗办办理补偿手续。

长期居住区域外人员转诊，应先向所参合街道合疗办提出申请，填写《南京市_____区(县)居民合作医疗长期驻外地人员定向就诊登记表》办理区域外定向就诊手续。长期居住区域外人员应在定向就诊表中填写的医院(仅限公办非营利性医院)就诊，应在每年 12 月 20 日前至所参合街道合疗办办理补偿手续。

五、报销流程

(一) 实行人工报销的流程

有些区县计算机网络构建仍未完善，对于新农合的费用报销按以下程序进行，如图 4-10 所示。

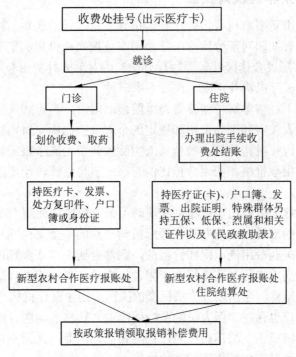

图 4-10　新型农村合作医疗报销流程图

(二) 即时结报的手续

在实现计算机网络结算的区县，不需要实地报销，可直接进行即时结算。例如，南京市浦口区居民合作医疗在全区范围内实行计算机网络化管理，在联网的定点医疗机构刷卡看病，即看即报。

区内定点医疗机构实行门诊、住院刷卡报销。凡在区内定点医院自行缴费开发票者不给予报销(年度转账冻结期内、意外伤害患者除外)。

参合人员在区内定点医疗机构住院时，除使用居民合作医疗卡同时还须出示身份证。

六、费用结算

(一) 常规费用结算

新农合(或部分区县称为"全区居民合作医疗")基金全部进入区财政专用账户。由区财政定期向区社保中心专户拨付基金。区社保中心根据各街道合疗办支出情况及时向各街道合作医疗专用账户拨付一定数额的周转金，用于日常补偿，保证居民及时得到报销。

对于居民就医时发生的门诊费用，在起付标准以内的费用以及起付线以上需由个体按比例承担的医疗费用，由患者自行与就医单位结清；对起付线以上，最高支付限额以下的费用，由新农合基金管理部门与患者就医单位结算。

农村居民在定点医疗机构住院发生的医疗费用，属个人自付的，由本人与定点医疗机构结算，属新农合基金支付的，由医保中心与定点医疗机构在限额内按比例结算，限额以上费用不予支付结算。

(二) 单病种费用补偿机制探索

《关于印发南京市新型农村合作医疗补偿指导意见试行的通知》指出，探索单病种费用补偿机制。单病种补偿即对部分疾病医疗费用实行按病种付费的定额补偿方式。南京市浦口区在其《2015年居民合作医疗管理暂行办法》中对单病种费用补偿机制进行了规定：单病种在二级及三级医疗机构补偿限于住院手术病种。

具体结算办法如下：按单病种结算费为医院最高限价，参合病人实际医药费用低于限额价格的，则参合病人按实际医药费用和规定的个人分担比例支付，基金管理部门根据基金承担的最高限额与医疗机构结算；参合病人实际医药费用高于限额价格的，则参合病人和基金管理部门均按限额价格和费用分担比例与医疗机构结算，超出限额价格标准的医药费用由医疗机构承担。

在政府办基层医疗卫生机构实行起付线基础上全报销单病种制度，具体计算办法如下：符合上述单病种诊断的患者在政府办基层医疗机构住院的基金支付额和个人支付额为定额费用。参合病人实际医药费用低于限额价格的，则参合病人和基金管理部门均按照定额与医疗机构结算；参合病人实际医药费用高于限额价格的，参合病人和基金管理部门均仍按定额费用与医疗机构结算，超出限额价格标准的医药费用由医疗机构承担。

新型农村合作医疗也存在参保人员的医疗保险关系转移的问题，但是由于其在具体的转移手续办理上与城镇职工、城镇居民医疗保险相同，因而，此处不再赘述，可参照城镇职工基本医疗保险的医保关系转移手续进行操作。

附 表

附表 4-1

用人单位参加城镇职工基本医疗保险登记表

申请参保单位基本情况				
单位代码		单位名称	(盖章)	
在职人数		退休人数	人	合计人数　　　人
单位联系人		联系电话		
单位职工持卡情况				
单位职工已持卡人数	人		单位职工无卡人数	人
制卡数量　　张		领卡时间	年　　月　　日	
业 受 务 理 科 情 室 况	经核实，该单位符合参加基本医疗保险相关规定，同意办理医疗保险参保手续，参保登记时间为　　年　　月，医疗保险申报缴费时间为　　　年　月日前。 经办人(签章) 年　　月　　日			
说 明	1. 新参保的用人单位，参保登记时间和缴纳医疗保险费时间按照办理参保手续的时间确定，办理参保手续的次月为单位参保时间和到当地地税部门申报缴纳医疗保险费时间。 2. 单位分立应及时办理接续参保手续，并于办理接续参保手续的次月15日前到当地地税部门申报缴纳医疗保险费。参保人员未办理劳动保障卡的，由单位帮助及时办理，否则在领取劳动保障卡之前发生的医疗费用由单位或个人承担。 3. 自足额缴纳医疗保险费的次月起，享受医疗保险待遇。 4. 此表一式二份，用人单位与经办机构各执一份。			

南京市城镇职工基本医疗保险
参保人员门诊慢性病准入申请表

姓名			性别		个人编号	
申请病种	第Ⅰ类	(1)高血压Ⅱ期、高血压Ⅲ期；(2)心绞痛、心肌梗死；(3)风湿性心脏病；(4)扩张性心肌病；(5)糖尿病 1 型、糖尿病 2 型；(6)脑梗死后遗症期、脑出血后遗症期、蛛网膜下腔出血后遗症期；(7)帕金森氏病、帕金森氏综合征；(8)癫痫；(9)慢性支气管炎伴阻塞性肺气肿、肺心病；(10)支气管哮喘；(11)活动性肺结核；(12)淋巴结核；(13)骨结核；(14)类风湿性关节炎；(15)强直性脊柱炎；(16)硬皮病/系统性硬化症；(17)白塞氏病；(18)多发性硬化；(19)自身免疫性肝炎；(20)多发性肌炎/皮肌炎；(21)干燥综合征；(22)银屑病；(23)系统性血管炎；(24)血友病；(25)真性红细胞增多症；(26)原发性血小板增多症；(27)原发性血小板减少性紫癜；(28)自身免疫性溶血性贫血；(29)骨髓异常增生综合征；(30)慢性萎缩性胃炎；(31)慢性溃疡性结肠炎；(32)克罗恩病；(33)重症肌无力。			
	第Ⅱ类	(34)慢性乙型肝炎、慢性丁型肝炎；(35)慢性丙型肝炎；(36)肝硬化失代偿；(37)慢性肾炎、慢性肾功能不全(非透析治疗)。			
	第Ⅲ类	(38)系统性红斑狼疮；(39)慢性再生障碍性贫血；(40)颅内良性肿瘤；(41)骨髓纤维化；(42)运动神经元病。			
定点医院患者本人填写	①非社区 ②社 区 ③中 医		定点药店患者本人填写			
确诊机构定点意见医疗	认定慢性病名称：＿＿＿＿＿＿＿＿＿＿ 确诊依据： 科别主任医师签字：＿＿＿＿＿ 医保办(盖章)：＿＿＿＿＿ 年 月 日					
医办疗机保构险意经见	(盖章) 负责人： 经办人： 年 月 日					

南京市城镇职工基本医疗保险
参保人员门诊特定项目申请表

参保单位(盖章):

姓名		个人编号		联系电话	
申请项目	□恶性肿瘤门诊放、化疗	确诊时间			年 月 日
	□肾移植术后门诊抗排斥治疗	肾(肝)移植手术时间			年 月 日
	□肝移植术后门诊抗排斥治疗	"骁悉"使用剂量		mg/次	次/日
定点医疗机构药店	医院1. 2. 3.				
	药店1.				
确诊定点医疗机构意见	申请依据及治疗方案: 主任医师签字: 医疗机构盖章 年 月 日				
医疗保险结算管理中心意见	 负责人: 经办人: 医保中心盖章 年 月 日				

附表 4-4(1)

南京市城镇职工基本医疗保险
精神病患者门诊医疗申请表

姓名		性别		个人编码		
单位名称				现就诊医院		
门 诊 号		住院号		初诊日期		末次就诊
拟选定点医疗机构名称				现就诊状况		
确 诊 定 点 医 疗 机 构 意 见	确诊精神病种名称					
	确诊依据： 主任医师签字： 医疗机构盖章： 年 月 日					
单 位 意 见	 负责人： 单位盖章： 年 月 日					
医 疗 保 险 管 理 中 心 结 算 意 见	 负责人： 医保中心盖章： 年 月 日					

备注：1. 参保人员患精神病由南京市脑科医院或南京江北人民医院专科主任医师确诊。

2. 申请门诊精神病病种包括：精神分裂症、抑郁症(中、重度)、狂躁症、强迫症、精神发育迟缓伴发精神障碍、癫痫伴发精神障碍、偏执性精神病共七种。

3. 参保人员门诊就诊定点医疗机构见附表 4-4(2)。

4. 此表一式二份，参保企业、医保中心各一份。

附表 4-4(2)

门诊精神病定点医疗机构名称

序号	编码	医 院 名 称	地 址
01	H0005	东南大学附属中大医院	鼓楼区丁家桥 87 号；鼓楼区新模范马路 3 号
02	H0034	南京市脑科医院	鼓楼区广州路 264 号
03	H0067	六合区长芦街道社区卫生服务中心	六合区长芦水家湾街 84 号
04	H0109	南京江北人民医院	六合区大厂葛关路 552 号
05	H0111	南京市鼓楼区中央门社区卫生服务中心	鼓楼区南昌路 32 号
06	H0113	南京扬子医院	六合区大厂平顶山路
07	H0114	金城集团有限公司南京金城医院	白下区龙蟠中路 226 号
08	H0117	南京集庆门医院	秦淮区集庆路 233 号
09	H0124	南京市玄武区后宰门社区卫生服务中心	玄武区珠江路 702 号
10	H0127	南京市白下区尚书社区卫生服务站	白下区八宝前街 72 号 14 幢
11	H0143	南京医科大学第二附属医院东院	鼓楼区中山北路 262 号
12	H0145	上海梅山医院	雨花台区新建；雨花台区西善桥吴家山口
13	H0149	南京市江宁区第二人民医院	江宁区东山街道上坊社区陈陵路 50 号
14	H0151	南京市青龙山精神病院	江宁区淳化镇青龙山
15	H0152	南京市祖堂山精神病院	南京市江宁区中华门外江宁祖堂山
16	H0161	南京市鼓楼区长江社区卫生服务中心	南京市鼓楼区芦席营 97 号
17	H0165	南京栖霞区迈皋桥华电社区卫生服务站	栖霞区华电路 1 号
18	H0173	南京第一机床厂职工医院	白下区大光路菜市口 3-1 号
19	H0190	南京浦镇车辆厂医院	浦口区浦镇南门礼义巷 38 号
20	H0198	南京晨光集团有限责任公司晨光医院	秦淮区正学路 1 号

附表 4-5

基本医疗保障参保（合）凭证

凭证号：(省简称)(统筹区名)年份(第*****号)　　　　　　　　　生成日期：　年　月　日

基本信息

参保人	姓名	身份证号码(社会保障号)	医疗保障编号
	户籍所在地		户籍类型

参保信息

基本医疗保险类型		转出地	
参保(合)时间	起：　年　月	其中累计实际缴费月数	月
	止：　年　月		
个人账户余额	(大写)	(小写)￥	

转出地社会保险经办机构信息　　　　(盖章)

机构名称		
地址		邮政编码
行政区划代码	联系人	联系电话

填表说明：
①尚未将社会保障号作为职工基本医疗保险、城镇居民基本医疗保险参保人唯一识别码的统筹地区填写医疗保险编号。②此表由参保人转出地社会保险经办机构提供。

注意事项：

1. 本凭证是根据国家有关规定制发，是参保的权益记录以及申请办理基本医疗保险关系转移接续的重要凭证，请妥善保存。
2. 跨统筹地区流动就业人员，有接收单位的，将此凭证交由单位按照规定办理参保手续。
3. 其他统筹地区流动就业人员，应携带此凭证及有效证件在3个月内到指定办理机构办理相关登记手续。
4. 本凭证如不慎遗失，请与出具此凭证的社会保险经办机构联系，申请补办。

人力资源和社会保障部、国家卫生和计划生育委员会监制

附表 4-6

基本医疗保险关系转移接续申请表
(此表由申请人或代办人填写)

编号: (省份简称)(统筹区名)(年份)(第 XXXXXXX 号)

参保人员信息				
姓名		性别	年龄	
社会保障号		联系电话		
户籍地址		户籍类型①	□居民	
			□农业 □非农业	
			□台港澳 □外籍	
联系地址		邮政编码		
现参加的基本医疗保险类型	□职工医保 □城镇居民医保 □新型农村合作医疗 □城乡居民基本医保 □其他(请说明)			
转出地社会保险经办机构信息				
机构名称		联系电话	行政区划代码②	
机构地址			邮政编码	
申请人信息(若参保人办理, 则不需填写)				
公民身份证号码			与参保人关系	
姓名			联系电话	
联系地址			邮政编码	
申请时间: 年 月 日				

申请人(签字):

备注: 1. 已进行户籍改革的地区, 选填居民; 尚未进行户籍改革的地区, 选填农业或非农业。
　　　2. 根据人力资源和社会保障部制定的各地行政区划代码表填写。

· 159 ·

附表 4-7

基本医疗保险关系转移接续联系函

(此表由转入地社会保险经办机构填写并提供给转出地社会保险经办机构)

编号：(省份简称)(统筹区名)(年份)(第XXXXXXX号)

转出地经办机构名称：

原在你处的参保人员，因流动就业等原因，现申请将其基本医疗保险关系转移至我处。若无不妥，请按相关规定办理转移手续。

参保人员信息				
姓名		性别	年龄	联系电话
社会保障号(公民身份证号码)				
户籍类型①			□居民 □农业 □非农业 □台港澳 □外籍	
现参加的基本医疗保险类型	□职工医保 □城镇居民医保 □新型农村合作医疗 □城乡居民基本医保 □其他(请说明)			
是否需要转移个人账户	□是 □否			

转入地社会保险经办机构信息			
开户全称		开户银行行号	
开户银行		银行账号	
机构地址		邮政编码	
		行政区划代码	

经办人(签章)：

联系电话：

备注：1. 已进行户籍改革的地区，选填居民；尚未进行户籍改革的地区，选填农业或非农业。

2. 本函一式两联，一联发给转出地经办机构，一联转入地经办机构留存。

转入地社会保险经办机构名称(章)：

日期：　　年　月　日

附表 4-8

参保人员基本医疗保险类型变更信息表

(此表由转出地社会保险经办机构提供给转入地社会保险经办机构)

参保人员姓名： 性别：

社会保障号(公民身份证号码)：

序号	时间 自 年 月 至 年 月 1	基本医疗保险类型 2	参保缴费月数 小计 3	统筹地区经办机构 名称 4	统筹地区经办机构 行政区划代码 5	备注 6
1						
2						
3						
4						
…						
基本医疗保险个人账户实际转出资金	大写				小写	

联系电话：

经办人(签章)： 社会保险经办机构(章)： 日期： 年 月 日

备注：1. 时间：按发生变更的时间段先后顺序依次排列，如有中断，要分开记录；确保参保人员参保记录的完整和连续。

2. 医疗保障类型：从以下五项中选择填写一项，①职工医保；②城镇居民医保；③新农合；④城乡居民基本医保；⑤其他。若填写其他，需在备注中说明。

3. 基本医疗保险个人账户实际转出资金是指本次基本医保关系转移时由转出地经办机构划转到转入地经办机构银行账户的参保人员个人账户实际资金。如因转续过程中计息等原因导致个人账户资金与质参保(合)凭证上记录不一致的，以信息表中数据为准。

4. 此表一式两联，转入地、转出地社会保险经办机构分别留存。

附表 4-9

南京市城镇职工基本医疗保险
长期驻外地人员登记表
（省内异地就医联网结算申请表）

姓名		性别				
证件类型		联系电话				
证件号码						
单位名称						
异地类别						
异地邮编		异地住址				
异地定点医院一						
异地定点医院二						
异地定点医院三						
审批意见： 所在单位(签章) 　年　月　日						

参保人员转外就医审批表

姓名		性别		出生日期	
证件类型		证件号码		联系电话	
单位名称					
转出医院			转入医院		
临床诊断					
病情摘要： 经治医师：　　　　　　科室主任：　　　　　　年　月　日					
医院意见： 医保办：　　　　　　　分管院长：　　　　　　年　月　日					
参保地经办机构审批意见： 经办人：　　　　　　　审批人：　　　　　　　年　月　日					

备注：此表一式三份，参保人员、定点医院、参保地医保经办机构各执一份。

南京市城镇职工基本医疗保险
单位参保人员零星报销费用申报表

姓名		性别		个人编号	
单位					
人员类别	□在职　□退休　　退职　□新中国成立前老工人				
报销类型	□异地　□本地 □住院　□抢救　　□门特　　□门慢 □其他情况(　　　　　　　　　　　　　　)				
费用起止日期	年　月　日至　　年　月　日				

	医疗费	票据张数	附件张数
门诊			
住院			
其他			
小计			

医疗费合计	大写:　拾　万　仟　佰　拾　元　角　分
备注	

申报人签名:

填报日期:　　　年　月

附表 4-12

南京市城镇职工基本医疗保险医疗费零星报销分类汇总表

单位名称盖章：

单位公章：

费用类别：1. 住院　2. 门特　3. 门慢　4. 抢救

序号	姓名 (1)	个人编号 (2)	人员性质 (3)	就诊医疗机构名称 (4)	票据张数 (5)	附件数 (6)	费用总计 (7)	备注 (8)	审核情况说明 (9)
1									
2									
3									
4									
5									
6									
7									
8									
本页合计									

填报日期(10)：

单位经办人(11)：　　　　　　　　　　审核人(12)：

一、填表说明：1. 此表一式二联，由参保单位填写后与申报费用一起交市医保中心。

2. 单位名称：参保单位填写本单位名称并盖章。

3. 费用类别：参保单位根据申报费用性质在四个选项中选择一项并打"√"（每张表格只能申报一项费用）。

4. (1)~(8)：参保单位根据申报人员基本情况和费用内容逐项填写。

5. (10)、(11)：单位经办人员根据填表时间填写并签名或盖章。

6. (9)、(10)、(12)：医保中心相关部门根据审核有关情况填写并签章。

零星报理部门：零星报销科(电话：86590793)。　费用复核部门：复核科(电话：86590771)。　费用支付部门：计划财务科(电话：86590792)。

二、费用受理部门：零星报销科(电话：86590793)。

南京市医疗保险结算管理中心

附表 4-13

南京市城镇职工基本医疗保险
零星报销费用交接单

姓名		社保卡卡号			报销类型	住院□　门特□　门慢□ 抢救□　门诊统筹□		
单位名称					经办人		联系电话	
票据总金额		票据张数		附件数				
受理		送交日期		接收人				
经办人→审核						备注：		
审核→复核								
复核→财务								

备注：1. 经办人领取支付单须携带零星报销交接单第三联，请妥善保管。

　　　2. 财务不对外办公日期：每周三、周五下午，周六、周日全天及月末最后三个工作日不报销。

附表 4-14

南京市医疗保险结算管理中心
医疗费零星报销支付单

单位名称：　　　　　单位编码：　　　　　报销类别：　　　　　单位：元

姓名		性别		年龄		个人编号		人员性质	
身份证号码		医疗费合计						报销类型	
支付渠道	个人账户	统筹基金		大病基金		个人自付		个人自理	合计支付
支付金额									
实际支付合计(大写)		拾　万　仟　佰　拾　元　角　分							
审核部门		复核部门			流水号：				
审核人： 负责人：		审核人： 负责人：			备注：				

财务审核人：　　　　出纳：　　　　领款人(签名)：　　　　支付日期：　年 月 日

· 166 ·

医疗机构申请基本医疗保险定点资质材料

1. 营业执照或民办非企业单位登记证副本。

2. 组织机构代码证副本。

3. 医疗机构执业许可证或军队对外有偿服务许可证副本。

4. 全体员工(含退休返聘人员)花名册。

5. 卫生技术人员专业技术职务证书、执业资格证书、注册证书。

6. 医疗机构大型医疗设备清单。

7. 医疗机构用房房屋产权证或房屋租赁协议或合法产权使用证明。

8. 医疗机构平面结构示意图和所处地理位置示意图。

零售药店申请基本医疗保险定点资质材料

1. 营业执照副本。

2. 药品经营许可证副本。

3. 药品经营质量管理规范(GSP)认证证书。

4. 药店全体员工(含退休返聘人员)花名册。

5. 药师(中药师)资格证书、注册证书,药学技术人员职称证书。

6. 药店用房房屋产权证或房屋租赁协议或合法产权使用证明。

7. 药店所处地理位置图及营业场所平面结构示意图,并在图中标明店内拟开设基本医疗保险服务区域的位置。

8. 基本医疗保险药品目录内药品计划经营品种统计表(不含中药饮片)。

南京市城镇职工基本医疗保险

定点医疗机构资格申请表

申请单位

申请时间

南京市劳动和社会保障局印制

填表说明

一、本表统一在"南京市劳动保障网"上下载，按填表说明要求如实填写后用 A4 纸打印，要求内容真实并与网上申请信息一致，不得涂改。

二、"申请时间"指向统筹地区劳动保障行政部门当面递交本表的时间，格式为"XXXX 年 XX 月 XX 日"。

三、符合卫生行政部门社区卫生服务区域规划设置的社区卫生服务中心(站)在"社区卫生服务机构性质"中填写"社区卫生服务中心"或"社区卫生服务站"，否则填写"否"。

四、"所在区(县)""所在街道、乡、镇""所在社区"按行政区域规划要求如实填写。"开业时间"以医疗机构正式对外服务时间为准。

五、医疗机构名称、地址、类别、代码、所有制形式、法定代表人、执业范围、医疗服务面积、总床位数须和在卫生行政部门登记的内容以及实际提供的医疗服务情况一致。

六、医疗机构等级填写时必须符合医疗机构评审标准，无评审证明材料者均填写"无等级"。

七、"申请代理人"指受法定代表人委托，代表医疗机构与劳动保障行政部门办理申请定点医疗机构资格等具体事宜的人。"联系电话"和"传真电话"填写"申请代理人"的固定电话和传真电话。

八、"医疗机构医保管理部门"一栏是指医疗机构内部已成立或拟设立的专门负责基本医疗保险日常定点服务管理的部门，其联系方式须填写负责人的固定电话、移动电话。

九、下属分支机构申请时，申请单位处需加盖上级医疗机构的公章。

十、向劳动保障行政部门递交本表时，须按劳动保障部门要求提供以下证明材料：

(一) 医疗机构执业许可证(副本)、组织机构代码证、劳动保障证原件及复印件；

(二) 药监和物价部门监督检查合格的证明材料；

(三) 大型医疗仪器设备清单指利用医疗仪器设备进行检查或治疗，经物价部门核定单项(一次)收费标准 100 元以上的医疗仪器设备；

(四) 上一年度业务收支情况和门诊、住院医疗服务情况统计表；

(五) 符合医疗机构等级评审标准的证明材料；

(六) 医疗机构全体员工花名册，参加社会保险的缴费证明；

(七) 医疗机构医疗服务管理和内部管理制度目录；

(八) 房屋产权、使用权证明或租赁协议原件及复印件；

(九) 劳动保障部门要求的其他材料。

医疗机构名称				
医疗机构地址				
劳动保障证号		邮政编码		
社区卫生服务机构性质		所在区（县）		
所在街道		所在社区		
医疗机构类别		所有制形式		
医疗机构等级		总床位数		
医疗服务面积		开业时间		
申请代理人		法人代表		
联系电话		传真电话		
24 小时服务	夜间急诊□	夜间值班□	无□	
执业范围				
医疗机构代码				
组织机构代码				
单位开户银行				
银行账号				

医疗机构医保管理部门	名称	
	负责人	
	联系方式	

人员构成		总人数	高级职称	中级职称	初级职称
	医生				
	护士				
	医技人员				
	其他人员				
	合计				

科室设置及床位	科室	床位数	科室	床位数	科室	床位数

申请内容	南京市城镇职工基本医疗保险定点医疗机构资格。 (申请单位印章) 法人代表：___(签名)___ 年　月　日

附表 4-16

南京市城镇职工基本医疗保险定点零售药店申报表

<table>
<tr><td>药店名称</td><td colspan="4"></td></tr>
<tr><td>营业执照号</td><td></td><td>法人代表</td><td></td></tr>
<tr><td>所有制形式</td><td></td><td>邮政编码</td><td></td></tr>
<tr><td>单位地址</td><td colspan="3"></td></tr>
<tr><td>联系人</td><td></td><td>联系电话</td><td></td></tr>
<tr><td colspan="2">药品经营许可证号</td><td colspan="2"></td></tr>
<tr><td rowspan="4">人员构成</td><td>药学技术人员数</td><td colspan="2">其中:
高级职称　　中级职称　　初级职称</td></tr>
<tr><td>营业人员数</td><td colspan="2"></td></tr>
<tr><td>其他人员数</td><td colspan="2"></td></tr>
<tr><td>合计</td><td colspan="2"></td></tr>
<tr><td>申请内容</td><td colspan="3">法人代表签字(申请单位印章)

　　　　　　　　　　年　　月　　日</td></tr>
</table>

南京市基本医疗保险定点医疗机构

年审表

医疗机构名称

资格证书编号

单位医保代码

年审时间

南京市劳动和社会保障局

填表说明

一、本表可在"南京市劳动保障网"上下载后用 A4 纸打印，填写前请仔细阅读填表说明，按要求如实填写相关信息，不得涂改。

二、"资格证书编号"指定点医疗机构资格证书上的"(宁)劳医证字"后的 8 位数字编号；"单位医保代码"为定点医疗机构在医保系统中的单位代码，格式为"HXXXX"。

三、"年审时间"指向劳动保障行政部门递交本表的时间；"开业时间"以医疗机构正式向社会提供医疗服务的时间为准；"定点时间"为定点医疗机构取得定点资格的时间，以上时间格式均为"XXXX 年 XX 月 XX 日"。

四、符合卫生行政部门社区卫生服务区域规划设置的社区卫生服务中心(站)在"是否社区卫生服务机构"中选"是"，其他医疗机构选"否"。

五、"医疗机构等级"填写时必须符合医疗机构评审标准，无评审证明材料者均填写"无等级"。

六、不具有独立法人资格的医疗机构须填写"隶属单位"，并在"法人代表"一栏中填写隶属单位的法定代表人姓名。

七、"医疗机构代码"中填写医疗机构卫生执业许可证或军队有偿对外服务许可证上的登记证号。

八、无组织机构代码证者，在"组织机构代码"中填写营业执照证号。

九、"定点医疗机构医保管理部门"指医院内部专门负责医保定点服务管理的部门，"分管领导"指分管医保管理部门的医院领导；"负责人"指医院内部医保管理部门的负责人，"联系人"指医保管理部门内负责具体日常医保定点服务管理事务的专(兼)职人员。

十、年审当年内如受到相关行政部门的表彰或处罚，均应在"行政部门表彰或处罚情况"中的相关部门后打"√"，并在"行政部门表彰或处罚情况的主要事由"中填写受到表彰或处罚的主要事由，并提供证明材料。

十一、分支医疗机构或其他非独立法人的医疗机构填写本表后，"定点医疗机构负责人签字"栏内需加盖上级医疗机构或隶属单位公章。

十二、向劳动保障行政部门递交本表时，须同时按年审要求提供相应的证明材料原件及复印件(统一用 A4 纸复印，并加盖单位公章)。

医疗机构名称			
医疗机构地址			
劳动保障证号		邮政编码	
开业时间		定点时间	
基本医疗保险	职工医保□ 居民医保□ 生育保险□		
是否社区卫生	是□ 否□	所在区(县)	
所在街道		所在社区	
医疗机构等级		所有制形式	
医疗机构类别		医疗服务面积	平方米
设置床位数	张	实际开展床位数	张
经营性质	营利□ 非营利□	是否独立法人	是□ 否□
法定代表人		医院负责人	
隶属单位			
24 小时服务	夜间急诊□ 夜间值班□ 无□		
医疗机构代码			
组织机构代码			
单位开户银行			
银行账号			
卫生部门许可			

医疗机构医保管理部门	分管领导		职务		联系方式	
	负责人		职务		联系方式	
	联系人		职务		联系方式	
	部门传真及电子邮箱					

医疗机构人员构成情况	类别	总人数	高级职称	中级职称	初级职称
	医生				
	护士				
	医技				
	药师				
	其他				
	合计				

下属分支医疗机构情况统计				
			是否定点医疗机构	
序号	分支医疗机构名称	地址	市	区县
1				
2				
3				
4				
5				
6				
7				
8				
9				
10				

与其他单位合作开展医疗服务情况统计				
序号	合作单位名称	合作科室/诊疗项目	合作方式	起始年限
1				
2				
3				
4				
5				
6				
7				
8				
9				
10				

备注：1. 下属分支医疗机构数量如超过本表范围，可按本表格式另附表格，并在本页注明"其余见附表"。

2. 如是市和(或)区县的医保定点医疗机构，则在"是否医保定点"中相应栏内打"√"。

行政部门表彰或 处罚情况	劳动保障□　卫生□　药监□　物价□　其他□
行政部 门表彰 或处 罚的 主要 事由	
定点医疗机构负 责人签字	确认本单位提交的定点医疗机构资格年审表中所填内容及附件属实。 法定代表人： 单位公章： 日期：　　年　月　日
市劳动保障 行政部门意见	经办人： 日期：　　年　月　日

附表 4-18

南京市基本医疗保险定点零售药店

年审表

零售药店名称

资格证书编号

单位医保代码

年审时间

南京市劳动和社会保障局

填表说明

一、本表可在"南京市劳动保障网"上下载后用 A4 纸打印，填写前请仔细阅读填表说明，按要求如实填写相关信息，不得涂改。

二、"资格证书编号"即定点零售药店资格证书上的"宁劳药证字"后 8 位数字编号；"医保代码"为定点零售药店在医保系统中的单位代码，格式为"DXXXX"。

三、"年审时间"指向市劳动保障行政部门递交本表的时间；"开业时间"以营业执照上颁证时间为准；"定点时间"为定点零售药店取得定点资格的时间，以上时间格式均为"XXXX 年 XX 月 XX 日"。

四、不具有独立法人资格的零售药店须填写"隶属单位"，并在"法人代表"一栏中填写隶属单位的法定代表人姓名。

五、"经营模式"填写根据实际经营情况在"连锁零售""连锁加盟"或"零售"后打"√"。"实际营业面积"指店内同一平面连续不可分割的实际营业面积(非建筑面积)。

六、"药店负责人"填写负责药店日常经营管理事务人员的姓名；"药品质量负责人"填写负责零售药店全部药品质量人员的姓名；"医保管理人"填写店内医保日常管理的专(兼)职管理人员的姓名。

七、"药店经营范围"填写经药监部门批准的药品经营许可范围。

八、"药店药品经营品种情况统计"按药品商品名统计。

九、"执业药师"指执有药监部门颁发的"执业药师(中药师)资格证书"并在药监部门有效注册的药师；"从业药师"指执有药监部门颁发的"从业药师(中药师)资格证书"并在药监部门有效注册的药师；"其他药师"指除执业药师、从业药师外，具有药学专业技术职称资格证书的药师，但不含医药经营药师；"药学技术人员"指执有人事部门核发的药学专业技术职称资格证书的药师。

十、年审当年内如受到相关行政部门的表彰或处罚，均应在"行政部门表彰或处罚情况"中的相关部门后打"√"，并在"行政部门表彰或处罚情况的主要事由"中填写受到表彰或处罚的主要事由，并提供证明材料。

十一、连锁零售和连锁加盟的零售药店填写本表后，须在"定点零售药店负责人签字"栏内加盖总公司的公章。

十二、向市劳动保障行政部门递交本表时，须同时按年审要求提供相应的证明材料原件及复印件(统一用 A4 纸复印，并加盖单位公章)。

零售药店名称					
零售药店地址					
劳动保障证号			邮政编码		
开业时间			定点时间		
基本医疗保险 定点服务范围	普通购药□ 门慢购药□ 门特购药□				
所在区(县)			所在街道		
所在社区			经济性质		
实际营业面积		平方米	是否独立法人	是□ 否□	
法定代表人			药店负责人		
隶属单位					
药品质量负责人			医保管理人		
药店联系电话			传真电话		
经营模式	连锁零售□ 连锁加盟□ 零售□				
24 小时服务	夜间营业□ 夜间窗口□ 夜间值班□ 无□				
营业执照证号					
药品经营许可证号					
GSP 认证证书编号					
单位开户银行					
银行账号					
药店经营范围					

药店药品经营 品种情况统计	类别	处方药	非处方药	合计
	医保药品			
	非医保药品			

药店人员 构成情况	员工人数	在职员工人数	退休返聘人数	其他人员数	合计
	药师人数 (中药师)	执业药师人数	从业药师人数	其他药师人数	合计
	药学技术人 员人数	高级职称人数	中级职称人数	初级职称人数	合计

执业药师 信息	药师(中药师)姓名	性别	药师资格证书编号	执业药师注册证号

							药店从业人员花名册	

序号	姓名	性别	年龄	职务	人员性质	是否参加社会保险	个人社保编号
1							
2							
3							
4							
5							
6							
7							
8							
9							
10							
11							
12							
13							
14							
15							
16							
17							
18							
19							
20							

备注：1. "人员性质"填写：在职、退休返聘、其他。"个人社保编号"填写从业人员个人社保编号。

2. 如人员数量超过本表，可按本表格式另附花名册，并在本页注明"其余见附表"。

3. 如从业人员异地参加社会保险或未参加社会保险需写明原因，并附相应的证明材料。

行政部门表彰或处罚情况	劳动保障□　　药监□　　物价□　　其他□
行政部门表彰或处罚的主要事由	
定点零售药店负责人签字	本人确认本单位提交的定点零售药店资格年审表中所填内容及附件属实。 法定代表人： 单位公章： 　　　　日期：　　　年　月　日
市劳动保障行政部门意见	 经办人： 日期：　　　年　月　日

附表 4-19

南京市城镇居民基本医疗保险
参(续)保登记表

区街道

姓名		性别		出生日期		年 月 日	
劳动保障卡号		民族		迁入本市城镇户籍年限		缴费银行卡号	
身份证号码				人员类别		补助类别	
户籍地址				缴费标准		其中	
						个人缴费额	财政补助额
居住地址							
联系电话		家庭电话:		移动电话:			
学生儿童选择具有儿童专科定点医疗机构名称							
备注							
本人已了解城镇居民医保的相关政策，自愿参加我市居民医保，并遵守城镇居民医保的相关规定，以上项目信息准确无误。 参保居民(受托人)确认签章: 年 月 日				街道劳动保障所审核意见: 年 月 日			

备注：此表一式两份，街道劳动保障所和参保居民各留存一份。

· 182 ·

附表 4-20

南京市城镇居民基本医疗保险
门诊大病申请表

姓名		劳动保障卡号		联系电话	
街道(学校)			家庭(学校)地址		
门诊大病项目	□恶性肿瘤门诊放化疗 □重症尿毒症门诊血液透析 □重症尿毒症门诊腹膜透析 □肾移植术后门诊抗排异治疗		□血友病(限学生、儿童) □再生障碍性贫血(限学生、儿童) □系统性红斑狼疮(限学生、儿童) □精神病(限大学生) □器官移植术后抗排异治疗(限大学生)		
选择定点医院名称					
确诊定点医疗机构意见	申请依据: 主任医师签章: 医疗机构盖章 年 月 日		申请恶性肿瘤放化疗请填写: 放化疗开始时间: 年 月 日 放化疗方案: 放化疗经治医师: (在门诊进行巩固和辅助治疗,不可办理放化疗申请) 年 月 日		
区社保中心审核确认意见				区社保中心盖章 年 月 日	
市医保中心审核意见				医保中心盖章 年 月 日	
恶性肿瘤门诊放化疗说明	一、恶性肿瘤患者须到实施门诊放化疗的定点专科医院申请。 二、在门诊进行巩固和辅助治疗,不可办理门诊放化疗申请。 三、放化疗期限为 6 个月,6 个月后仍需放化疗的,须重新填表申请。 四、住院放化疗免收起付标准。				

南京市城镇居民基本医疗保险
门诊大病定点医疗机构变更申请表

姓名			性别		劳动保障卡号									

门诊大病项目	□恶性肿瘤门诊放化疗 □重症尿毒症门诊血液透析 □重症尿毒症门诊腹膜透析 □肾移植术后门诊抗排异治疗	□血友病 □再生障碍性贫血 □系统性红斑狼疮 (限学生儿童)
原定点医疗机构		
现申请定点医疗机构		
申请人签名		
区社会保险所意见	年　月　日	

备注：本表由参保居民填写，区社会保险所留存。

附表 4-22

江苏省医疗保险特药使用申请表

申请日期：　　　年　　月　　日

姓名		性别		年龄	
社会保障卡卡号		身份证号码			
人员类别	职工医保□		居民医保□		
参保属地	市　　　　区(县)	工作单位			
申请使用特药名称		联系电话			
指定医院		家庭住址			
申请人签字(患者本人)					
以上内容由患者本人或监护人填写					
疾病诊断		确诊时间	年　　月　　日		
申请使用特药名称					
指定医院意见	申请依据： 特药用法用量： 经治医师签章： 责任医师签章：　　　　　　　医院医保办盖章： 　　　　　　　　　　　　　　　　　年　　月　　日				
经办机构意见	经办人： 医疗保险经办机构盖章： 　　　　　　　　　　　　年　　月　　日				

备注：1. 本表一式三份，医疗保险经办机构、特定药店、参保患者各持一份。

　　　2. 需提供的材料：社会保障卡、患者近期一寸免冠彩照、门诊特定项目(门诊大病)证、相关医疗文书[基因检测(必要时)、病理诊断、影像报告、门诊病历、出院小结]等材料。

　　　3. 本表由参保患者提交医保经办机构。本表私自涂改或复印无效。

附表 4-23

江苏省医疗保险特药使用评估表

评估日期：　　年　月　日

姓名		性别		年龄	
社会保障卡卡号		身份证号码			
人员类别	职工医保□		居民医保□		
参保属地	市　　区(县)	工作单位			
特药名称		联系电话			
指定医院		家庭住址			
申请人签字(患者本人)					
以上内容由患者本人或监护人填写					
疾病诊断		确诊时间	年　月　日		
特药名称		特药使用起始时间	年　月　日		
指定医院意见	当前治疗方案： (第　周期/月) 当前特药治疗方案属于：　辅助□　一线□　二线□　三级及以上□ 是否需继续使用该特药：　　　　是□　　　　否□ 该特药用法用量： 责任医师签章： 　　　　　　　　年　月　日				

备注：本表一式三份，医疗保险经办机构、特定药店、参保患者各持一份。

南京市城镇居民基本医疗保险转诊登记表

参保居民姓名		年龄			性别	□男 □女
劳动保障卡号		家庭住址			联系电话	
参保居民身份		□居民　□16 周岁以上学生　□16 周岁以下(含 16 周岁)学生儿童				
转入医疗机构名称			转入医疗机构医保办签收			
病历摘要			医师签章:			
转出医疗机构诊断						
转出医疗机构名称			联系电话			
医保办负责人签字			转出医疗机构医保办签章			
转诊时间	年　月　日　时		转诊时限	至　年　月　日前		

	居民(含 16 周岁以上学生)可选择的转诊医疗机构范围	16 岁以下(含 16 周岁)学生儿童可选择的转诊医疗机构范围
综合医疗机构	1. 江苏省人民医院(H0001) 2. 南京医科大学第二附属医院(H0002) 3. 南京市鼓楼医院(H0003) 4. 南京市第一医院(H0004) 5. 东南大学附属中大医院(H0005) 6. 中国人民解放军第八一医院(H0007) 7. 南京市红十字医院(H0013) 8. 大厂医院(H0022) 9. 江苏省中西医结合医院(H0043) 10. 南京市中医院(H0045) 11. 南京市中西医结合医院(H0046) 12. 南京江北人民医院(H0109) 13. 南京南钢医院(H0112) 14. 南京扬子医院(H0113)	1. 江苏省人民医院(H0001) 2. 南京医科大学第二附属医院(H0002) 3. 南京市第一医院(H0004) 4. 东南大学附属中大医院(H0005) 5. 南京军区南京总医院(H0006) 6. 中国人民解放军第八一医院(H0007) 7. 中国人民解放军第四五四医院(H0009) 8. 江苏省省级机关医院(H0010) 9. 大厂医院(H0022) 10. 江苏省中医院(H0042) 11. 江苏省中西医结合医院(H0043) 12. 江苏省第二中医院(H0044) 13. 南京市中医院(H0045) 14. 南京市中西医结合医院(H0046) 15. 南京江北人民医院(H0109) 16. 南京南钢医院(H0112) 17. 南京扬子医院(H0113) 18. 南京市儿童医院(门诊无需转诊)(H0360) 19. 南京金陵儿童医院(H0375)

备注:

1. 此表由转出医疗机构医师填写、医保办负责人签字、医保办盖章(首诊医疗机构应将参保居民转诊情况如实记录在健康档案上),由参保居民交往转入医疗机构医保办签收备案,暂未领到卡的须填两份,本人留存一份。

2. 病历摘要必须填写内容:①主诉和现病史。②阳性体征。③检验和检查结果。④诊疗经过。⑤转诊原因。

3. 选择综合医疗机构应依据参保居民身份在相应范围中选择。

4. 在转诊时限内,参保居民可持卡至转入医疗机构门诊或住院治疗,超时限仍需在转入医疗机构继续治疗的,须重新办理转诊手续。

南京市城镇居民基本医疗保险
转外地就诊申请表

№

姓名		社会保障卡号	
户籍街道名称		联系电话	
专家意见	1. 患者临床诊断： 2. 转外地医院就诊依据： 3. 外地医院名称 主任医师签名(章)： 　　　　　　　　年　月　日		
医院意见	 医务处(科)盖章： 　　　　　　　　年　月　日		
备注	1. 外地医院是指北京、上海两地的医疗保险经办机构确定的定点医院。 2. 专家意见一栏须由南京统筹地区三级医院主任医师填写。 3. 医院医疗保险办公室审核后，报办理参保登记的街道劳动保障所备案。		

....

回执№

病员(劳动保障卡号：　)_____

　　您转外地就诊申请收悉，鉴于您病情和专家意见，同意您去医院就诊。现就您去外地医院就诊后医疗费报销事项告知如下：

　　由本人或代办人携带此回执单，以及社会保障卡、身份证和出院小结、医药费用明细、住院票据原件到办理参保登记的街道劳动保障所，由街道、区、市级经办机构进行审核、复核后，将报销金额汇至您缴费银行卡内。

　　　　　　　　　　　　　　　　　　_____街道劳动保障所
　　　　　　　　　　　　　　　　　　　　年　月　日

附表 4-26

南京市城镇居民基本医疗保险
零星报销费用交接单

_____街道劳动保障所

姓名		劳动保障卡号		人员性质	□老年居民和其他居民 □学生儿童(含参照)
身份证号码				报销类型	□异地　□本地 □住院　□门诊大病 □抢救
银行缴费卡号				经办人	
票据总金额		票据张数		附件数	联系电话	
受理		送交日期	接收人	备注:	
经办人→受理					
受理→审核					
审核→复核					
复核→财务					

备注：此表一式三联，第一联市医保中心留存；第二联区社会管理服务中心留存；第三联街道劳动保障所留存。

附表 4-27

南京市城镇居民基本医疗保险
医疗费用零星报销支付单

街道名称：　　　　　　　　报销类别：　　　　　　　　　　　　　单位：元

姓名		性别		年龄		劳动保障卡号		人员性质	
身份证号码			医疗费用合计				报销类型		
支付渠道	统筹基金		个人自付		个人自理			合计支付	
支付金额									
实际支付合计(大写)			拾万仟佰拾元角分						
审核部门		复核部门			流水号：				
审核人： 负责人：		审核人： 负责人：		备注：					

财务审核人：　　　　出纳：　　　　领款人(签名)：　　　　支付日期：　年　月　日

备注：此表一式四联，第一联市医保中心财务留存；第二联市医保中心复核留存；第三联区社会管理服务中心留存；第四联报销人留存。

第五章　失业保险实务

失业保险是社会保险制度的重要内容，其核心是社会集中建立失业保障金，分散失业风险，保障暂时处于失业状态的劳动者的基本生活。失业社会保险实训主要包括失业保险登记、失业保险费缴纳、失业保险关系的转签、失业保险金的申领等。

【教学目标】

1. 能力目标
(1) 能正确填写失业保险登记的相关表格。
(2) 能正确计算失业保险金的领取期限和金额。
(3) 能够进行失业保险政策的咨询解答。
2. 知识目标
(1) 掌握失业社会保险登记的相关政策。
(2) 掌握失业社会保险的相关政策。

第一单元　理论链接：失业保险

一、失业保险的经济学基础

失业保险是旨在为失业人口提供基本生活保障的制度安排,是在就业人口与失业人口之间建立风险分散机制、追求分配公平的一种社会制度。福利经济学和凯恩斯主义经济学为失业保险制度提供了经济学的理论基础。

(一) 福利经济学

福利经济学创始人庇古在其代表作《福利经济学》(1920 年)中，认为"福利是指个人获得的效用或满足，而经济福利则是能够直接用货币来计算的福利"。基于基数效用价值论和边际效用递减律，庇古提出了越是分配均等的国民收入，也就是越高的社会福利水平的观点。他指出，在国民收入总量一定的前提下，不提高富人所获得的实际收入的绝对份额，而只是提高穷人所获收入的绝对份额，社会中的经济福利就会增加，即富人的货币收入所获得的边际效用与穷人货币收入的边际效用相比，始终小于穷人。增加社会福利的途径是把富人获得的收入中的一部分转移到穷人。只有社会上所有人(富人和穷人)收入是趋于均等的边际效用时，社会的经济福利水平将达到最大化。实现社会收入均等化是通过国民收入再分配形式实现的，而实现国民收入的再分配只有通过政府干预经济生活，即政府通过向富人征收累进所得税和遗产税，举办各种社会保险措施，实施社会福利措施，向穷人支付失业津贴，救助穷人的办法来实现。这样，即使国民收入总额未增加，也能达到增进社会福利最大化的效果。

新福利经济学代表人物萨缪尔森、希克斯、伯格森、勒纳、西托夫斯基、艾伦、李特尔等认为，不只是收入均等化，只有效率和公平这两个问题同时解决，才能达到社会福利最大化，并将帕累托最优和瓦尔拉斯的一般均衡思想结合在一起，作为判断社会福利最大化的标准。这一标准认为，旧福利经济学中的以收入均等化为标准的政策和措施而引起经济关系的变化，会使一部分人的境况变好而使另一部分人的境况恶化，这不符合帕累托最优。只有在固定的收入分配情况下，社会中的每一个成员按照自己的偏好方式消费收入，就可以认为整个社会的福利达到最大化。无论是旧福利经济学还是新福利经济学都一致认为，社会福利实现最大化的必要条件是资源配置最优。资源配置和帕累托最优的必要条件是完全竞争的市场机制，而实际中经济的外部性不可避免，这就需要政府进行干预，而政府采用最优政策解决资源分配不当，以达到社会福利最大化的政策目的为英国及其他国家建立失业保险制度提供了理论依据。

(二) 凯恩斯主义经济学

凯恩斯在《就业、利息和货币通论》(1936年)一书中，针对20世纪初期出现的经济危机提出了资本主义制度下存在生产过剩和失业的有效需求不足论。其理论的核心是，边际消费倾向递减、资本边际效率递减和流动性偏好三大心理规律使社会经济生活中总会出现有效需求不足，而有效需求不足决定的总产出水平和总就业水平低于充分就业水平，并导致经济危机和失业的产生。由此，凯恩斯主张政府应改变过去只当"守夜人"的职能，通过制定各种经济政策来缓解和消除失业问题。在经济的萧条时期，政府政策通过福利计划中的转移支付政策向失业者提供失业保险金，防止劳动者的本人收入和消费需求下滑，力争恢复经济的总需求水平；而在经济繁荣期，失业率下降，失业保险金支出总额也同时下降，而同时缴纳的失业保险税却有所增加，这就可以在一定程度上降低国民的可支配收入总额，降低消费需求的过度增长。失业保险制度正是通过增加税收和失业保险金的支出水平作用于经济总需求，来起到稳定经济发展的作用。美国在1935年通过了《社会保障法》，开始建立正式的社会保险体系。在失业保险制度中该法把失业救济和以工代赈相结合，从而把消极的失业救济转变为积极的就业政策，有效化解了美国的经济危机，为20世纪初的工业化国家失业保险制度建立提供了理论依据。

二、失业保险制度的历史演变

(一) 初创阶段

20世纪80年代中期，我国进入全面经济体制改革阶段。1978年我国开始了对劳动就业制度的改革，首先从招工制度开始。在国有企业扩权让利改革中，我国把企业招工权最早下放到企业。1981年10月，政府颁布的《关于广开门路、搞活经济、解决城镇就业问题的若干规定》指出，要继续"三结合"的就业方针，并强调将就业的解决与调整所有制结构、产业结构紧密结合。在招工制度改革的同时，政府对劳动就业制度也实行了双轨制的改革策略，一方面在企业新招用的人员中实行劳动合同制，另一方面对老职工继续延用固定工,这被形象地称为"老人老办法,新人新办法"。劳动就业制度改革使劳动合同制职工的数量和比例上升,使劳动就业制度更为灵活,能进能出、能上能下。1983 年 2 月,劳动人事部下达了《关于积极试行劳动合同制的通知》,要求未实行的省、市、自治区于 1983 年内统一安排试点并给予推广。1984 年 11 月,在河南郑州召开了劳动合同制试点经验的讨论会,劳动人事部通过了《关于城镇劳动合同制的试行办法(讨论稿)》,强调了政府决定推行劳动合同制,并落实了各项具体的配套措施。1986 年 7 月 12 日,国务院发布了《国营企业实行劳动合同制的暂行规定》《国营企业招工用人暂行规定》《国营企业辞退违纪职工暂行规定》和《国营企业职工待业保险暂行规定》。这些行政法规性文件,明确规定了对国有企业实行劳动合同制,而且确定了国有企业的主体用人地位。劳动合同制使劳动力有了一定的流动性,并对解除与终止劳动合同的员工、违纪被辞退的员工、破产和整顿企业的员工,不再执行国家的无条件"包下来"的政策,客观上产生了对失业保险制度的需求。这些行政法规性文件虽然对失业保险制度的主要构成要素如实施范围、资金来源、支付标志、管理机构都做了说明,但出于意识形态方面的考虑,没有使用"失业",而使用"待业"一词。其实施范围比较窄,资金来源渠道单一,保障能力有限,保障待遇低,失业救济性质明显。因此,1986 年建立的"待业保险制度"可以视为保障能力很低的失业保险制度。虽然,初创阶段的失业保险存在诸多漏洞与缺陷,但是由于深化经济体制改革的需要,它还是得到了较快发展,为我国失业保险制度的不断确立与走向成熟奠定了基础。

(二) 形成阶段

从 1986 年开始,国务院提出了深化企业变革的关键是所有权与经营权的分开。1988 年 2 月 27 日,国务院颁布了《全民所有制工业企业承包责任制暂行条例》,对企业的承包责任制进行了规范,确定了国家与企业的责权利关系,使企业成为自主经营、自负盈亏的真正经营管理实体。1991 年 4 月召开的七届全国人大四次会议提供的《国民经济和社会发展十年规划和第八个五年计划纲要》提出了国营企业转换经营机制的要求:"实行政企分开、所有权与经营权分开,逐步使绝大多数国营企业真正成为自主经营、自负盈亏、自我约束、自我发展的社会主义商品生产者和经营者,探索公有制经济多种有效的实现形式,建立富有活力的国营企业管理体制和运行机制。"1993 年 11 月 14 日,中共十四届三中全会做出的《关于建立社会主义市场经济体制若干问题的决定》中明确指出:"社会保障是市场经济体制基本框架的五大支柱之一。"而在社会保障体系中,社会失业保险又是整个体系的支柱。随着市场经济体制改革的推进,国有企业亦进入了深化改革的快车道,首要任务就是要建立并健全推动国企改革的失业保险制度。因此,1999 年 1 月 22 日国务院颁布了《失业保险条例》及《社会保险费征缴暂行条例》,以完整的行政法规形式,宣告了我国失业保险制度的形成。2000 年 10 月 26 日,劳动和社会保障部发布《失业保险金申领发放办法》,对失业保险金的申领、发放和失业保险关系的转迁做了规定,进一步完善了失业保险制度。由此,1999 年被视为我国失业保险制度正式形成时期,并初步建立了较为完备的失业保险制度。

(三) 完善阶段

截止到 2001 年 8 月,16 个省、直辖市、自治区对失业保险制度进行了地方的人大立法或者制定了地方的行政性法规,其中辽宁、黑龙江、天津、四川、海南是省级的人大立法，其余是省级的行政法规。2004 年 3 月 14 日，第十届人民代表大会第二次会议通过的《宪法修正案》第 23 条规定："国家建立健全同经济发展水平相适应的社会保障制度。"但我国没有专门的社会保障立法，这引起了劳动和社会保障部的重视，并成立了"社会保险法"起草工作小组。2005 年国务院颁布的《关于进一步加强就业再就业工作的通知》(国发〔2005〕36 号)中就明确要求"进一步发挥失业保险制度促进再就业的功能"，并要求在东部地区"进行扩大失业保险基金支出范围的试点"。根据这一要求，原劳动保障部、财政部选择了 7 个省市进行试点。2006 年 1 月原劳动保障部和财政部联合发布的《关于适当扩大失业保险基金支出范围试点有关问题的通知》(劳社部发〔2006〕5 号)做出明确规定并在东部 7 个省市开始试点。2008 年金融危机期间，人社部等部委联合下发了《关于采取积极措施减轻企业负担稳定就业局势有关问题的通知》(人社部发〔2008〕117 号)，明确了帮助困难企业稳定就业的政策措施，具体可概括为"五缓四减三补贴"。其中涉及失业保险的措施可以概括为"一缓一减两补贴"。"一缓"即在 2009 年之内，允许困难企业缓缴失业保险费，缓缴期限最长不超过 6 个月。缓缴失业保险费的做法，主要减轻企业在非常时期的资金压力，帮助企业度过困难时期，对失业保险基金并不造成冲击。"一减"即降低失业保险费率，期限最长不超过 12 个月。采取降低困难企业费率的做法可以减少企业负担。"两补贴"即使用失业保险基金向困难企业支付社会保险补贴和岗位补贴，补贴期限最长不超过 6 个月。2009 年 12 月通过第 3 次审议，2010 年 10 月份通过第 4 次审议。全程跨了 4 个年度，总共经历 4 审 5 稿，最终在人大常委会上以 144 票赞同、5 票反对、9 票弃权的表决通过。

三、失业保险的功能理论

(一) 收入保障功能论

劳动力资源是经济资源的重要组成部分，就业岗位的竞争是劳动力资源实现优化配置的必要前提。在竞争过程中，必然会有一部分劳动力因各种原因暂时不能实现就业。在没有任何保护措施的情况下，失业对劳动者个人而言，意味着生活来源的中断，使其本人或家庭基本生活难以维持，而且减少了其参与社会生活、实现个人价值的机会，在心理上造成伤害。对于整个社会而言，失业率的提高必将成为影响社会稳定的消极因素。失业保险的基本功能是使失业者的基本生活得到保障，不但有利于劳动者的身心健康，对劳动力素质提高和劳动力再生产的顺利进行提供了基本的保障，而且对社会也将起到稳定作用，成为社会的"安全网"和"稳压器"。失业保障有两种逻辑：从保险的逻辑出发，宏观经济运行具有很大的不确定性，当某一经济处于宏观经济的繁荣或高涨时期，这时就业率较高，失业率较低。每一个就业者应该交纳一部分失业保险金，一旦当宏观经济处于萧条时期，失业率大幅度上升，失业人员增加时，这笔在经济繁荣时期积累起来的失业保险金，就应该支付给失业者，使他们能维持基本的生计。从社会公平正义的逻辑出发，失业救济是伸张社会公平，即在保证市场经济配置资源效率的同时，兼顾公平，使失业者对社会这种不公平现象能够容忍。

(二) 就业促进功能论

20 世纪 90 年代以来，在全球化浪潮冲击之下，世界各国改变了以往消极被动地向失业者提供收入补偿的传统保障方式，而代之以实施积极的促进就业政策。马歇尔提出现代社会公民权包括三个部分，即公民的契约权利、政治权利和社会权利。从社会政策的视角看，劳动者非因本人意愿中断就业后，享受物质帮助和再就业服务，是实现其社会权利的具体形式。劳动者的社会权利，主要体现在两个方面：一个是劳动者中断就业时，享有获得经济补偿的权利；另一个是劳动者中断就业后，重新回到就业岗位上，参与社会活动，承担社会责任，防止"社会排斥"的权利。对失业者而言，行使自己的社会权利，不仅仅指单纯地从社会保障体系中获得经济补偿和救济，社会权利的履行，更强调的是要融入社会，不能与社会脱节，不能由于失业而被排除于主要的社会生活和工作环境，离群索居，必须要积极地参与社会活动，承担自己的社会角色和责任。社会政策关于公民社会权力行使的这一界定，为各国失业保障制度改革、加强促进就业的功能提供了充分的依据。

第二单元　南京市失业保险实务操作

一、失业保险登记

(一) 失业保险登记范围

南京市城镇户籍的劳动者，在法定劳动年龄内，有劳动能力，有就业要求，且本人自愿并符合下列条件之一的，应到户籍所在地的社区或街道、乡镇就业服务中心进行失业登记。其满足的条件：

(1) 年满 16 周岁，未继续升学的各类学校毕(肄)业生。

(2) 与用人单位终止、解除劳动关系的人员。

(3) 由农业户口转为非农业户口，并失去承包土地的人员。

(4) 退役、且未纳入国家统一安置的军人。

(5) 刑满释放或假释、劳动教养期满或提前解除劳动教养的人员。

(6) 其他符合本办法规定条件的失业人员。

(二) 办理机构

各县市的劳动保障部门负责组织实行本行政区域的失业登记工作。社区、街道、乡镇就业服务中心具体办理本行政区域的失业登记工作。同时，各区县残疾人劳动服务中心可接受劳动保障行政部门委托提供相应的服务。

(三) 失业保险登记流程

(1) 单位在职职工解除或终止劳动关系后，在 15 个工作日内携带辞退职工档案、退工单和职工社会保险个人缴费情况等材料，到单位所在地的就业服务机构办妥退工手续。

(2) 失业人员应当在接到单位解除或终止劳动关系通知后的 30 个工作日内，到户籍所在地的区县就业服务机构办理失业登记手续。在办理失业登记手续和失业保险金申领手续时，应当递交证明本人失业的有关材料。

(3) 就业服务机构应当自受理失业人员登记申请之日起 15 个工作日内对其失业情况进

行审核确认。对具备领取失业保险金条件的失业人员，核定其领取失业保险金的期限和标准，在失业保险金申请表上填写审核意见和核定金额，并在劳动手册中做好相应的记录。同时，将审核结果告知失业人员，发给领取失业保险待遇证件。对审核不符合领取条件的，应告知失业人员并说明理由。

(4) 失业登记的期限。一次失业登记的有效期限为 6 个月，在有效期满后仍符合失业登记条件的失业人员，应当重新办理失业登记手续。

(5) 失业登记人员的权利和义务。①失业登记人员可享受以下权利：接受公共职业介绍机构提供的免费职业介绍、职业指导服务；参加适应市场需求的职业培训，并按规定减免培训费用；按规定享受各项就业扶持政策；符合失业保险金申领条件的，按规定申请失业保险金和其他的失业保险待遇。② 失业登记人员应履行以下义务：如实向失业登记机构反映积极求职情况；积极应聘公共就业服务机构推荐的就业岗位，并接受职业指导；积极参加劳动保障部门组织的免费职业培训和各类就业促进项目；接受和配合地区就业援助员关于失业登记人员求职活动、求职意愿、参加培训等情况的调查；失业登记有效期满仍未就业的，应及时办理续登手续。

二、失业保险待遇申领业务

(一) 失业保险金的给附条件

失业保险的根本目的是保障失业者的基本生活，促使其重新就业。但是，并不是任何失业者都可以领取失业保险金。为了促进失业人员尽快再就业，防止产生依赖心理，只有具备下列条件的失业人员可以领取失业保险金：

(1) 在法定劳动年龄内非因本人意愿中断就业。

(2) 具有本市城镇常住户口。

(3) 本人在职期间按照规定缴纳失业保险费。

(4) 解除、终止劳动关系或者工作关系前缴纳失业保险费满 1 年。

(5) 办理失业登记手续和失业保险金申领手续，并有求职要求。

失业人员在领取失业保险金期间有下列情形之一的，经就业服务机构认定后，从次月起暂停发放失业保险金：应征服兵役；考入全日制中等以上学校学习；从事有劳动报酬工作的，等等。

失业人员在领取失业保险金期间，出现下列情况之一的就业服务机构有权力停止失业保险金的发放：到达法定退休年龄的；移居境外的；无正当理由 3 次拒绝就业服务机构提供的就业机会的、不参加职业培训的，等等。

(二) 失业保险金待遇

失业保险金待遇是指参加失业保险的劳动者因失业而暂时中断生活来源时向其提供的物质帮助。其标准原则上按照低于本市当年最低工资标准，高于本市当年城镇居民最低生活保障标准的水平制定。失业人员第 1～12 个月领取的失业保险金标准，根据其缴纳失业保险费的年限和年龄确定；第 13～24 个月领取的失业保险金，为其第 1～12 个月领取标准的 80%。延长期领取的失业保险金标准为其第 13～24 个月领取标准的 80%。

如果失业人员在领取失业保险金期间开办私营企业，从事个体经营或自行组织起来就业的，可以凭借营业执照副本或者其他有效证明文件、企业章程及其能证明其投资入股情况的材料，到区县失业保险管理部门申请一次性领取剩余期限的失业保险金，作为扶持生产资金。

(三) 失业保险补助金

失业人员不具备领取失业保险金条件，但符合下列条件之一的，可以向户籍所在地的就业服务机构申请失业保险补助金：

(1) 具有本市城镇常住户口，在法定劳动年龄内非因本人意愿中断就业，在职期间按规定缴纳失业保险费但缴费不满 1 年，生活确有特殊困难的。

(2) 领取失业保险金期满，因患严重疾病短期内难以就业或者因其他原因造成生活有特殊困难的。

(3) 已缴纳失业保险费的单位招用的本市农民合同制工人，连续工作满 1 年，劳动合同期满未续订或者提前解除劳动合同，且返回农村后无劳动收入，生活确有特殊困难的。

失业保险补助金标准为本市当年城镇居民最低生活保障线标准，期限为 1~6 个月。

(四) 失业保险金领取的期限

失业人员领取失业保险金的期限，根据其失业前累计缴纳失业保险费的年限计算。累计缴纳失业保险费满 1 年不满 2 年的，领取失业保险金的期限为 2 个月；累计缴纳失业保险缴费年限每增加 1 年，期限增加 2 个月，以此类推。但一次领取失业保险金最长时间不超过 24 个月。

核定领取失业保险金期限后，如失业人员有剩余的缴纳年限，可予以保留。失业人员重新就业并缴纳失业保险费满 1 年后再次就业，保留的缴费年限与新的缴费年限合并计算。合并计算后，领取失业保险金的期限最长不得超过 24 个月。失业人员连续缴纳失业保险费不满 1 年，但累计缴纳失业保险费满 1 年不满 2 年的，可以视作缴纳失业保险费满 1 年。

失业人员在领取失业保险金期满后，非因本人主观原因确实不能重新就业，且距法定退休年龄不足 2 年或因特殊原因确需放宽的，可以申请继续领取失业保险金直至法定退休年龄。但继续领取失业保险金标准为其第 13~24 个月领取标准的 80%，同时不得低于本市当年城镇居民最低生活保障标准。

三、失业人员参加城镇职工基本医疗保险的实施办法

为贯彻落实《社会保险法》《江苏省失业保险规定》，根据人力资源和社会保障部、财政部《关于领取失业保险金人员参加职工基本医疗保险有关问题的通知》(人社部发〔2011〕77 号)要求，现结合江苏省实际，制定领取失业保险金人员(以下简称失业人员)参加城镇职工基本医疗保险实施办法，请各地遵照执行。

(一) 参保缴费

(1) 参保申报。失业人员在办理申领失业保险金手续时，应到失业保险金申领地医疗(社会)保险经办机构，以个人身份申报参加或接续当地城镇职工基本医疗保险，失业人员委托失业保险经办机构代办的，必须由本人签字确认。

(2) 缴费基数及费率。失业人员参加城镇职工基本医疗保险的缴费基数，为统筹地区上年度城镇非私营单位在岗职工平均工资的 60%，缴费费率为当地城镇职工基本医疗保险单位和个人缴费费率之和。

(3) 缴费程序。失业人员参加城镇职工基本医疗保险应缴纳的费用由失业保险基金支付，失业人员个人不缴费。失业保险经办机构定期将核定应缴纳的城镇职工基本医疗保险费划拨到当地基本医疗保险基金专户。

领取失业保险金人员失业保险关系在省内跨统筹地区转移的，其参加基本医疗保险应缴纳的费用，在按规定划转的失业保险待遇资金中列支，不足部分由转入地失业保险基金予以补足。

领取失业保险金人员失业保险关系跨省、自治区、直辖市转入户籍所在地的，其职工医保关系随同转移，执行转入地职工医保政策。应缴纳的基本医疗保险费按转出地标准一次性划入转入地失业保险基金。转入地失业保险经办机构按照当地规定，为领取失业保险金人员办理职工医疗保险参保缴费手续。转出地失业保险基金划转的资金，缴纳转入地职工医保费不足部分，由转入地失业保险基金予以补足，超出部分并入转入地失业保险基金。

(二) 待遇享受

(1) 失业人员在领取失业保险金期间，参保缴费期限与失业前参加城镇职工基本医疗保险的缴费年限累计计算，并自参保缴费之月起，按规定享受相应的城镇职工基本医疗保险住院和门诊医疗保险待遇。

(2) 失业人员在其与原单位终止或解除劳动关系之日到领取失业保险金期间的医疗待遇，按医疗保险有关规定执行。

(3) 失业保险经办机构为领取失业保险金人员缴纳基本医疗保险费的期限与领取失业保险金期限相一致。

失业人员因法律规定的情形而停止领取失业保险金的，失业保险基金即停止支付其城镇职工基本医疗保险费。

(4) 2011 年 7 月 1 日以前领取失业保险金的失业人员，7 月 1 日前发生的医疗费用，按原规定执行；7 月 1 日后参加城镇职工基本医疗保险的，按医疗保险有关规定享受待遇，原享受门诊医疗补助及医疗补助金的规定不再执行。

(三) 经办服务

(1) 各级失业保险经办机构在失业人员办理申领失业保险金手续时，应书面告知其参加城镇职工基本医疗的政策规定和具体经办流程，并为其提供方便，确保失业人员应保尽保。完善就业信息系统，失业人员享受失业保险待遇及参加城镇职工基本医疗保险的相关内容，要按规定及时在就业失业登记证上进行记载。失业保险经办机构按照规定停止发放失业保险金的同时，负责办理停止缴纳医疗保险费的相关手续，并将缴费金额、缴费起止时间等有关信息告知失业人员本人，并由本人签字确认。

(2) 各级失业保险经办机构要将失业人员需要缴纳的医疗保险费纳入失业保险基金收支预算，统筹安排各项支出，制定失业人员医疗保险费支付管理办法。

(3) 各级医疗保险经办机构要做好失业人员医疗费用结算工作，保障失业参保人员及时享受医疗保险待遇。

（4）各级失业、医疗保险经办机构之间要加强配合协调，实现信息共享，保障失业人员失业登记、申领失业保险金、核定应缴纳的医疗保险费、医药费用结算、再就业等业务环节流程畅通、信息联动，构建一体化管理服务体系。

四、南京市失业保险实训

1. 任务情境：南京夏普科技有限公司于碟失业保险金待遇申报

于碟自 2014 年 1 月起在南京夏普科技有限公司工作，2017 年 1 月于碟因严重失职被辞退。南京夏普科技有限公司为于碟缴纳了失业保险。于碟在保险经办机构领取了 6 个月的失业保险金后于 2017 年 8 月重新就业。相关信息见表 5-1、表 5-2 和表 5-3。

办理职工档案转移需要提交的资料：

（1）职工档案原件。

（2）档案转移人员情况表原件。

（3）档案材料清单原件。

（4）社会保险人员转移情况表原件。

（5）解除劳动关系证明原件。

办理失业登记需要提交的资料：

（1）解除劳动关系证明原件。

（2）居民身份证原件。

（3）户口簿原件。

表 5-1　失业人员于碟基本信息

姓名	于碟	性别	女
身份证号码	110101199212151132	参加工作时间	2014-01-01
缴费起止时间	2014 年 2 月至 2017 年 8 月	实际缴费年限	3 年
核定享受待遇期限	6 个月	所在街道	雨花台区政立路街道
户口所在地	南京市雨花台区政立路街道	户口所在地地址	南京市雨花台区政立路33 号
失业岗名称	南京市雨花台区邯郸路社保所	失业岗人员	陈橙晨

失业信息：

失业原因	被辞退	失业次数	1
辞退时间	2017-01-31	应领取失业保险金月数	6 个月
就诊指定医院	南京市第十人民医院	发放失业证单位	南京市劳动局
正式缴费年限(月)	36	累计缴费时间(年)	3
领取失业保险金日期	2017-02-20	失业登记时间	2017-02-15
街道劳动部门和社会保障部门	雨花台区政立路街道劳动局	发放失业登记证日期	2017-02-17

表 5-2　城镇职工失业保险金与医疗补助金的标准

缴费年限(年)	领取期限(月)	前 12 个月失业保险金	医疗补助金	缴费年限(年)	领取期限(月)	前 12 个月失业保险金	医疗补助金
1～2 年	3 月	A 元/月	失业保险金总额的65%	10 年	18 月	C 元/月	失业保险金总额的 75%
2～3 年	6 月			11 年	19 月		
3～4 年	9 月			12 年	20 月		
4～5 年	12 月			13 年	21 月		
5 年	13 月	B 元/月	失业保险金总额的70%	14 年	22 月	D 元/月	失业保险金总额的 80%
6 年	14 月			15 年	23 月		
7 年	15 月			16 年	24 月		
8 年	16 月			17 年	24 月		
9 年	17 月			17～20 年	24 月		
				20 年以上	24 月	E 元/月	失业保险金总额的 85%

表 5-3　城镇职工失业保险金发放明细

档次	编号	金额/元
A	一档	450
B	二档	500
C	三档	550
D	四档	600
E	五档	650

2. 任务要求

请根据上述案例描述，模拟失业保险金待遇申领手续的办理。

3. 任务实施

步骤 1：失业备案，见表 5-4。

表 5-4　失业备案表

个人编号	姓名	性别	身份证号码	失业原因
1	2	3	4	5
	于碟	女	110101199212151132	被辞退

参加工作时间	缴费起止时间		实际缴费年限	核定享受待遇期限	备注
	起(年 月)	止(年 月)			
6	7	8	9	10	11
2014-01-15	2014 年 2 月	2017 年 8 月	3 年	6 月	

社会保险机构负责人：_____　　社会保险经办机构经办人：_____　　社会保险经办机构公章：

步骤 2：工作单位档案移交，见表 5-5。

表 5-5 办理职工档案转移所需资料

选择	资料名称	资料类型		提交
☑	职工档案	☑ 原件	□ 复印件	于碟
☑	档案转移人员情况表	☑ 原件	□ 复印件	于碟
☑	档案材料清单	☑ 原件	□ 复印件	于碟
□	参加工作时间证明	□ 原件	□ 复印件	
□	社会保险人员转移情况表	□ 原件	□ 复印件	
☑	终止、解除劳动(聘用)合同或者劳动关系证明	☑ 原件	□ 复印件	于碟

步骤 3：转关系到街道，见图 5-1。

雨花台区政立路街街道(镇)劳动和社会保障部门：

于碟 同志,男性 女性 ● 2017-01-31 📅 日因 被辞退 原因与原用工单位终止劳动(工作)关系(第 1 次失业)。现为失业人员。经核审,其视同缴费年限 ___ 年 ___ 月,正式缴费年限 36 月,累计缴费时间为 3 年。

另前次失业后尚未领完的失业保险金期限为 ___ 个月。按照规定,应领取失业保险金限为 6 个月。自失业人员登记之月起：

第 ___ 个月至 ___ 个月按第( )档标准发放；

第 1 个月至 6 个月按第 一 档标准发放。

该失业人员就诊指定医院是 南京市第十人民医院 其医疗补助比例为 65 %。

经办人：_____ 日期：_____ 📅

图 5-1 失业人员领取失业保险金和医疗补助金通知单

步骤 4：街道接收关系，见图 5-2。

_____街道(镇)劳动和社会保障部门：

_____同志,男性 女 _____日因_____原因与原用工单位终止劳动(工作)关系(第一次失业)。现为失业人员。经审核,其视同缴费年限_____年___月,正式缴费年限___个月,累计缴费时间为_____年。

另前次失业后尚未领完的失业保险金期限为____个月。按照规定,应领取失业保险金期限为_____个月。自失业人员登记之月起：

第___个月至___个月按第(____)档标准发放；

第___个月至___个月按第一档标准发放。

该失业人员就诊指定医院是_____其医疗补助为_____%。

经办人：陈橙晨 日期：2017-02-20

图 5-2 失业人员领取失业保险待遇行政转交关系

步骤 5：失业人员个人申请失业登记，见表 5-6。

表 5-6 失业者办理失业登记所需材料

选择	资料名称	资料类型		提交
☑	居民身份证	原件☑	复印件□	于碟
☑	户口簿	原件☑	复印件□	于碟
☑	近期免冠一寸相片	原件☑	复印件□	
☑	终止、解除劳动(聘用)合同或者劳动关系证明	原件☑	复印件□	于碟

步骤6：劳动管理部门审核失业登记。

步骤7：劳动管理部门发放失业登记证，见图5-3。

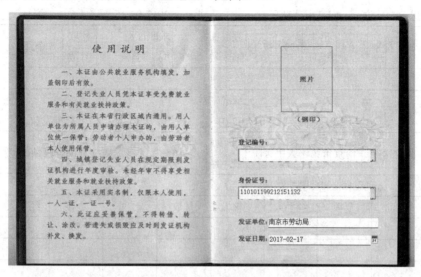

图 5-3　失业登记证

步骤8：领取失业登记证。

步骤9：办理失业金领取手续，见表5-7。

表 5-7　失业人员申请失业保险金登记表

失业人员姓名	于碟	性别	女	出生年月	1992-12-15	参加工作时间	2014-01-01
原工作单位	南京夏普科技有限公司					本次失业时间	2017-01-31
第几次失业	1			视同缴费年限			
正式缴费年限	36			累计缴费时间		3	
失业原因	被辞退			失业登记时间		2017-02-15	
户口所在区(县)	南京市雨花台区			户口所在街道		南京市雨花台区政立路街道	
户口所在地址	南京市雨花台区政立路33号						

　　根据__雨花台__区(县) 失业保险经办机构填写的《南京市失业人员领取失业保险金和医疗补助金通知单》[_____号]，该失业人员按照下列标准领取失业保险金和享受医疗补助金待遇。

1.领取期限：自__2017-02-01__起 至__2017-08-01__止共__6__个月。

2.领取标准：自____起 至__止每月按第_____档标准发放，金额为_____。

　　自__2017-02-01__日起至__2017-08-01__日止每月按第一档标准发放，金额为__450__元。

3.应领取失业保险金总金额为__2700__元。

4.《南京市失业保险金领取证》编号：_____。

5.指定医院：__南京市第十人民医院__。

6.医疗补助比例为__65__%，医疗补助最高限额为_____。

经办人签章：　　　　　　　　街道(镇)劳动和社会保障部门(盖章)　　　　填表日期：2017-02-15

步骤10：办理失业金领取手续，见表5-8。

表5-8　失业人员领取失业保险金登记卡

发放失业金保险金单位：___南京市劳动局___　日期：___2017-02-15___　编号：_____

失业人员名称	于碟	性别	女	出生年月	1992-12-15	领取证编号		求职证编号		领取月数	6个月	照片
住址												
初次核定情况	自___至___按第___档___元标准发放 自__2017-02-01__至__2017-08-01__按第_一档450___元标准发放											
	指定医院	南京市第十人民医院				补助比例	65%		医疗补助金限额			元

领 取 失 业 保 险 金 记 录　　　　　　　单位：元

月数	时间	金额	经手人	复核人	月数	时间	金额	经手人	复核人

步骤11：领取失业金领取证。

步骤12：出具失业金申领单，见表5-9。

表5-9　失业人员失业保险金申领单

单位：元

失业人员姓名	于碟	性别	女	出生年月	1992-12-15
领取证编号		申领月份	2月		
申领失业保险金金额	大写：贰仟柒佰元	（￥2700）			
现金付讫章	经手人：_____ 复核人：_____	领款人：_____		付款日期：_____	

步骤13：签收失业金申领单，见表5-10。

表5-10　失业人员领取失业金签收单

单位：元

失业人员姓名		性别		出生年月	
领取证编号		申领月份			
申领失业保险金金额	大写：	（￥　　）			
现金付讫章	经手人：_____ 复核人：_____	领款人：于碟		付款日期： 2017-02-20	

第六章　工伤保险实务

工伤保险是劳动者在生产经营活动中遭受意外伤害、职业病，导致暂时或永久丧失劳动能力，能够从社会得到必要物质补偿的制度。工伤保险操作实训主要介绍职工发生事故伤害，职工如何进行工伤保险申请表格的填写、相关材料的准备以及工伤保险相关政策的咨询。

【教学目标】

1. 能力目标

(1) 能正确审核工伤认定需要携带的资料。

(2) 能正确填写工伤认定所需要的相关表格。

(3) 能正确选择并填写工伤保险待遇申领所需要的表格。

(4) 能够进行工伤保险待遇政策的相关咨询。

2. 知识目标

(1) 掌握工伤保险待遇申领的相关条件。

(2) 熟悉工伤保险待遇的相关政策和法规。

第一单元　理论链接：工伤保险

一、工伤保险及其作用

工伤保险是社会保险制度中的重要组成部分。工伤保险制度是指劳动者在生产经营或在某些规定情况下，遭遇意外事故，造成伤残、职业病、死亡等伤害，为劳动者提供医疗救治和康复服务，保证劳动者及其家属生活的社会保障制度。其作用有：

(1) 工伤保险作为社会保险制度的一种组成部分，是通过立法强制实施的，是国家对劳动者履行的社会责任，也是劳动者应该享受的基本权利。工伤保险的实施是人类文明和社会发达的标志。

(2) 实行工伤保险，保障了工伤职工医疗以及基本生活。伤残抚恤和遗属抚恤，在一定程度上解除了职工和家属的后顾之忧。工伤保险体现了国家和社会对职工的尊重，有利于提高他们的工作积极性。

(3) 建立工伤保险有利于促进安全生产，保护和发展社会生产力。工伤保险与生产单位的改善劳动条件、防病防伤、安全教育、医疗康复、社会服务等工作紧密相连，对提高企业和职工的安全生产，防止或减少工伤、职业病，保护职工的身体健康，至关重要。

(4) 工伤保险保障了受伤害职工的合法权益，有利于妥善处理事故和恢复生产，维护正常的生产、生活秩序，维护社会安定。

二、工伤保险的原则

(1) 责任补偿原则。责任补偿原则包含两层意义：一是无论职业伤害责任主要属于雇主或者第三者，受伤害者都应得到一定的经济补偿；二是雇主不承担直接补偿责任，由工伤社会保险机构统一组织工伤补偿，而一般不需要通过法律程序和法院裁决。这样做，既可以及时公正地保障工伤待遇，又简化了法律程序，提高效率，使雇主解脱了工伤赔偿事务，有利于集中精力搞经营。按照这一原则建立工伤保险基本消除了雇主责任制的弊端。

(2) 风险分担原则。风险分担原则是社会保险制度中的基本原则，首先是通过法律，强制征收保险费，建立工伤保险金，采取互助互济的办法，分担风险。其次是在待遇分配上，国家责成社会保险机构对费用实行再分配。这种基金的分配使用，包括人员之间、地区之间、行业之间的调剂，它可以更有效地解决社会问题。

(3) 个人不缴费原则。工伤保险由单位缴纳，职工个人不缴纳任何费用，这是工伤保险与养老、失业、医疗保险的区别之处。由于职业伤害是工作过程中造成的，劳动力是生产的重要因素，劳动者为单位创造财富而付出了代价，所以雇主负担全部保险费，如同花钱修理和添置设备一样，是完全必要和合理的。这一点在世界上已形成了共识。

(4) 工资损失原则。工伤补偿主要是对工资损失进行适当的补偿。这是从劳动力生产和再生产的角度出发的。工伤保险待遇与受伤害者既往的工资收入保持一个适当的比例关系，暂时丧失劳动能力时的津贴一般不发100%工资，永久丧失劳动能力的待遇和死亡抚恤待遇也换算成若干年工资来表示，补偿是有一定限度的。这也是体现雇主与雇员分担风险的原则。

(5) 预防与康复相结合原则。工伤保险首要的直接的任务是工伤补偿，但这不是它唯一的任务。社会保险的根本任务是保障职工生活，保护职工的健康，促进社会安定和生产力发展。从这个根本任务出发，工伤保险就应当与事故预防、医疗康复和职业康复相结合。加强安全生产，减少事故发生和万一发生事故时及时地进行抢救治疗，采取有力的措施恢复职工健康并帮助他们重新走上工作岗位，这对于社会利益和职工根本利益来说，它比工伤补偿工作具有更积极更深远的意义。

第二单元　南京市工伤保险实务操作

一、工伤保险主管部门

国务院劳动保障部门负责全国的工伤保险登记工作。县级以上地方各级劳动保障部门具体负责工伤保险的经办事务。工伤保险登记实行属地管理。缴费单位具有异地分支机构的，分支机构一般应当作为独立的缴费单位，向其所在地的社会保险经办机构办理登记手续。跨地区的缴费单位，其工伤保险登记由相关地区协商确定，意见不一致的，由上一级社会保险经办机构确定。

二、工伤保险登记及其相关流程

办理工伤保险登记申请需要提交以下材料：

(1) 营业执照、批准成立证件或其他核准执业证件。

(2) 国家质量技术监督部门颁发的组织机构统一代码证书。

(3) 省、自治区、直辖市社会保险经办机构规定的其他有关证件、资料。

工伤保险登记的相关流程，见图6-1。

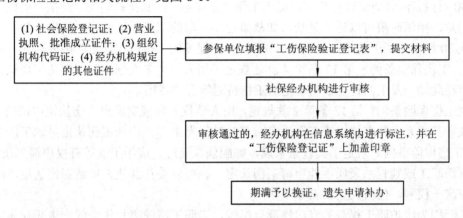

图 6-1　工伤保险登记流程示意图

三、工伤保险缴费及其流程

工伤保险缴费的相关主体是国家机关、社会团体、企业、社会事业单位、个体经济组织等用人单位。缴费主体必须在社会保险经办机构核准其缴费申报后的 3 个工作日内缴纳工伤保险费。缴费单位申报经核准后，可以采取以下方式缴纳：

(1) 到开户银行缴纳。

(2) 到社会保险经办机构以支票或现金形式缴纳。

(3) 与社会保险经办机构约定的其他方式缴纳，如委托银行从代缴单位基本账户中划缴。

工伤保险缴费的基本流程，见图6-2。

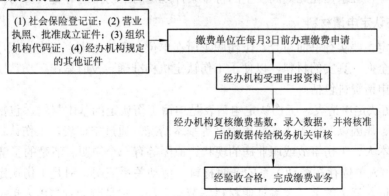

图 6-2　工伤保险缴费流程示意图

四、工伤认定流程

(一) 工伤认定的申请

1. 工伤认定的主体和时效

《工伤保险条例》第17条第1款规定，职工发生事故伤害或者按照职业病防治法规定被诊断、鉴定为职业病，所在单位应当自事故伤害发生之日或者被诊断、鉴定为职业病之日起30日内，向劳动保障行政部门提出工伤认定申请。遇到特殊情况，经报劳动保障行政部门同意，申请时限可以适当延长，如从事远洋运输的职工在运输途中发生事故，要求其单位在30日内申请工伤认定确实难以做到。为了促使用人单位在规定时限内提交工伤认定申请，《工伤保险条例》第17条第4款还规定了用人单位未在规定时限提交工伤认定申请应承担在此期间发生的符合条例规定的工伤待遇等有关费用。

《工伤保险条例》第17条第2款规定，用人单位未按规定提出工伤认定申请的，工伤职工或者其直系亲属有权提请工伤认定，有效时限为1年。申请工伤认定是职工的基本权利，《工伤保险条例》规定了其直系亲属，如配偶、父母、成年子女等有权申请工伤认定。如果工伤职工或其直系亲属不能申请工伤认定，也可以委托其他人申请工伤认定，除非职工放弃这一权利，任何人无权剥夺。

工会作为维护职工权益的专门性群众组织，当职工遭受事故伤害或罹患职业病时，如果职工的权益没有或者不能得到保障，工会组织应承担起为职工申请工伤认定的职责。工会组织在事故伤害发生之日或被诊断、鉴定为职业病之日起1年内，可以直接向用人单位所在地统筹地区劳动保障部门提出工伤认定申请。

在实际工作中，工伤认定机构应掌握以下原则：

(1) 在用人单位的申请时限内，工伤职工或直系亲属、工会组织先于用人单位提出工伤认定申请的，只要符合受理条件(申请资料完整，属于劳动保障行政部门管辖范围)，应当受理。

(2) 若用人单位在规定期限内也提出申请，认定机构应当向用人单位说明该职工已经申请工伤认定，将用人单位的申请材料补充到该职工的案卷中。

(3) 职工经工伤认定机构认定为工伤后，用人单位仍未在规定期限内提出工伤认定申请的，用人单位应承担在此期间发生的符合条件规定的工伤待遇等有关费用。

2. 工伤认定申请材料

工伤认定主要实行书面审查，工伤职工所在单位、职工本人、工会组织申请工伤认定时，应提交全面、真实的材料，以便于工伤认定机构准确、及时做出工伤认定。需要提供的工伤认定申请资料包括：

(1) 工伤认定申请表。工伤认定申请表是申请工伤认定的基本材料，包括事故发生的时间、地点、原因以及职工工伤伤害程度等基本情况。通过申请表，工伤认定机构对所在单位、职工本人、工伤事故或职业病的现状、原因等有一个简明、清楚的了解。

(2) 与用人单位存在劳动关系的证明材料。劳动关系证明材料是工伤认定机构确定对象资格的凭证。规范的劳动关系证明材料是劳动合同，它是劳动者与用人单位确定劳动关系的法定凭证。如果劳动者与用人单位未签订劳动合同，《工伤保险条例》规定能证明劳动者与用人单位关系的材料，如工资单、单位同事的证明等也可作为劳动关系存在的支撑材料。

（3）医疗机构出具的诊断证明书。对于医疗机构出具的诊断证明书需要注意两点：一是出具诊断证明书的医疗机构应是与社会保险经办机构签订工伤保险服务协议的医疗机构。特殊情况下，也可以是接受事故伤害的紧急救护机构。二是出具职业病诊断证明的应是用人单位所在地或者本人居住地的经省级以上人民政府行政部门批准的承担职业病诊断的医疗机构，或者是市级以上职业病诊断委员会。

（二）工伤认定受理

1. 受理主体

工伤认定的受理主体是工伤认定机构，按照《工伤保险条例》第 11 条第 1 款的规定，工伤认定受理主体就是统筹地区的劳动保障行政部门。

2. 受理的条件和范围

根据《工伤保险条例》第 7 条第 1 款规定，工伤认定申请人提供的申请材料完整，属于劳动保障行政部门管辖范围且受理时效内，劳动保障行政部门应当受理。劳动保障行政部门无论受理还是不受理，都应当书面告知申请人并说明理由。

根据《工伤保险条例》第 2 条规定，中华人民共和国境内的各类企业、有雇工的个体工商户应当参加工伤保险，为本单位职工或雇工缴纳工伤保险费。值得注意的是，即使用人单位没有参加工伤保险，其职工或雇工的申请也应受理，只是劳动者享受的工伤保险待遇由所在的用人单位支付。

对于不予受理工伤认定可归纳为三种情况：一是申请人提供的材料不完整。对于这种情况，劳动保障部门当场或在 15 个工作日内一次性以书面形式告知申请人。二是不在本劳动保障行政部门的管辖范围。对于这种情形，应当告知申请人向有管辖权的劳动保障部门提出申请。三是超过了申请时效。

（三）工伤认定决定

1. 工伤认定原则

劳动保障行政部门应当自受理工伤认定申请之日起 60 日内做出工伤认定决定，同时应制作"工伤认定决定书"，在 20 个工作日内分别送达工伤认定申请人或其直系亲属。在现实生活中，工伤认定应把握以下几点：一是应以承担社会责任作为工伤认定的出发点。只要没有证据否定是工伤，再排除其他非工伤的情形，就应当认定为工伤。工伤保险从民事责任发展到雇主责任以至目前的社会责任，工伤保险作为一种强制的社会保险之所以能够存在，其承担起社会责任是一个重要原因。二是准确把握《工伤保险条例》的规定，把"因工作原因"作为认定为工伤的核心。三是认定为工伤的情形在把握时应主要考虑是否工作原因，视同工伤的情形在把握时应严格掌握法律规定。

对于职工在工作时间和工作场所内受到的伤害，是否属于履行工作职责所致，劳动保障部门应根据具体情况做出判断。在工伤认定工作中，应对各方面情况进行综合分析，没有证据否定职工所受到的伤害与履行工作职责有必然联系的，在排除其他非履行工作职责的因素后，应认定为履行工作职责。

2. 工伤认定结论

工伤认定结论有三种类型：认定为工伤、视同工伤和不得认定工伤。根据修订的《工伤保险条例》应当认定为工伤的情形有：①在工作时间和工作场所内，因工作原因受到事故伤害的。② 工作时间前后在工作场所内，从事与工作有关的预备性或收尾性工作受到事故伤害的。③ 在工作时间和在工作场所内，因履行工作职责受到暴力等意外伤害的。④ 患职业病的。⑤ 因工作外出期间，由于工作原因受到伤害或者发生事故下落不明的。⑥ 在上下班途中，受到非本人主要责任的交通事故或者城市轨道交通、客运轮渡、火车事故伤害的。⑦法律、行政法规规定应当认定为工伤的其他情形。

根据《工伤保险条例》第15条的规定有下列情形之一的视同为工伤：一是在工作时间和工作岗位突发疾病死亡或者在48小时之内经抢救无效死亡的；二是在抢险救灾等维护国家利益、公共利益活动中受到伤害的；三是职工原在军队服役、因战、因公负伤致残，已取得革命伤残军人证，到用人单位后旧伤复发的。

职工有下列情形之一的，不得认定为工伤：故意犯罪的、醉酒或者吸毒的、自残或者自杀的。

五、工伤保险待遇申领业务

(一) 工伤保险待遇申领所需资料

经劳动保障行政部门认定为工伤，可在结论做出之后30日内向所在区、县社会保险基金管理中心申请工伤保险待遇，并提供如下资料：

(1)《工伤认定书》复印件。

(2)《鉴定结论书》复印件。

(3) 工伤医疗费用凭证。门、急诊治疗工伤的需携带医疗费原始收据及费用明细清单，门、急诊病历及复印件；急诊住院治疗工伤的需携带医疗原始收据、住院医疗费用明细清单、出院小结或相关的病史材料复印件；现金就医的还需携带由本市医疗保险事务中心出具的《市医疗保险服务窗口医疗结算单》或《工伤医疗费用核定凭证》。

(4) 工伤人员的二代身份证正反复印件。

(5) 工伤人员本人实名制银行结算账户卡(折)原件及复印件。

(6) 劳动能力鉴定费支付凭证复印件。

(7) 根据工伤人员的不同情况，另需分别携带下列材料。对于工伤人员配置辅助器具的，需携带劳动能力鉴定机构出具的《配置辅助器具确认书》复印件和配置辅助器具费用支付凭证复印件；对于非全日制从业人员、协保人员，需携带与承担工伤责任的用人单位签订的有效劳动合同或劳务协议或用工登记名册复印件；对于委托他人办理工伤保险待遇申请手续的，需携带委托人的委托书和被委托人的身份证原件及复印件。

(8) 单位、本人需填写工伤保险待遇申请表。

(二) 工伤保险待遇

工伤保险待遇是职工因发生暂时或永久人身健康或生命损害的一种补救和补偿，其作用是使伤残者的医疗、生活有保障，使死亡者家属的基本生活得到保障。

1. 工伤医疗期间的待遇

工伤医疗期间的待遇包括停工留薪期间待遇、工伤医疗待遇和其他待遇。在停工留薪待遇期间，原工资保持福利待遇不变，由所在用工单位按月支付。停工留薪期一般不超过12个月。伤情严重或情况特殊，经区、县级劳动能力鉴定委员会确认可适当延长，但延长不得超过12个月。

工伤医疗待遇是职工因工负伤或者患职业病停止工作进行治疗所享受的待遇，如挂号费、治疗费、住院费等。在这些费用中，符合工伤保险诊疗项目目录、工伤保险药品目录、工伤保险住院服务标准的，从工伤保险基金支付。

职工住院治疗工伤或进行工伤医疗康复治疗期间，除医疗费用全额报销外，还享受住院伙食补助费、工伤职工到统筹地区以外就医的所需交通、食宿费等由工伤保险基金支付以及由伤情所致需要进行护理的人工费。

2. 因公致残待遇

工伤职工可以按照伤残等级由工伤保险基金按等级支付一次性伤残补助金，标准为：一级伤残为27个月的本人工资；二级伤残为25个月的本人工资；三级伤残为23个月的本人工资；四级伤残为21个月的本人工资；五级伤残为18个月的本人工资；六级伤残为16个月的本人工资；七级伤残为13个月的本人工资；八级伤残为11个月的本人工资；九级伤残为9个月的本人工资；十级伤残为7个月的本人工资。

伤残等级鉴定为1至6级的工伤职工还可以从工伤保险基金按月支付伤残津贴，标准为：一级伤残为本人工资的90%；二级伤残为本人工资的85%；三级伤残为本人工资的75%；四级伤残为本人工资的70%；五级伤残为本人工资的60%，并由用人单位按照规定为其缴纳各项社会保险费。

生活不能自理的工伤职工在停工期间留薪需要护理的，由所在单位负责。护理人数及护理期间由医疗机构确认，工伤职工已经评定伤残等级并经劳动能力鉴定委员会确认需要生活护理的，从工伤保险基金按月支付生活护理费。生活护理费按照生活完全不能自理、生活大部分不能自理以及生活部分不能自理等级支付，其标准为统筹地区上年度职工平均工资的50%、40%和30%。

3. 因工死亡待遇

《工伤保险条例》规定，职工因工死亡其直系亲属按照下列规定从工伤保险基金领取丧葬补助金、供养亲属抚恤金和一次性工亡补助金。丧葬补助金为6个月的统筹地区上年度职工月平均工资；供养亲属抚恤金按照职工本人工资的一定比例发给由因工死亡职工生前提供生活来源、无劳动能力的亲属，其标准为：配偶每月40%，其他亲属每月30%，孤寡老人或孤儿每人每月在上述标准基础上增加10%，核定的各供养亲属的抚恤金之和不应高于因工死亡职工生前的工资；一次性工亡补助金标准为上一年度全国城镇居民人均可支配收入的20倍。

六、南京市工伤保险实训

(一) 南京夏普科技有限公司苏打一至四级一次性领取工伤认定

1. 任务情境

苏打是南京夏普科技有限公司的员工，在上海跑业务时出了车祸，双膝以下缺失，生活部分不能自理。南京夏普的社保负责人唐可嘟代理苏打去雨花台区的社保经办机构工伤支付部门提出申请，南京市雨花台区人保中心经办人伍月受理了唐可嘟的申请。

需要提交的资料：

(1) 身份证原件。

(2) 劳动关系证明原件。

(3) 医院诊断证明原件。

(4) 企业营业执照原件。

表 6-1　工伤人员苏打的基本信息

性别	女	民族	汉
身份证号码	110101198012032232	职业	业务员
工作单位	南京夏普科技有限公司	组织机构代码	62200255-9
申请人	唐可嘟	申请人地址	南京市雨花台区安汾路 2 号
参加工作时间	2005-05-01	月工资收入	3000
联系电话	15518889999	住址	南京市雨花台区安汾路 33 号
邮政编码	210000	单位负责人	唐可嘟
工种	业务员		

工伤情况：

申请人与受伤害职工关系	雇佣关系	发生事故时间	2014-05-01
申请工伤认定时间	2014-05-10	诊治时间	2014-05-01
申请工伤或视同工伤	申请工伤	诊断结论	双膝以下缺失
伤残部位	双膝以下缺失	伤残等级	四级
工伤协议医疗机构	南京市第二人民医院	发证日期	2014-05-12
工伤证发证机关	南京市雨花台区人保中心	法定代表人签字	唐可嘟
受伤害职工或亲属意见	要求按工伤处理,情况属实!	用人单位意见	同意申请工伤,以上情况属实!
劳动保障行政部门审查资料情况和受理意见	事实清楚,资料齐全,同意受理!	出具工伤认定决定书时间	2014-05-10

劳动能力鉴定：

申请工伤鉴定时间	2014-05-15	劳动能力鉴定委员会盖章	南京市劳动能力鉴定委员会
鉴定结果	四级	工伤职工登记时间	2014-05-15
医治医院	南京市第二人民医院	用工形式	固定工
行业代码	1618	缴费人员类别	本市农村劳动力
工伤类型	因工致残	工商类型标识	无
认定部位或职业病名称	双膝以下缺失	工伤证号	50115
工伤认定时间	2014-05-12	伤害经过	该员工开车时不慎出了车祸
事故类别	车祸伤害		

2．任务要求

请根据上述案例描述，模拟工伤认定的办理。

3．任务实施

步骤1：提交工伤认定资料，见表6-2。

表6-2　办理工伤认定所需资料

选择	资料名称	资料类型	提交	
☑	劳动关系证明	原件 ☑　复印件 □	苏打	📎
☑	初诊诊断证明	原件 ☑　复印件 □	苏打	📎
☑	身份证	原件 ☑　复印件 □	1101011980120322232	📎
☑	企业法人营业执照	原件 ☑　复印件 □	33010522288	📎

步骤2：申请工伤认定，见表6-3、表6-4和表6-5。

表6-3　工伤认定申请表(一)

工伤认定申请表

编号：＿＿＿＿＿＿＿

申请人：　唐可嘟＿＿＿＿＿＿

受伤害职工：苏打＿＿＿＿＿＿＿

申请人与受伤害职工关系：雇佣关系＿＿＿＿＿＿

申请人地址：南京市雨花台区安汾路2号＿＿＿

邮政编码：210000＿＿＿＿＿＿＿

联系电话：15518889999＿＿＿＿＿＿

填表日期：2014-05-10　📅

人力资源和社会保障局制

表 6-4 工伤认定申请表(二)

职工姓名	苏打	性别	女	出生年月日	1980-12-03
身份证号码	110101198012032232				
工作单位	南京夏普科技有限公司				
联系电话	15518889999				
职业、工种或工作岗位	业务员	参加工作时间	2005-05-01	申请工伤或视同工伤	申请工伤
事故时间	2014-05-01	诊断时间	2014-05-01	伤害部位或疾病名称	双膝以下缺失
接触职业病危害时间		接触职业病危害岗位		职业病名称	
家庭详细地址	南京市雨花台区安汾路 33 号				

受伤害经过简述(可附页):

表 6-5 工伤认定申请表(三)

受伤害职工或亲属意见:

要求按工伤处理,情况属实!

签字:

日期:＿＿＿＿＿＿

用人单位意见:

同意申请工伤,以上情况属实!

法定代表人签字:唐可嘟

印章

嘟唐
印可

日期:2015-05-10

劳动保障行政部门审查资料情况和受理意见:

印章

日期:＿＿＿＿＿＿

备注:

步骤 3:受理工伤认定,见表 6-6。

表 6-6 工伤认定受理

受伤害职工或亲属意见： 签字： 日期：_____
用人单位意见：   法定代表人签字： 印章 日期：_____
劳动保障行政部门审查资料情况和受理意见： 事实清楚，资料齐全，同意受理！ 印章 日期：<u>2014-05-10</u>
备注：

步骤 4：出具工伤认定决定书，见表 6-7。

表 6-7 工伤认定决定书

编号：_____

姓名	苏打	性别	女	出生年月日	1980-12-03
身份证号码		110101198012032232			
受伤时用人单位		南京夏普科技有限公司			
工种(职业)	业务员	发生事故时间		2014-05-01	
申请时间	2014-05-10	申请人		唐可嘟	
伤害情况					
诊断结论		双膝以下缺失			

依据《工伤保险条例》规定，_____符合工伤认定范围，认定为_____。

如对本工伤认定结论不服，可以在收到本工伤认定之日起 60 日内依法向本级人民政府或上一级劳动保障行政部门提出行政复议。

(工伤认定专用章)

签收人：	日期：	盖章日期：<u>2014-5-10</u>

步骤 5：出具工伤证，见图 6-3。

工伤证

工伤证号：＿＿＿＿＿＿＿＿＿＿＿＿

姓名：<u>苏打</u>　　　　　性别：　<u>女</u>

身份证号：<u>110101198012032232</u>

工作单位：<u>南京夏普科技有限公司</u>

受伤时间：<u>2014-05-01</u>　　　　伤残部位：<u>双膝以下缺失</u>

伤残等级：<u>四级</u>　　　　　伤残等级证号码：＿＿＿＿＿＿＿

工伤协议医疗机构：<u>南京第二人民医院</u>

家庭住址：<u>南京市雨花台区安汾路 33 号</u>

联系电话：<u>15518889999</u>

发证机关：<u>南京市雨花台区人保中心</u>

发证日期：<u>2014-05-12</u>

图 6-3　工伤证

步骤 6：领取工伤认定决定书，见表 6-8。

表 6-8　工伤认定决定书领取

编号：＿＿＿＿＿＿＿＿＿

姓名		性别		出生年月日		
身份证号码						
受伤时用人单位						
工种(职业)			发生事故时间			
申请时间			申请人			

伤害情况：

诊断结论：

　　依据《工伤保险条例》规定，＿＿＿＿＿＿＿＿＿＿＿＿＿＿＿＿＿＿＿符合工伤认定范围，认

定为＿＿＿＿＿＿＿＿＿＿＿＿＿＿＿＿＿＿＿＿＿＿＿＿＿＿＿＿＿＿。

　　如对本工伤认定结论不服，可以在收到本工伤认定之日起 60 日内依法向本级人民政府或上一级劳
动保障行政部门提出行政复议。

(工伤认定专用章)

签收人：唐可嘟　　日期：<u>2014-05-10</u>　　盖章日期：＿＿＿＿＿＿＿＿

备注：本决定书一式四份，劳动保障行政部门、用人单位、职工和工伤保险经办机构各执一份。

步骤7：申请劳动能力鉴定，见表6-9。

表6-9 职业劳动能力鉴定表

行业代码：1618 编号：＿＿＿＿＿＿＿＿

单位	南京夏普科技有限公司	姓名	苏打	性别	女	相片
身份证号码	110101198012032232	参加工作时间	2005-05-01	工种	业务员	
月工资收入	3000	申请鉴定原因		电话	15518889999	
病伤发生时间	2014-05-01	诊治时间	2014-05-01	医治医院	南京市第二人民医院	
职工病伤情况及企业意见	病伤及医治过程					
	提供资料： 1. 病历：＿＿＿页；2. X光片＿＿＿张；3. 心电图＿＿＿份；4. 化验＿＿＿单张；5. 其他材料＿＿＿页。					
	劳鉴会意见： （公章） 日期：					
主管部门劳动处意见：						
	（公章） 日期：					

注解：

此表一式三份，市、区(县)劳鉴机构存一份，企业及主管部门劳动处各存一份。

步骤8：审核劳动能力鉴定。

步骤9：出具劳动能力鉴定结论，见图6-4。

工伤职工劳动能力鉴定结论通知书

编号 tzsbh15073

用人单位名称：南京夏普科技有限公司

申请人：苏打 于 2014-05-15 申请工伤评残鉴定。我委于 2014-05-15 组织医学专家组进行了鉴定。经我市劳动能力鉴定委员会评定，依据《劳动能力鉴定 职工工伤与职业病致残等级》(GB/T16180--2006)，被鉴定人鉴定为 四级工伤 。

根据《工伤保险条例》第四章二十六条规定：申请鉴定的单位或者个人对本鉴定结论不服的，可以在收到该鉴定结论之日起15日内向省劳动能力鉴定委员会提出再次鉴定申请。自劳动能力鉴定结论做出之日起 1 年后，工伤职工或者直系亲属、所在单位或者经办机构认为伤残情况发生变化的，可以申请劳动能力复查鉴定。

劳动能力鉴定委员会

日期：2014-05-15

抄送：被鉴定人、用人单位、经办机构（未参保交财务部门）各一份。

图6-4 工伤职工劳动能力鉴定结论通知书

步骤 10：办理工伤登记手续，见表 6-10。

表 6-10　工伤职工登记表

组织机构代码：　62200255-9　　　　　　单位名称(章)：南京夏普科技有限公司

电脑序号		姓名	苏打	性别	女	公民身份证号码		110101198012032232	
民族	汉	出生日期	1980-12-03	参加工作时间	2005-05-01	居住或通讯地址		南京市雨花台区安汾路 33 号	
用工形式	固定工	工种	业务员	发生工伤或确定职业病时间	2014-05-01	交通事故第三责任方赔偿金额		伤残程度鉴定时间	2014-05-15
本市农村劳动力	本市农村劳动力	工伤类型	因工致残	工伤类型标识	无	认定部位或职业病名称	双膝以下缺失	伤残程度鉴定等级	四级
工伤认定时间	2014-05-12	工伤证号	50115	个人选择工伤医疗机构一	南京市第二人民医院	个人选择工伤医疗机构二		护理依赖程度鉴定时间	
认定申请人与工伤人员关系	雇佣关系	工伤认定申请日期	2014-05-10	工伤认定结论通知书编号		伤残程度鉴定结论表号		护理依赖程度鉴定级别	
伤害经过	该员工开车时不慎出了车祸			事故类别	车祸伤害	受伤前十二个月平均月缴费工资		退休金	
供养亲属基本情况									
姓名	公民身份证号码	性别	出生日期	供养关系	联系电话	邮政编码	现居住地址		备注

单位负责人：唐可嘟　　填报人：唐可嘟　　联系电话：　　　填报日期：2014-05-15

说明：

1. 工伤类型：(1) 因工致残；(2) 因工死亡；(3) 职业病。
2. 工伤类型标识：(1) 伤残军人旧伤复发；(2) 无业人员职业病；(3) 退休人员职业病；(4) 退休伤残军人旧伤复发；(5) 陈旧性工伤；(6) 无。
3. 交通事故第三责任方赔偿金额：如果事故类别为交通事故需填此栏。
4. 发生工伤或确定职业病时间：如果是因工死亡，填写死亡时间。
5. 其他项请参照《工伤认定结论表号》《劳动能力鉴定结论表号》《工伤证》等材料填写。
6. 退休金：如果工伤人员为已退休的 1 至 4 级新增人员需填写此栏。
7. 认定申请人与工伤人员关系：选择"劳动关系""本人""工会""亲属"。
8. 此表一式二份，单位、社保经(代)办机构各一份。

步骤 11：受理工伤登记手续。

(二) 南京夏普科技有限公司苏打一至四级一次性领取待遇核准

1. 任务情境

苏打是南京夏普科技有限公司的一名员工，在上海跑业务时出了车祸，双膝以下缺失。经鉴定为四级工伤，生活部分不能自理。南京夏普科技有限公司的社保负责人唐可嘟携带相关证明材料到社保中心申请工伤人员工伤保险待遇核准。南京市雨花台区人保中心经办人伍月受理了唐可嘟的申请。苏打基本信息见表 6-11。

需要提交的资料：

(1) 工伤职工劳动能力鉴定结论通知书原件。

(2) 工伤证原件。

(3) 工伤职工负伤前十二个月的平均工资证明原件。

(4) 工残农民工一次性领取工伤保险待遇申请书原件。

表 6-11　工伤职工苏打基本信息

性别	女	工作单位	南京夏普科技有限公司
身份证号码	110101198012032232	本人受伤前十二个月平均月缴费工资	3000
本市上一年职工月平均工资	4892	社保经办机构	南京市雨花台区人保中心
一次性领取工伤保险待遇金额	54 000	申请一次性领取工伤保险待遇日期	2014-05-20
认定工伤时的年龄	34	一次性领取长期待遇给付日期	2014-05-22
一次性伤残补助金给付日期	2014-05-22	终止劳动关系日期	2014-05-22

工伤情况：

发生工伤时间	2014-05-01	工伤类型	因工致残
工伤认定时间	2014-05-12	工伤证号	50225
伤残程度鉴定时间	2014-05-15	伤残程度鉴定等级	四级
工伤协议医疗机构	南京市第二人民医院		

相关知识储备：

自愿选择一次性享受工伤保险长期待遇的一至四级伤残农民工应享受待遇(具体如下所 6-12 所示)，由两部分组成：长期待遇；伤残补助金。

表 6-12　农民工自愿享受工伤保险一至四级长期待遇的具体计发办法

长期待遇	伤残津贴	伤残津贴费，照计算的年龄差，一级伤残人员每一年发给 3.3 个月，二级伤残人员每一年发给 3 个月，三级伤残人员每一年发给 2.7 个月，四级伤残人员每一年发给 2.4 个月。一至四级伤残农民工一次性享受伤残津贴待遇的标准分别不得低于 100 个月、90 个月、80 个月、70 个月。从工伤保险基金按月支付伤残津贴，标准为：一级伤残为本人工资的 90%，二级伤残为本人工资的 85%，三级伤残为本人工资的 80%，四级伤残为本人工资的 75%。伤残津贴实际金额低于当地最低工资标准的，由工伤保险基金补足差额。
	生活护理费	生活护理费按照生活完全不能自理，生活大部分不能自理或者生活部分不能自理三个不同等级支付，其标准分别为统筹地区上年度职工月平均工资的 50%、40%、30%。 经劳动能力鉴定需要生活护理的人员，依照计算的年龄差及护理等级，一年发给 0.7 个月、0.5 个月、0.3 个月生活护理费，生活护理费待遇的标准不得低于 14 个月、10 个月、6 个月。
伤残补助金		一级至四级工伤待遇：职工因工致残被鉴定为一级至四级伤残的，保留劳动关系，退出工作岗位，享受以下待遇：从工伤保险基金按伤残等级支付一次性伤残补助金，标准为：一级伤残为 24 个月的本人工资，二级伤残为 22 个月的本人工资，三级伤残为 20 个月的本人工资，四级伤残为 18 个月的本人工资。

其工伤保险待遇按照全省人口平均预期寿命(按 80 周岁计算)与解除或者终止劳动关系时的年龄之差，以统筹地区上年度职工月平均工资为基数进行计算，计算内容包括伤残津

贴费、医疗补助金及生活护理费等。

2. 任务描述

根据上述案例描述，模拟职工工伤保险待遇申领手续的办理。

3. 任务实施

步骤1：申报工伤保险待遇，见表6-13。

表6-13 办理工伤待遇核准所需资料

选择	资料名称	资料类型	提交
☑	工伤职工劳动能力鉴定结论通知书	原件☑ 复印件□	四级工伤
☑	工伤证	原件☑ 复印件□	苏打
☑	工伤职工负伤前十二个月的平均工资(以缴纳养老保险工资为准)证明	原件☑ 复印件□	3000
□	死亡证明	原件□ 复印件□	
□	被供养人户口簿	原件□ 复印件□	
□	被供养人无生活来源证明	原件□ 复印件□	
☑	工残农民工一次性领取工伤保险待遇申请书	原件☑ 复印件□	苏打

步骤2：审查待遇核准材料。

步骤3：核准工伤保险待遇，见表6-14。

表6-14 一至四级工伤职工待遇核准表

单位名称	南京夏普科技有限公司	姓名	苏打	性别	女	公民身份证号码	110101198012032232	
本人受伤前十二个月平均月缴费工资	3000	本市上一年职工月平均工资	4892	发生工伤或确定职业病时间	2014-05-01	工伤类型	因工致残	工伤类型标识
新登记或变更原因		工伤认定时间	2014-05-12	工伤证号	50225	交通事故第三责任方赔偿金额或退休金		工伤认定结论表号
劳动能力鉴定结论表号		伤残程度鉴定时间	2014-05-15	伤残程度鉴定等级	四级	护理依赖程度鉴定时间		护理依赖程度鉴定级别
综合劳动能力鉴定结论表号		综合伤残程度鉴定时间		综合伤残程度鉴定等级		综合护理依赖程度鉴定时间		综合护理依赖程度鉴定级别
一 次 性 待 遇 核 算 情 况								
待 遇 项 目	给 付 标 准					给 付 日 期		
一次性领取长期待遇	认定工伤时的年龄：34周岁 金额：268 652.88			大写：贰拾陆万捌仟陆佰伍拾贰元捌角捌分		2014-05-22		
一次性伤残补助金	3000×18 个月=54 000 元			大写：伍万肆仟元		2014-05-22		
参保单位经办人签字： 日期：	社保经办人签字： 日期：			社保经办机构负责人签字：伍月 日期：2014-05-20		社保经办机构(章) 日期：2014-05-20		

说明：1. 申请人如果对工伤人员待遇核准有异议时，请于30日内到社保经办机构进行复核。

2. 此表一式三份，工伤职工、参保单位、经(代)办机构各一份。

3. 此表为外地农民工一次性支付待遇核准使用。

步骤4：确认工伤保险待遇，见表6-15。

表6-15 一至四级工伤职工待遇确认表

单位名称		姓名		性别		公民身份证号码			
本人受伤前十二个月平均月缴费工资		本市上一年职工月平均工资		发生工伤或确定职业病时间		工伤类型		工伤类型标识	
新登记或变更原因		工伤认定时间		工伤证号		交通事故第三责任方赔偿金额或退休金		工伤认定结论表号	
劳动能力鉴定结论表号		伤残程度鉴定时间		伤残程度鉴定等级		护理依赖程度鉴定时间		护理依赖程度鉴定级别	
综合劳动能力鉴定结论表号		综合伤残程度鉴定时间		综合伤残程度鉴定等级		综合护理依赖程度鉴定时间		综合护理依赖程度鉴定级别	
一 次 性 待 遇 核 算 情 况									
待 遇 项 目	给 付 标 准						给 付 日 期		
一次性领取长期待遇	认定工伤时的年龄： 周岁 金额：			大写：					
一次性伤残补助金	× 个月= 元			大写： 元					
参保单位经办人签字： 唐可嘟 日期：2014-05-20	社保经办人签字： 日期：			社保经办机构负责人签字： 日期：			社保经办机构(章) 日期：		

说明： 1. 申请人如果对工伤人员待遇核准有异议时，请于30日内到社保经办机构进行复核。

2. 此表一式三份，工伤职工、参保单位、经(代)办机构各一份。

3. 此表为外地农民工一次性支付待遇核准使用。

步骤5：签订一次性领取协议，见图6-5。

一次性领取工伤保险待遇
协 议 书

甲方（农民工或供养亲属姓名）：<u>苏打</u>

乙方（参保单位）：_____

丙方（社保经办机构）：_____

　　本协议依据《工伤保险条例》（国务院令第375号）、《关于农民工参加工伤保险有关问题的通知》（劳社部发[2004]18号）、《江苏省实施〈工伤保险条例〉办法》（江苏省人民政府令第79号）及《关于大力推进农民工参加工伤的意见》（苏劳社厅发[2006]21号）和《南京市工伤保险实施办法》（南京市人民政府令138号）的相关规定，为妥善解决农民工在本市务工期间工伤保险问题，保障农民工获得合理的工伤保险待遇制定。

　　第一条　甲方必须具备以下条件：

　　（一）　南京市统筹区域内参加了工伤保险并按时缴纳工伤保险费的农民工；

　　（二）　经参保地同级劳动保障行政部门认定为工伤的农民工或因工死亡农民工的供养亲属；

　　（三）　经市级以上劳动能力鉴定中心鉴定为伤残一至四级的农民工或具备《因工死亡供养亲属范围规定》（劳动和社会保障部令第18号）供养条件的遗属。

　　第二条　甲方自愿选择一次性领取工伤保险经常性待遇，同时放弃按月领取工伤保险经常性待遇的权利。

　　第三条　按《关于大力推进农民工参加工伤的意见》（苏劳社厅发[2006]21号）规定一至四级伤残农民工选择经常性待遇一次性领取后，护理费不再单独计发。

　　第四条　如因工死亡农民工的供养亲属多于一名的，需符合供养条件的所有亲属共同签订本协议。

　　第五条　乙方应协助甲方办理一次性申领工伤保险待遇手续。

　　第六条　丙方审核甲方符合一次性领取工伤保险待遇条件，依据相关政策文件核准甲方的一次性领取工伤保险待遇金额为：

　　大写：<u>叁拾贰万贰仟陆佰伍拾贰元捌角捌分</u>　　　　　（小写：322 652.88），

　　其中：

　　1、_____；

　　2、_____；

　　3、_____。

由丙方支付给乙方，乙方负责代为领取并如数转交甲方。

　　第七条　本协议签订后，丙方支付甲方一次性工伤保险的待遇后，不再支付其他工伤保险待遇，甲方与乙方和丙方终止工伤保险关系。

　　第八条　本协议一式三份，甲方、乙方、丙方三方各执一份，自签订之日起生效。

丙方（盖章）　　　　　　　　　乙方（盖章）：

日期：_____　　　　　　　日期：_____

　　　　　　　　　　　　　　　　　甲方或委托代理人（签字）苏打

　　　　　　　　　　　　　　　　　日期：2014-05-20

图6-5　农民工一次性领取工伤保险待遇协议书

步骤6：回收工伤证。

第七章　生育保险实务

生育保险是对女性在生育期间的一种保护制度，其通过生育保险基金支付女性因怀孕生育而产生的医疗检查、诊疗费用，以及因暂时中断劳动而损失的工资收入。生育保险是工业化发展到一定阶段的产物，并在国际劳工组织的推动下得以在世界各国普遍建立。作为一项专门针对生育妇女的权益保障措施，生育保险直接关系到原有劳动力的恢复和新生劳动力的健康成长，与个人、企业、国家乃至整个社会的利益密切相关。

【教学目标】

1. 能力目标
(1) 了解生育保险的申领条件。
(2) 掌握不同人群的生育保险待遇支付内容、标准。
(3) 掌握各项生育保险待遇支付内容的办理流程。
(4) 掌握异地发生生育费用的办理流程。
2. 知识目标
(1) 了解生育保险的特征与功能。
(2) 掌握生育保险的制度框架。

第一单元　理论链接：生育保险

一、生育保险的概念

生育保险是国家和社会通过立法对因处于生育事件发生期间劳动能力丧失、收入中断的生育责任承担者，提供一定的经济、物质及服务等各方面帮助的一项社会保险制度。其目的在于保障受保母子在此特殊时期的基本生活和医疗保健需要，确保生育女性的身体健康恢复及整个社会的人口再生产。需注意的是，生育保险发展至今，其对象已不再局限于生育的女性职工，在一些国家已经扩大到了男职工的配偶，甚至是所有处于生育期间的妇女及其配偶。

生育保险所提供的待遇主要由生育津贴、生育医疗服务补偿、生育补助及带薪产假四项内容组成。

(1) 生育津贴，即在法定的生育休假期间对生育者的工资收入损失给予经济补偿。

(2) 生育医疗服务补偿，即承担由医疗服务机构向生育妇女提供的产前检查、妊娠、分娩及产后的一系列医疗保健和必要的住院治疗服务，以及对新生儿的保健服务等引起的费用。

(3) 生育补助，即除基本的生育津贴之外的，由政府对生育保险对象及其家属的生育费用给予经济补助，主要有产前补助、出生补助、护理津贴等，如"婴儿津贴"和"保姆津贴"等。

(4) 带薪产假，即生育保险受保人依照国家法律、法规规定，在怀孕、分娩以及产后的一定时期内所享受的带薪假期，包括母育假(产假)、父育假(母亲产假期间的父亲育儿假)和育儿假(母亲产假后父母双亲任何一方的育儿休假)。

各国生育保险制度的具体内容会因国情不同而有所不同，像"父育假"等政策主要在欧盟同家实行。

二、生育保险的特征

生育保险是社会经济和社会保障发展到一定阶段的产物，作为社会保险的一个重要组成部分，它具有社会保险的一些基本特征，如强制性、社会性、公平性等。但由于生育行为的特殊性，生育保险必然具有其自身的一些特点。

(1) 生育保险覆盖范围比较窄，并且享受时间一般为育龄期，享受时间相对比较集中。生育保险实施的对象主要是处于生育期间的妇女劳动者，其根本的目的是保证妇女生育期间的基本生活，帮助其尽快恢复劳动能力，重返工作岗位。而与此同时，随着社会的进步和经济的发展，一些国家和地区将生育保险的范围扩大至男职工供养的配偶，还有些国家给予生育期女职工配偶一定的带薪假期，以照顾妻子和婴儿。

(2) 生育保险的给付与婚姻政策、人口政策相联系。生育保险待遇享受条件各国不一致。有些国家要求享受者有参保记录、工作年限、本国公民身份等方面的要求。我国生育保险要求享受对象必须是合法婚姻者，即必须符合法定结婚年龄、按《婚姻法》规定办理了合法手续，并符合国家计划生育政策等。有些国家则将生育保险的对象扩展到合法的伴侣，并非一定是常规的婚姻关系。

(3) 生育保险所应对的风险一般不需要特殊的治疗。生育是特定的、正常的生理活动，一般属于正常的生理改变，其所带来的是暂时不能参加劳动，不同于疾病、伤残等引起的病理变化，因而，生育期间的保护侧重于休息调养和营养补充，医疗服务也以保健、检查、咨询为主，产假也是生育保险所特有的待遇给付。

(4) 生育保险遵循"产前、产后均享受"的原则，即其保险期间覆盖了生育发生的前后。妇女怀孕后，由于生理变化导致其临产前的一段时间行动不便，无法正常工作且不宜过度劳累，而分娩以后也需要一定的休养时间，以便身体恢复和照顾婴儿。所以生育保险既要照顾到生育事件开始前的一段时间，也要覆盖到生育事件完成后的一段时间，只有这样才能更好地保护产妇和婴儿的健康。而其他的保险，如失业保险、医疗保险、工伤保险等基本上都是在相应的风险变为事故后才享受的，带有一定的善后的特点。

(5) 无论女性参保人妊娠结果如何，均可以按照规定得到补偿，即无论胎儿存活与否，只要是怀孕生育现象的产生期，被保险人收入中断或身体健康情况的失常需要治疗，产妇均可享受有关待遇，并包括流产、引产、胎儿和产妇发生意外以及节育期间及节育而致的事故在内等情况。

(6) 生育保险具有同时保障劳动力的简单再生产和扩大再生产的双重功能，因而其保障水平较其他保险项目要高，带有一定的福利色彩。生育保险通过满足受保妇女在生育期间的基本生活和基本医疗保健需要，一方面保障了生育妇女的身体健康和劳动能力的恢复，另一方面对下一代的健康成长也起到了非常重要的作用，有助于促进优生优育和劳动力后备力量的增强。生育保险这种"一手托两命"的性质决定了其待遇给付不仅项目较多，而且水平也较高。

正是由于生育保险具有区别于其他各险种的许多不同之处，一些国家才将其设定为一个单独的险种。但由于生育行为本身与某些医疗手段密不可分，生育过程也可能伴随某些疾病的产生或复发，致使生育保险与医疗保险有着十分紧密的联系。许多国家也因此将生育保险与医疗保险合并，称为"生育与疾病保险"，或者直接通称为"健康保险"。

三、生育保险的功能

(1) 对个人而言。

首先，有利于保障妇女在生育期间的基本生活和医疗保健需求，促进其尽快地恢复身体健康。妇女在生育前后的一段时间里由于机体变化明显，体力消耗大，精神压力重，甚至还伴有一定的疾病、残疾甚至死亡的危险，所以需要必要的休养调息，尤其对于职业女性而言，还要承受因无法继续正常工作带来的收入损失。生育保险通过为生育女性提供孕期保健、医疗服务、生育津贴和带薪产假，保障她们安全健康地度过整个生育期间，及早地恢复身体健康和重新投入工作。

其次，有助于维护妇女的平等就业权。由于传统的角色界定，妇女在劳动力市场上处于相对弱势地位，加上生育前后对其本身工作效率的影响，致使劳动力市场上出现歧视女性的现象，而生育保险通过统筹社会基金缓解了女性就业与生育之间的矛盾，为女性创造了公平参与工作的机会，有利于女性劳动力资源的开发和女性在家庭和社会中地位的提高。

(2) 对企业而言。

生育保险对企业的作用主要体现在分散风险、提供公平的竞争环境上。生育保险分散风险的作用主要体现在两个方面：一是将个人的生育风险分散于社会之中；二是将企业间畸轻畸重的生育风险在各企业间加以平衡。企业间由于行业性质的差异，女职工的数量可能相差很大，若生育费用均由企业负担，必会影响女职工多的企业在市场上的竞争力；而生育保险实行社会统筹，就能有效地均衡企业之间的生育费用负担，促进企业间的公平竞争。另外，一些国家和地区的生育保险甚至惠及男职工，有利于保证在职男职工正常的劳动效率，提高其对工作的积极性。

(3) 对社会而言。

生育保险有助于保障人类的繁衍和劳动力再生产的连续性及质量。社会的不断发展需要代代而生的新劳动力，且必须保证新生劳动力的健康体魄和正常智力，这也决定了生育不仅仅是个人和家庭的事，也是一种重要的社会行为。生育保险对生育女性孕期、产期、哺乳期采取一系列的保健措施，并给予其一定的产假和津贴，有助于保证新生儿的质量，为其健康成长奠定良好的基础，保障优生优育和劳动力的连续再生产。

第二单元　南京市生育保险实务操作

同社会保险的其他险种一样，各地生育保险政策存在一定差异。本章以南京市为例，介绍其城镇职工生育保险(以下简称"生育保险")具体业务及经办流程。

一、业务对象范围

(1) 市行政区域内城镇企业、自收自支事业单位、民办非企业单位和个体经济组织及其职工或雇工，应当按规定参加城镇职工生育保险。

(2) 部、省属和外地驻宁企业及其职工应按照属地管理原则参加本市城镇职工生育保险。

(3) 在宁的铁路、电力、远洋运输等跨地区、流动性较大的企业及其职工，应以相对集中的方式参加本市城镇职工生育保险。

二、缴费业务

(一) 参保缴费

生育保险费由用人单位按上年度全部职工缴费工资基数的 0.5% 按月缴纳；逾期未缴纳的，除责令其限期缴纳外，按日加收应缴额 2‰的滞纳金。职工个人不缴纳生育保险费。

符合参保范围的用人单位应按照《社会保险费征缴暂行条例》，到市劳动保障行政部门所属的社会保险经办机构办理生育保险参保登记手续。

(二) 保险补缴

因用人单位中断或未足额缴费、职工劳动关系转移原因造成生育保险关系中断的，自中断之月起停止享受生育保险待遇。3 个月内补足欠费及滞纳金的，由用人单位填写《南京市生育保险业务协调单》(见附表 7-1)，经社保部门审核通过并补缴成功的，计算连续缴费月份，享受生育保险待遇；欠费超过 3 个月以上的，职工生育保险待遇由用人单位按规定标准支付。

三、就医办法

(一) 持卡就诊

参加南京市生育保险的人员因生育保险医疗项目就医时必须出示本人结婚证原件、市民卡、孕产妇保健册(卡)并刷卡就诊，对未出示卡证的，参保职工就医时所发生的医疗费用，生育保险基金不予支付。

(二) 定点医疗

生育保险实行定点就诊。参加南京市生育保险的人员因生育保险医疗项目就医时必须到生育保险定点医疗机构就医。女职工生育或实施计划生育手术应在南京市生育保险定点医疗机构就诊。参保职工凭本人的社会保障卡、结婚证原件和社区居委会出具的符合计划生育的相关证明(男职工配偶另需携带女方的就业登记证或街道、乡镇出具的无业证明)到本人选择的生育保险定点医疗机构办理确定定点手续。参保职工限选 1 至 2 家定点医疗机构，一经选定不得随意变更。

对于确定生育定点医疗机构，《南京市城镇职工生育保险医疗服务管理办法》(宁劳社医保〔2008〕7 号)，有如下规定：

(1) 参保职工建孕产妇保健册(卡)时，须携带社会保障卡、结婚证原件、社区居委会出具的符合计划生育的相关证明，在生育保险定点医疗机构办理身份确认登记，选择 1 至 2 家生育保险定点医疗机构作为本人产前检查、并发症及分娩的就医定点医疗机构。一家为孕前期(建册至妊娠 24 周)门诊产前检查医院，一家为孕后期(妊娠 24 周后至住院分娩前)门诊产前检查及分娩医院。经确认登记后方可持卡享受生育保险待遇。若发生中期妊娠流(引)产手术，须在本人登记的两家定点医疗机构中任选 1 家进行。

(2) 实施早期妊娠流产手术的参保女职工，就医须携带社会保障卡、结婚证原件，到生育保险定点医疗机构办理身份确认，在生育保险定点医疗机构中选择 1 家作为本次手术的定点医疗机构，经确认登记后方可持卡享受生育保险待遇。

(3) 放置和取出宫内节育器、输卵(精)管绝育和复通、避孕药皮下埋植和取出手术的参保职工，须携带社会保障卡到所选生育保险定点医疗机构办理身份确认，在生育保险定点医疗机构中选择 1 家作为本次手术的定点医疗机构。经登记确认后方可持卡享受生育保险待遇。

(4) 参保男职工配偶和参保女职工失业后，在领取失业救济金期间在本市分娩或中期妊娠流(引)产，必须选择 1 至 2 家本市生育保险定点医疗机构就医；实施早期妊娠流产手术的，必须在本市生育保险定点医疗机构中选择 1 家就医。

定点医疗机构一经选定不得随意变更。因参保职工未办理定点医疗机构确认手续或在非本人选定的定点医疗机构发生的医疗费用，生育保险基金不予支付。

(5) 参保职工需要到异地分娩或实施计划生育手术的，应选择一家当地的生育或医疗保险定点医疗机构作为本人分娩或计划生育手术的定点医疗机构，并到市医保中心备案后方可到所选定的医疗机构就医。

(三) 生育保险用药和医疗服务目录

生育保险的参保人员要按生育保险用药和医疗服务目录就医，对于参保人员使用目录外的药品、医疗服务设施所发生的费用，生育保险不予报销。生育保险用药和医疗服务目录以基本医疗保险用药和医疗服务目录为基础，并结合生育保险特点适当增减后公布。

《关于调整生育保险用药和医疗服务项目范围的通知》(宁劳社医保〔2008〕9 号)《关于做好省基本医疗保险、工伤保险和生育保险药品目录调整工作的通知》(宁人社〔2013〕160 号)根据《南京市城镇职工生育保险办法》(市政府令第 260 号)和《南京市城镇职工生育保险办法实施细则》(宁劳社医〔2008〕7 号)的有关规定，结合生育保险特点，经专家论证，适当调整生育保险用药和医疗服务项目范围。

1. 调整用药范围

(1) 生育保险用药范围在《江苏省基本医疗保险和工伤保险药品目录》(2005 年版)基础上，增加 3 种临床常用、疗效确切、价格适中、符合生育保险临床需要的药品，通用名为维生素 E、米非司酮、米索前列醇，均为口服常释剂型，自付比例为 0。

(2) 对在实施无痛人工流产术、无痛刮宫术、无痛产后刮宫术、无痛宫内节育器放置(取出)术过程中使用的静脉麻醉药品丙泊酚注射剂，生育保险基金支付 50%。

2. 调整医疗服务项目范围

(1) 生育保险医疗服务项目严格按照江苏省医疗服务项目价格规范以及江苏省特殊医

用材料价格管理办法执行。

(2) 在城镇职工基本医疗保险医疗服务项目范围基础上，增加 83 种不在基本医疗保险范围但生育保险必需的医疗服务和医用材料项目，设定相应的个人自付比例或支付上限。生育保险床位费最高支付上限为 35 元。

(3) 对在实施无痛人工流产术、无痛刮宫术、无痛产后刮宫术、无痛宫内节育器放置(取出)术过程中使用的全身麻醉及麻醉中监测项目，生育保险基金支付 50%。

(四) 就医流程

(1) 早期妊娠流产(自然流产)、放置(取出)宫内节育器就医流程。

需实施早期妊娠流产手术、放置(取出)宫内节育器、输卵(精)管绝育及复通手术的职工，持本人市民卡、结婚证，在生育保险定点医疗机构中限选 1 家作为本人的定点医疗机构，进行生育保险登记，同时就诊。定点医疗机构对参保职工是否享受生育保险待遇资格进行确认。职工完成手术结账时，只需向定点医疗机构支付自付费用，其余符合规定的计划生育手术费用，由市医保中心与定点医疗机构按规定结付。

参保职工计划生育手术后并发症所发生的医疗费用，以及计划生育手术外的妇科和其他疾病的治疗费用，按基本医疗保险规定结付。

(2) 产前检查、中期妊娠流(引)产、分娩的就医流程。

第一步：生育保险登记。

① 办理地点：具备建孕产妇保健册(卡)资格的生育保险定点医疗机构。

② 携带材料：社会保障卡；结婚证；单位或社区居委会出具的符合计划生育的相关证明；如生育第二胎的还需提供批准再生育一个孩子生育证；配偶的社会保障卡(如非南京市参保职工，忽略此项)。

③ 办理流程：由首次建孕产妇保健册(卡)的生育保险定点医疗机构审核其享受条件及携带材料，确认符合享受生育保险待遇的，在生育保险系统中进行生育保险登记，并确定 2 家生育保险定点医疗机构作为本人的生育定点医疗机构，定点医院一经登记确定不得随意更改。1 家为孕前期建孕产妇保健册(卡)进行早期产前检查的医院(须为登记医院)，另 1 家为孕后期建孕产妇保健册(卡)进行晚期产前检查并分娩的医院。女职工产前或产后因生育并发症需住院的，必须在其中一家就医。

第二步：孕前期产前检查。

① 就诊地点：本人登记的孕前期产前检查生育保险定点医疗机构。

② 携带材料：社会保障卡、孕产妇保健册(卡)。

③ 结算流程：孕前期产前检查费中需个人自付自理部分，由个人承担；需生育基金支付部分由社保中心与生育定点医院按生育保险相关规定结算。

第三步：孕后期产前检查。

① 就诊地点：本人登记的孕后期产前检查生育保险定点医疗机构。

② 携带材料：社会保障卡、孕产妇保健册(卡)。

③ 结算流程：孕后期产前检查费中需个人自付自理部分，由个人承担；需生育基金支付部分由医保中心与生育定点医院按生育保险相关规定结算。

第四步：分娩。

① 就诊地点：本人登记的孕后期产前检查生育保险定点医疗机构。

② 携带材料：社会保障卡。

③ 结算流程：分娩相关费用中需个人自付自理部分，由个人承担；需生育基金支付部分由社保中心与生育定点医院按生育保险相关规定结算。

需要说明的是：① 参保女职工当月需处于正常缴费状态。② 建孕产妇保健(卡)后的相关产前检查费由生育保险基金按规定支付。参保职工在选定的生育保险定点医疗机构挂号时，须主动出示本人市民卡、结婚证、孕产妇保健册(卡)。③ 如建孕产妇保健(卡)时未做生育保险登记的，需在进行产前检查之前挂号时告知医院，并补做生育保险登记，未登记前发生的费用由个人自理。

(五) 转院转诊流程

女职工如因病情需要或生育保险定点医疗机构条件所限，需转院治疗的，须由转出定点医疗机构副主任以上医师或科主任签署转院意见，经转出定点医疗机构医保办审核同意并盖章后在医院生育保险系统中予以调整，转院证明由转出定点医疗机构医保办留存备查(病情危重的可在 3 日内补办手续)。

四、待遇支付

(一) 享受条件

(1) 符合国家、省、市计划生育政策规定。

(2) 分娩或实施计划生育手术时，用人单位已为其参加生育保险且连续足额缴纳生育保险费满 10 个月。

职工所在用人单位按时足额缴纳生育保险费的，职工按照规定享受生育保险待遇；职工未就业配偶按照规定享受生育的医疗费用待遇，所需资金从生育保险基金中支付。

职工或职工未就业配偶分娩、流产、引产或者实施计划生育手术时，用人单位为其连续缴费不足 10 个月的，职工生育医疗费用或职工未就业配偶生育的医疗费用待遇由生育保险基金支付；职工的生育津贴和一次性营养补助，在用人单位连续缴费满 10 个月后，由生育保险基金支付。用人单位未参加生育保险、中断或未足额缴纳生育保险费，造成参保职工无法享受相应生育保险待遇的，用人单位按本办法规定的生育保险待遇标准足额支付。职工在怀孕期间调动工作的，由接收单位承担该职工的生育保险责任。

(二) 申请材料

职工符合计划生育规定生育或者实施计划生育手术后，应当凭下列材料，向市劳动保障行政部门提出申请，经审批后由经办机构报销费用。

(1) 本人身份证原件及复印件。

(2) 结婚证。

(3) 独生子女证或单位出具的符合计划生育政策规定的证明。

(4) 医疗、保健机构出具的新生儿出生医学证明、出生婴儿死亡医学证明或者流产医学证明。

(5) 医疗费用单据。

(6) 劳动保障行政部门规定的其他材料。

参保职工的生育保险医疗费，一般由生育保险经办机构按规定转账到企业；产假工资由经办机构以生育津贴的形式支付给个人，由企业领取"领款通知单"交给职工，职工凭本人身份证到经办机构直接领取。

(三) 待遇内容及费用结算

生育保险待遇内容主要包括：① 门诊产前检查费用。② 分娩医疗费用。③ 生育并发症。④ 计划生育手术费用。⑤ 一次性营养补助费。⑥ 生育津贴。⑦ 妇科专项检查。

在费用结算上，参保职工在生育保险定点医疗机构分娩或实施计划生育手术发生的符合生育保险规定的医疗费用，属个人支付的，由本人与定点医疗机构结算；属基金支付的，由统筹地区经办机构与定点医疗机构结算。

统筹地区经办机构与生育保险定点医疗机构实行总额控制和按项目、病种限额及定额等办法结算。产前检查、计划生育手术、分娩及产时并发症费用，按定额结算；产前及产后并发症费用，按限额结算，部分危重并发症以及输卵(精)管绝育术及复通术按项目结算。

1. 门诊产前检查的范围、标准及费用结算

门诊产前检查费用是指从建孕产妇保健卡(册)开始至住院分娩前所需相关检查费、化验费。

门诊产前检查费用，由生育保险基金支付。参保职工在本人所选生育保险定点医疗机构进行门诊产前检查发生的符合生育保险支付范围和标准的费用，属基金支付的，由市医保中心与定点医疗机构结算；属个人支付的，由本人与定点医疗机构结算。

2. 分娩医疗费用的范围、标准及费用结算

分娩医疗费用指因顺产(包括手法助产)、助娩产(包括产钳助产、胎头吸引、臀位助产、臀位牵引)、剖宫产三种分娩方式所需的检查费、接生费、手术费、普通病房住院费、医药费等医疗费用。

参保职工在生育保险定点医疗机构发生的符合生育保险支付范围和标准的费用，在使用乙类药品和医疗服务时，应先按规定比例自付，再按以下规定享受待遇：

(1) 顺产 2000 元、助娩产 2200 元、剖宫产 3500 元以下的费用，由基金支付。

(2) 顺产 2001～4000 元、助娩产 2201～4500 元、剖宫产 3501～6000 元之间的费用，在三级医疗机构就医的，个人负担 5%；在二级及以下医疗机构就医的，个人不负担。

(3) 顺产 4001 元、助娩产 4501 元、剖宫产 6001 元以上的医疗费用，在三级医疗机构就医的，个人负担 30%；在二级及以下医疗机构就医的，个人不负担。

属基金支付的，由市社保中心与定点医疗机构结算；属个人支付的，由本人与定点医疗机构结算。

3. 生育并发症的范围、标准及费用结算

女职工妊娠后及产后 4 个月内因生育并发症发生的医疗费用，由生育保险基金支付。4个月之后的医疗费用，参加城镇基本医疗保险的，按城镇基本医疗保险有关规定执行。

生育并发症建孕产妇保健卡(册)开始，至产后 4 个月内分为两类，一类为 22 个常见并发症病种，另一类为 7 个低频率并发症病种(具体见表 7-1 和表 7-2)。

表 7-1 22 个常见并发症病种表

序号	病种	序号	病种
1	胎儿心律异常	12	妊娠期肝内胆汁淤积症
2	胎儿宫内窘迫	13	先兆流产
3	胎儿生长受限	14	先兆早产
4	母婴血型不合	15	过期妊娠
5	胎盘功能不全	16	羊水过少
6	胎盘边缘血窦破裂	17	羊水过多
7	前置胎盘	18	乳腺炎
8	胎盘早剥	19	产后出血[出血量小(等)于 1000 ml]
9	胎膜早破	20	产后尿潴留
10	妊娠剧吐	21	产褥中暑
11	妊娠高血压疾病	22	产褥感染

表 7-2 7 个低频率并发症病种表

序号	病种
1	妊娠急性脂肪肝
2	产后出血(出血量大于 1000ml)
3	产后急性肾功能衰竭
4	子宫破裂
5	羊水栓塞
6	前置胎盘伴出血
7	重度子痫前期

4. 计划生育手术的范围、标准及费用结算

计划生育手术的范围：放置(取出)宫内节育器、早期妊娠流产、中期妊娠流(引)产、输卵(精)管绝育及复通手术。

参保职工在生育保险定点医疗机构实施计划生育手术发生的符合生育保险支付范围和标准的医疗费用，在使用乙类药品和医疗服务时，应先按规定比例自付，再按规定享受待遇。

属基金支付的，由市社保中心与定点医疗机构结算；属个人支付的，由本人与定点医疗机构结算。

5. 一次性营养补助费

对符合国家规定享受 3 个月及 3 个月以上产假的生育女职工，发给一次性营养补助费，其费用由生育保险基金支付，标准为本市上年度职工平均工资的 2%。

南京市《关于调整生育保险一次性营养补助费发放基数的通知》(宁人社规〔2011〕2

号)规定，自 2010 年起，一次性营养补助费发放基数由原规定"本市上年度职工平均工资"调整为"全省城镇非私营单位在岗职工年平均工资"。

6. 生育津贴

女职工生育或者流(引)产，按照国家和省有关规定享受产假工资，产假工资由用人单位按规定发放，生育保险基金以生育津贴形式予以补偿。生育津贴按照职工产假或者休假天数计发，计发基数为职工分娩或实施计划生育手术所在年度，其单位 1 月份生育保险参保职工平均缴费基数除以 30；新参保单位，为职工所在单位当年首次结算月份生育保险参保职工平均缴费基数除以 30。已享受过晚育津贴的，不再重复享受。具体情形规定如下：

(1) 生育的女性参保人享受 98 天的生育津贴，其中难产的，增加 15 天的生育津贴；生育多胞胎的，每多生育 1 个婴儿，增加 15 天的生育津贴；晚婚晚育的，增加 30 天的生育津贴。

(2) 妊娠不满 2 个月流产的女性参保人，享受 20 天的生育津贴；妊娠满 2 个月不满 3 个月流产的，享受 30 天的生育津贴；妊娠满 3 个月不满 7 个月流(引)产的，享受 42 天的生育津贴；妊娠满 7 个月引产的，享受 98 天的生育津贴。

(3) 实行输卵管结扎手术的，享受 21 天的生育津贴；实行输精管结扎手术的，享受 7 天的生育津贴。

(4) 实行输卵管复通手术的，享受 21 天的生育津贴；实行输精管复通手术的，享受 14 天的生育津贴。

(5) 放置或者取出宫内节育器的，享受 2 天的生育津贴。

(6) 符合国家和省有关规定享受护理假的，享受 10 天的生育津贴。该津贴只能享受一次。

生育津贴低于产假或者休假前工资标准的，由用人单位予以补足；高于其产假或者休假前工资标准的，高出的部分用人单位不得截留。

7. 妇科专项检查

女职工妇科专项检查的费用自 2014 年 10 月 1 日起，由基本医疗保险基金支付。妇科免费专项检查的待遇标准为 70 元/人。市社保中心根据检查人数和考核标准执行情况与定点医疗机构进行结算，所需费用由职工医疗保险基金支付。

检查项目：妇科专项检查项目由宫颈刮片、白带常规、妇科 B 超常规检查(含乳房、环位检查)、手法乳房检查调整为妇科双合诊、阴道分泌物常规检查、宫颈癌巴氏细胞学检查、盆腔 B 超(含子宫、附件)和乳腺手诊。

8. 生育津贴、一次性营养费申领流程

(1) 直接发放。

首次生育且只生一个孩子，计生手术除中期妊娠流产、同时做两种及两种以上手术外，在本市定点医疗机构刷卡就诊，其津贴及一次性营养补助费，一般无需申报，由系统批量结算支付。计生津贴隔月发放，分娩津贴、护理假津贴 4 个月之后发放。

(2) 零星报销。

因下文有对零星报销的专门讲述，具体内容请参看"零星报销部分"，此处不赘述。

9. 其他情形

(1) 参加生育保险的男职工的配偶为无业人员的，发生的符合计划生育规定的产前检

查及分娩、流(引)产费用按照生育保险规定标准的50%支付，不享受其他生育保险待遇。

(2) 原参加生育保险的职工失业后，在核定的领取失业救济金期间(以就业登记证核定时间为准)，符合计划生育规定生育或实施计划生育手术时，生育医疗费用(含门诊产前检查、生育)、一次性营养补助费和计划生育手术费由生育保险基金支付。

(3) 在原单位参加生育保险的女职工退休后，符合计划生育规定实施取出宫内节育器、流(引)产等手术费用由生育保险基金支付。

10. 灵活就业人员生育保险待遇

根据《关于转发〈省人力资源和社会保障厅、省财政厅关于解决参加职工基本医疗保险灵活就业人员生育的医疗费用的通知〉的通知》(宁人社规〔2014〕3号)规定：2015年1月1日起，南京市灵活就业人员不再参加职工生育保险，参加职工基本医疗保险的灵活就业人员按照苏人社发〔2013〕363号文件规定享受生育的医疗费用待遇。

2015年1月1日前已参加职工生育保险，且2015年1月1日至2015年10月31日期间继续以灵活就业人员身份参加职工基本医疗保险的人员，2015年11月1日前仍参照相关规定享受生育保险待遇。其中，发生的符合生育保险支付范围的医疗费用和一次性营养补助费，按照城镇职工生育保险待遇标准享受；生育津贴以灵活就业人员医疗保险缴费基数计发，所需资金从生育保险基金中列支。2015年11月1日起统一按省规定执行。

江苏省人力资源和社会保障厅、江苏省财政厅《关于解决参加职工基本医疗保险灵活就业人员生育的医疗费用的通知》将参加职工基本医疗保险灵活就业人员发生的符合规定的生育的医疗费用纳入职工基本医疗保险基金支付范围。

灵活就业人员在生育期间，因产前检查、住院分娩或者因生育而引起的流产、引产，以及分娩住院期间诊治生育引起的并发症、合并症，所发生的符合职工生育保险支付范围的医疗费用，按照职工生育保险的待遇标准，由职工基本医疗保险统筹基金支付。

灵活就业人员在基层医疗卫生机构产前检查，享受国家基本公共卫生服务项目规定范围内的医疗保健服务，职工基本医疗保险基金不重复支付其相关医疗费用。

灵活就业人员按照国家和省计划生育法律、法规规定，免费享受国家规定的基本项目计划生育技术服务，职工基本医疗保险基金不支付其计划生育手术医疗费用。

灵活就业人员按照该规定享受生育的医疗费用待遇后，不再按照生育保险规定享受职工未就业配偶生育的医疗费用待遇。

(四) 生育保险不予支付的项目

(1) 下列情形发生的医疗费用，基金不予支付：

① 就医时未按规定使用市民卡。

② 非本市生育保险定点医疗机构就诊(抢救除外)。

③ 在国外或港澳台地区生育或实施计划生育手术。

④ 治疗各种不育(孕)症、性功能障碍等。

⑤ 计划生育手术并发症。

⑥ 新生儿的医疗费用。

(2) 下列情形发生的医疗费用、生育津贴及一次性营养补助费，基金不予支付：

① 违反国家、省、市计划生育政策规定。

② 非法选择胎儿性别、自杀、自残、斗殴、酗酒、吸毒等原因造成妊娠终止的。

③ 异位妊娠、葡萄胎等原因致妊娠终止的。

④ 交通事故、医疗事故、药事事故等致妊娠终止，有第三方赔偿责任的。

⑤ 不符合生育保险规定支付范围和标准的其他费用。

五、异地分娩或异地实施计划生育手术

女职工需在异地分娩或异地实施计划生育手术的，应在分娩或实施计划生育手术前申请，填写《南京市生育保险异地生育申请表》(见附表 7-2)并加盖单位公章(如为灵活就业人员无需盖章)后到市医保中心备案，经审核批准后方可在异地就医。

按规定在当地选择一家生育或医疗保险定点医疗机构作为本人分娩或计划生育手术的定点医疗机构，其发生的费用，按照相关规定做零星报销处理。

六、零星报销

(一) 零星报销标准

产前检查费用达到或高于定额标准的按定额报销，低于定额标准的按实报销。分娩或计划生育手术费用(输卵管、输精管绝育及复通术除外)，按分娩方式、手术类型及就诊定点医疗机构级别予以定额报销。产前、产后发生"22 个常见并发症病种表"所列并发症住院的费用，根据就诊医疗机构级别，费用达到或高于定额标准的按定额报销，费用不足定额的按实报销，具体见表 7-3。

表 7-3 生育保险零星报销待遇表

单位：元

医院等级 / 生育项目			三级		二级		一级	
			女	男	女	男	女	男
定额支付标准	分娩	顺产	2900	1450	2500	1250	2000	1000
		助娩产	3300	1650	2500	1400	2300	1150
		剖宫产	4600	2300	4100	2050	3300	1650
		剖宫产合并子宫肌瘤切除术	5100	2550	4600	2300	3800	1900
		剖宫产合并卵巢或输卵管囊肿切除术	5100	2550	4600	2300	3800	1900
	计划生育	早期妊娠流产	300	—	300		300	
		早期妊娠流产住院	900		900		900	
		子宫疤痕妊娠流产	按项目支付					
		中期妊娠流产	1500	—	1200	—	1000	—
		稽留流产	1700		1300		1100	
		宫内节育器放置术	200		200		200	
		宫内节育器取出术	160	—	160	—	160	—

生育项目 医院等级			三级		二级		一级	
			女	男	女	男	女	男
定额支付标准	计划生育	宫腔镜取环	480	—	440	—	—	—
		皮下植埋(取出)术	200	—	200	—	200	—
		住院取环	按项目支付					
		输卵(精)管结扎或复通术	按项目支付					
	产前检查	建卡起至20周	500	200	500	250	500	250
		20周至分娩前	800	400	800	400	800	400

(二) 零星报销流程

1. 携带材料

①《南京市生育保险待遇申报表》(见附表 7-3)并加盖单位公章(如为灵活就业人员无需盖章)。

② 结婚证原件。

③ 独生子女证原件(或女方户口所在街道计生办出具的初婚初育证明);如生育第二胎需提供批准再生育一个孩子生育证原件及复印件;如多胎需提供全部的出生证明原件。

④ 出院记录复印件[门诊流(引)产手术提供病历及病假条]。

⑤ 医药费用明细清单。

⑥ 门诊(住院)收据原件。

⑦ 男职工配偶生育或流(引)产的,除需携带以上资料外,另需提供街道(乡镇)出具的其配偶的无业证明。

⑧ 失业人员在领取失业救济金期间分娩或实施计划生育手术,除需携带以上资料外,另需提供失业登记证和身份证复印件。

⑨ 异地分娩或计划生育手术的,另需提供南京市生育保险异地就医备案审批表。

备注:申领流(引)产津贴的无需提供上述③。流(引)产不享受一次性营养补助费。

2. 办理流程

参保单位经办人在参保女职工分娩或流(引)产后一年内,携带以上材料,每月 1 至 10 日(遇节日顺延)到市社保中心医保部办理生育津贴、一次性营养补助费的申领手续。社保中心医保部审核材料后,确认符合享受生育保险待遇的,按相关规定将生育津贴、一次性营养补助费划入参保单位账户。生育津贴按月发放,职工分娩或流(引)产当月开始享受。具体见图 7-1 所示。

3. 零星报销的范围

符合下列情形时,采取零星报销方式结算:

① 男职工配偶的产前检查及分娩费用。

② 用人单位中断或未足额缴费、职工劳动关系转移原因造成生育保险关系中断,3 个月内补足欠费及滞纳金的,中断期间的产前检查及分娩、流(引)产费用。

③ 在领取失业救济金期间的分娩费用。

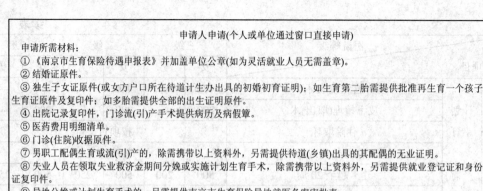

申请人申请(个人或单位通过窗口直接申请)

申请所需材料：
① 《南京市生育保险待遇申报表》并加盖单位公章(如为灵活就业人员无需盖章)。
② 结婚证原件。
③ 独生子女证原件(或女方户口所在街道计生办出具的初婚初育证明)；如生育第二胎需提供批准再生育一个孩子生育证原件及复印件；如多胎需提供全部的出生证明原件。
④ 出院记录复印件，门诊流(引)产手术提供病历及病假簿。
⑤ 医药费用明细清单。
⑥ 门诊(住院)收据原件。
⑦ 男职工配偶生育或流(引)产的，除需携带以上资料外，另需提供待道(乡镇)出具的其配偶的无业证明。
⑧ 失业人员在领取失业救济金期间分娩或实施计划生育手术，除需携带以上资料外，另需提供就业登记证和身份证复印件。
⑨ 异地分娩或计划生育手术的，另需提供南京市生育保险异地就医备案审批表。
备注：申领流(引)产津贴的无需提供上述③。流(引)产不享受一次性营养补助费。

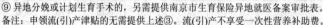

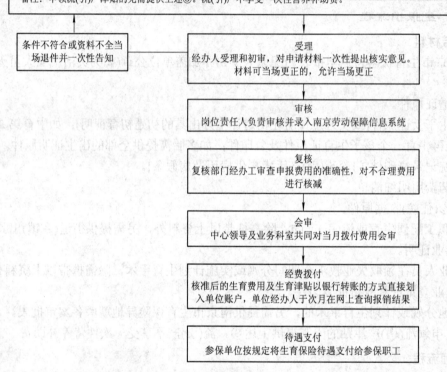

条件不符合或资料不全当场退件并一次性告知

受理
经办人受理和初审，对申请材料一次性提出核实意见。材料可当场更正的，允许当场更正

审核
岗位责任人负责审核并录入南京劳动保障信息系统

复核
复核部门经办工审查申报费用的准确性，对不合理费用进行核减

会审
中心领导及业务科室共同对当月拨付费用会审

经费拨付
核准后的生育费用及生育津贴以银行转账的方式直接划入单位账户，单位经办人于次月在网上查询报销结果

待遇支付
参保单位按规定将生育保险待遇支付给参保职工

图 7-1　生育保险零星报销流程图

④ 异地分娩及计划生育手术费用。

⑤ 因抢救在非生育保险定点医疗机构分娩或实施计划生育手术费用。

⑥ 输卵(精)管绝育及复通术费用。

七、定点医疗机构的确定

生育保险定点医疗机构的资格认定及管理参照基本医疗保险定点医疗机构管理的规定执行。凡卫生和人口计生部门认定的具有助产技术和计划生育技术服务资质的医疗机构，均可向本统筹地区劳动保障行政部门申请生育保险定点医疗机构资格。经办机构对生育保险定点医疗机构实行协议管理。统筹地区经办机构与生育保险定点医疗机构签订医疗服务协议，明确双方的责任、权利和义务。

(一) 定点医疗机构所需具备的条件

(1) 经卫生和人口计生部门认定具有助产技术和计划生育技术服务资质或经卫生部门许可具有建孕产妇保健册(卡)资质。

(2) 已获得城镇职工基本医疗保险定点医疗机构资格,并与市医疗保险结算管理中心联网,实现医疗信息实时传送。

(3) 严格遵守国家和省、市有关医疗服务和药品管理的法律、法规,近两年内未受到卫生、药监、物价等有关管理部门处罚。

(4) 无重大违规被市医保中心查处的记录,上年度年终考核达优。

(二) 定点医疗机构申办程序

(1) 凡符合条件的医疗机构向市劳动保障行政部门提出书面申请。

(2) 市劳动保障行政部门受理医疗机构的书面申请后,根据定点医疗机构确定的原则和应具备的条件进行审核,按照择优的原则确定定点医疗机构并向社会公示。

(3) 市医保中心与获得定点资格的医疗机构签订服务协议,协议内容包括服务对象、服务范围、服务内容、服务质量、费用结算、稽核监督等具体内容,明确双方的责任、权利、义务,并将签订服务协议的定点医疗机构名单向社会公布,供参保职工选择。

八、南京市生育保险实训

(一) 南京夏普科技有限公司何叶生育实时结算

1. 任务情境

何叶是南京夏普科技有限公司的职员,她和丈夫都是南京市城镇职工,企业给他们正常参保。2014 年 8 月何叶怀孕,2015 年 5 月 2 日,她在南京市第一人民医院(该医院是三级医院)产下一个女孩,满月后出院(即 2015 年 6 月 2 日)。共花费 11 000 元,其中住院费花费 7000 元,门诊费花费 4000 元;生育基金不予支付金额 9100 元(其中自费金额 6000 元,拒付金额 3100 元)。何叶因生育住院情况和本人信息见表 7-4。

表 7-4　何叶因生育住院情况和本人信息

病例号	6676892290	医保手册号	112719898908099807
科别	妇产科	住院次数	第 1 次住院
录入人签字	孙黎	入院诊断	顺产
医院办公室签章	赵墨	住院号	3100005
结账签章	王末	报送区县	南京市雨花台区
操作日期	2015-06-02	住院天数	30
定点医疗机构名称	南京市第一人民医院	定点医疗机构编码	11098
缴费地区	南京市雨花台区	参保人员缴费区县	南京市雨花台区
拒付项目名称	门诊与住院费	拒付原因	有自费和超额消费
医院联系电话	010-98909099	医院填报人	周益
医院填报日期	2015-06-02	信息传递时间	2015-06-03
信息接收时间	2015-06-03		

单位信息：

单位名称	南京夏普科技有限公司	单位电话	62102602
公民身份证号码	112719898908099807	参保人类别	城镇职工
年龄	26		

社保经办机构信息：

单位名称	南京市雨花台区人保中心	经办人	伍月
负责人	杨依依		

医保中心信息：

单位名称	南京市雨花台区医保中心	经办人	刘菲
负责人	张尹		

2. 任务要求

请根据以上案例描述，模拟生育保险费用实时结算。

3. 任务实施

步骤 1：结算生育保险住院医疗费，见表 7-5。

表 7-5 生育保险住院费用结算

患者所在区(县)：南京市雨花台区　　　　定点医疗机构名称：南京市第一人民医院

定点医疗机构编号：11098　　　公民身份证号码：112719898908099807　　　手册号：112719898908099807

姓名	何叶	性别	女		年龄	26
医疗参保人员类别	城镇职工				出院科别	妇产科
工作单位	南京夏普科技有限公司					
出入院日期	2015-05-02	至	2015-06-02		共计[天]	30
出院诊断	主要诊断				疾病编码	
	其他诊断				转归	
住院总费用					日均额	
床位总费用	床位总费用				其中自费	
		普通床位	高干床位	加强病床床位	抢救床位	等级加收
其中	天数					
	金额					
护理费总额					其中自费	
其中	级别	一级	二级	三级	特级护理	等级加收
	天数					
	金额					
手术	手术名称					
	手术费总额				其中手术费	
吸氧费		数学费		诊疗费		
生活服务类			监护、抢救项目明细			
项目	费用		项目	天数	单价	费用
取暖费			抢救费			
陪住费			监护费			
婴儿费						
救护车收费						

录入人签字：孙黎　　　　　　　医院医疗保险办公室签章：赵墨

结账签章：王末　　　操作员编码：　　　操作日期：2015-06-02

步骤 2：支付生育保险住院医疗费。

步骤 3：报送生育保险医疗费材料，见表 7-6 和表 7-7。

表 7-6 生育保险住院医疗费用报送单

定点医疗机构编码：11098　　　　姓名：何叶　　　　公民身份证号码：112719898908099807

医疗参保人员类别：城镇职工　　住院号：3100005　　　卡/手册号：112719898908099807

发票号：　　　结账日期：　　　入院日期：2015-05-02　　出院日期：2015-06-02　　共计 30 天

项目	金额	项目	金额	项目	金额	项目	金额
床位费		放射费		诊疗费		陪床费	
西药费		手术费		B 超费		空调费	
中成药		化验费		接生费		其他	
中草药		输血费		婴儿费			
检查费		输氧费		麻醉费			
治疗费		护理费		取暖费			
合计(小写)			合计(大写)：				
预交金额		补交金额		退费金额		中途结算金额	
生育保险基金支付金额	1900			个人现金自费金额		9100	

表 7-7 生育保险住院医疗费用报送汇总单

定点医疗机构名称(盖章)		定点医疗机构编码：11098		报送区、县：南京市雨花台区									单位：元、角、分	
						按费用分类						按支付分类		
序号	患者姓名	医疗保险手册号	公民身份证号码	参保人员缴费区(县)	费用合计	床位费	西药费	中药费	检查治疗费	材料费	其他费用	生育保险基金支付金额	剩余基金不予支付金额	定额差
					(1)	(2)	(3)	(4)	(5)	(6)	(7)	(8)	(9)	(10)
1	何叶	112719898908099807	112719898908099807	南京市雨花台区	11000							1900	9100	0
2														
3														
合计														
		联系电话：98909099		填报人：周益				日期：2015-06-02						

备注：1. 定点医疗机构申报结算时附上此表，按缴费区(县)分别申报填写。

　　　2. (1)=(2)+(3)+(4)+(5)+(6)+(7)=(8)+(9)+(10)。

　　　3. (10)=(1)-(8)-(9)。

步骤 4：审核生育保险医疗费材料。

步骤 5：通知支付生育医疗费用，见表 7-8。

表 7-8　生育保险医疗费用支付通知单

生育保险医疗费用支付通知单											
(定点医疗机构：医保传给社保-纸介)											
医保经办机构(盖章)			送达社保经(代)办机构：南京市雨花台区人保中心							单位：元、角、分		
序号	定点医疗机构编码	定点医疗机构名称	支付金额合计	生育医疗费						计划生育手术医疗费	
				小计		门诊医疗费		住院医疗费			
				人次	金额	人次	金额	人次	金额	人次	金额
1	11098	南京市第一人民医院	11 000	1	11 000	1	4000	1	7000		
2											
3											
合计											

医保经办机构经办人：刘菲	医保经办机构负责人：	张尹	信息传递时间：2015-06-03
社保经(代)办机构经办人：	社保经(代)办机构负责人：		信息接收时间：

步骤 6：支付生育医疗费用，见表 7-9。

表 7-9　生育保险医疗费用签收单

生育保险医疗费用支付通知单										
(定点医疗机构：医保传给社保- 纸介)										
医保经办机构(盖章)			送达社保经(代)办机构：						单位：元、角、分	
序号	定点医疗机构编码	定点医疗机构名称	支付金额合计	生育医疗费					计划生育手术医疗费	
				小计		门诊医疗费		住院医疗费		
				人次	金额	人次	金额	人次	金额	人次	金额
1										
2										
3										
合计										

医保经办机构经办人：	医保经办机构负责人：		信息传递时间：
社保经(代)办机构经办人：伍月	社保经(代)办机构负责人：杨依依		信息接收时间：2015-06-03

步骤7：反馈生育医疗费拒付明细，见表7-10。

表7-10 生育保险住院医疗费用拒付明细汇总单

定点医疗机构名称：南京市第一人民医院　　　　定点医疗机构编码：11098

医保经办机构(盖章)　　　　　　　　　　　单位：元

序号	交易流水号	姓名	医疗保险手册号	参保人员缴费区(县)	申报总金额	拒付项目名称	单价	数量	拒付金额	拒付原因
1		何叶	112719898908099807	南京市雨花台区	11000	门诊与住院费			3100	有自费和超额消费
2										
3										
4										
5										
合计										

审核结算签章：　　　　　　　　　　日期：2015-06-03

备注：此表由医保经办机构填写，交定点医疗机构。

步骤8：反馈生育医疗费支付明细，见表7-11。

表7-11 生育保险住院医疗费用支付明细汇总单

定点医疗机构名称：南京市第一人民医院　　定点医疗机构编码：11098　　　　支付时间：2015-06-03

医保经办机构(盖章)　　　　　　　　　　　单位：元、角、分

序号	交易流水号	姓名	医疗保险手册	参保人员缴费区(县)	交易日期	申报总金额	基金支付金额	基金不予支付金额			
								小计	自费金额	拒付金额(明细附后)	定额差
						(1)	(2)	(3)	(4)	(5)	(6)
1		何叶	1127198989	南京市雨花台区	2015-06-03	11 000	1900	9100	6000	3100	0
2											
3											
合计											

审核结算签章：　　　　　　　　　　日期：2015-06-03

备注：1. (1)=(2)+(3)(3)=(4)+(5)+(6)。

　　2. 此表由医保经办机构填写，交定点医疗机构。

步骤9：接收生育医疗费支付明细。

步骤10：接收生育医疗费拒付明细。

(二) 南京夏普科技有限公司萧黎生育津贴申领

1. 任务情境

萧黎是南京夏普科技有限公司职工，她丈夫萧枫是南京通策传媒有限公司职工。她和丈夫萧枫都是南京市城镇职工，企业给他们正常参保。2013 年 10 月萧黎怀孕，2014 年 7 月 4 日，她在湖南贝贝医院顺产了一个男孩，2014 年 8 月 6 日满月后回到南京。其中基本产假为 98 天，又因为她是属于晚育的女职工，增加 30 天，共计 128 天；萧黎 2014 年所在单位参保职工的月人均缴费基数平均值为 4250 元。萧黎的丈夫萧枫 2014 年所在单位的月人均缴费基数为 12 000 元。所以萧黎的丈夫享受晚婚晚育津贴最划算。萧黎基本信息见表 7-12。

南京通策传媒有限公司经办人于派 2014 年 9 月 5 日到南京市雨花台区人保中心为萧枫办理生育津贴。人保中心经办人伍月于当日受理了其业务申请。

表 7-12　生育职工萧黎基本信息

配偶身份证号码	11010119820818132X	配偶姓名	萧黎
配偶出生日期	1982-08-18	生育日期	2014-07-04
本次生育胎儿数	1	生育类别	正常生产
产假终止原因	正常到期	是否为晚育	是
申领晚育津贴人身份证号码	110101198308181315	申领晚育津贴人员姓名	萧枫
申领人开户姓名	萧枫	申领人开户账号	6225678905678799999
申领人开户银行名称	中国银行	银行行号	11012
女方所在单位盖章	南京夏普科技有限公司	男方所在单位盖章	南京通策传媒有限公司
申请单位电话	02980988	申请单位邮编	200000
申请单位地址	南京市雨花台区村姑路 1298 号	申请单位负责人	于甘
填表日期	2014-09-05	申请单位组织机构代码	62200287-1
产假终止日期	2014-08-06	经办人	于派
转财务日期	2014-09-05	财务经办人	李子飞

2. 任务要求

请根据上述案例描述，模拟职工生育津贴手续的办理。

3. 任务实施

步骤1：申报生育津贴，见表7-13。

表7-13　申领生育津贴人员信息登记表

组织机构代码：62200287-1

单位名称（章）：　　　　　　　　申领生育津贴次序号：

申领人公民身份号码	110101198308181315		姓名	萧枫	性别	男
配偶证件类别	（◉）公民身份证（○）港澳台证（○）护照					
配偶证件号码	11010119820818132X		配偶姓名	萧黎		
配偶出生日期	1982-08-18	生育/引、流产日期	2014-07-04	终止妊娠前的怀孕周数		
本次生育胎儿数	1	生育类别	（◉）正常产（○）难产（○）引、流产			
产假终止原因	（◉）正常到期（○）退休（○）死亡（○）其他					
是否为晚育	（◉）是 （○）否		产假终止日期	2014-08-06		
申领晚育津贴人公民身份证号码	110101198308181315		申领晚育津贴人员姓名	萧枫		
申领人开户姓名	萧枫		申领人开户账号	6225678905678799999		
申领人开户银行名称	中国银行		行号	11012		
女方签字：	萧黎		男方签字：	萧枫		
女方所在单位（盖章） 日期			男方所在单位（盖章） 日期			
申请单位联系电话	02980988		申请单位邮编	200000		
申请单位地址	南京市雨花台区村姑路1298号					

单位负责人：于甘　　　　　填报人：于派　　　　填报日期：2014-09-05

填表说明：

1. 在()中划√进行选择。
2. 在生育时采用产钳助产、胎吸、剖宫生育的，在生育类别中选难产。
3. 申领晚育奖励津贴的，应夫妻双方签字确认，并加盖所在单位的公章。如果一方无单位，应在所在单位（盖章）处注明本人无单位。
4. 产假非正常到期的，应填写具体日期。
5. 女性生育时超过24周岁且为初育的属于晚育。
6. 申领生育津贴次序号由经（代）办机构填写。
7. 军人配偶应填写身份证号码。

步骤2：审核生育津贴。

步骤3：填写生育津贴支付月报，见表7-14。

表 7-14　参保职工生育津贴支付月报表

报表日期：2014-09-05

组织机构代码：62200287-1　　　单位名称(盖章)：　　　　　单位：元(保留两位小数)

项目	人数	月缴费工资基数合计	产假天数合计	金额合计
1	2	3	4	5
新增职工生育津贴	1	12 000	128	51 200
变更生育津贴	——	——	——	——
合计	——	——	——	——
单位负责人：于甘　　填报人：于派		联系电话：02980988		填报日期：2014-09-05

说明：此表一式两份，单位、社保经(代)办机构各一份。

步骤4：审核生育津贴支付月报。

步骤5：汇总生育津贴支付月报，见表7-15。

表 7-15　参保职工生育津贴支付月报核对汇总表

报表日期：2014-09-05

社保经(代)办机构名称(盖章)：　　　　　　　　　　　单位：元(保留两位小数)

单位数	生育津贴合计	新增职工生育津贴				变更生育津贴	
		人数	月缴费工资基数	产假天数	金额	人次	金额
1	2=6+8	3	4	5	6	7	8
1	51 200	1	12 000	128	51 200		

业务负责人：伍月　　　　　业务经办人：于派转　　　　财务日期：

　　　　　　　　　　　　　财务经办人：　　　　　　　接收日期：2014-09-05

1. 此表是《南京市参保职工生育津贴支付月报表》的汇总。

2. 平衡关系：2栏=6栏+8栏。

3. 此表一式两份，社保经(代)办机构业务、财务各一份。

步骤6：审核生育津贴支付月报，见表7-16。

表 7-16　参保职工生育津贴支付月报表汇总审核表

报表日期：

社保经(代)办机构名称(盖章)：　　　　　　　　　　　单位：元(保留两位小数)

单位数	生育津贴合计	新增职工生育津贴				变更生育津贴	
		人数	月缴费工资基数	产假天数	金额	人次	金额
1	2=6+8	3	4	5	6	7	8
1							

业务负责人：　　　　业务经办人：　　　　　　转财务日期：2014-09-05

　　　　　　　　　财务经办人：李子飞　　　　接收日期：

1. 此表是《参保职工生育津贴支付月报表》的汇总审核表。

2. 平衡关系：2栏=6栏+8栏。

3. 此表一式两份，社保经(代)办机构业务、财务各一份。

(三) 南京夏普科技有限公司萧黎生育保险手工(零星)报销

1. 任务情境

南京夏普科技有限公司职工萧黎，她和丈夫都是南京市城镇职工，企业给他们正常参保。2013年10月萧黎怀孕，由于属于高龄产妇，并且妊娠反应非常厉害，所以自从2014年元旦后她就一直没上班，处于病休状态。2014年4月她请假离开南京到湖南贝贝医院待产。该院是三级医院，因为她的公公是该院的医生，她在那里生产可以得到很好的照顾。2014年7月4日，她在湖南贝贝医院顺产了一个男孩。满月后，即2014年8月6日，共花费23 000元，其中住院费花费19 000元，门诊费花费4000元。萧黎拿着医疗费用单据交给公司社保经办人夏黛，夏黛于2014年8月8日到南京市雨花台区人保中心为萧黎办理生育保险外埠就医报销手续，人保中心工作人员伍月于当天受理了夏黛的申请。萧黎住院情况和信息见表7-17。

表7-17　生育职工萧黎住院情况和信息

社保号	社X0002	医保号	11010119800818132X
科别	妇科	住院次数	第1次住院
入院时间	2014-07-04	入院诊断	顺产
定点医疗机构名称	南京市第一人民医院	定点医疗机构编码	11098
缴费地区	南京市雨花台区	参保人员缴费区县	南京市雨花台区
拒付项目	门诊与住院费	拒付原因	有自费和超额消费

单位及本人信息：

单位名称	南京夏普科技有限公司	单位电话	62102602
公民身份证号码	11010119800818132X	参保人类别	在职人员
年龄	35		

社保经办机构信息：

单位名称	南京市雨花台区人保中心	经办人	伍月
负责人	杨依依		

医保中心信息：

单位名称	南京市雨花台区医保中心	负责人	刘菲
经办人	张尹		

2. 任务要求

请根据上述案例描述，模拟职工生育保险手工报销手续的办理。

3. 任务实施

步骤1：申报生育保险医疗费用，见表7-18。

表7-18 生育保险手工报销医疗费用申报结算汇总表

单位名称：南京夏普科技有限公司　　登记证号：　　缴费区(县)：南京市雨花台区　　单位：元、角、分

序号	姓名	医疗保险手册号	公民身份证号码	就诊医院	合计	门(急)诊费用			住院费用			单据数（张）
						小计	本埠	外埠	小计	本埠	外埠	
					(1)	(2)	(3)	(4)	(5)	(6)	(7)	
1	萧黎	11010119800818132X	11010119800818132X	湖南贝贝医院	23 000	4000		4000	19 000		19 000	
2												
3												
合计												

联系电话：62102602　　　　填报人：夏黛　　　　填报日期：2014-08-08

备注：由用人单位申报生育保险费用手工报销时附上此表。

(1)=(2)+(5)，(2)=(3)+(4)，(5)=(6)+(7)

步骤2：审核生育保险医疗费用。

步骤3：通知支付生育保险医疗费用，见表7-19。

表7-19 生育保险医疗费用支付通知单

(用人单位：医保传给社保-纸介)

医保经办机构：_____　　送至社保经(代)办机构：南京市雨花台区人保中心　　单位：元、角、分

序号	社保登记号码	单位名称	支付金额合计	生育医疗费						计划生育手术医疗费	
				小计		门诊医疗费		住院医疗费			
				人次	金额	人次	金额	人次	金额	人次	金额
1	社 X0002	南京夏普科技有限公司	23 000	1	23 000	1	4000	1	19 000		
2											
3											
合计											

医保经办机构经办人：张尹　　医保经办机构负责人：刘菲　　信息传递时间：2014-08-08

社保经(代)办机构经办人：　　社保经(代)办机构负责人：　　信息接收时间：

步骤 4：支付生育医疗费用，见表 7-20。

表 7-20　生育保险医疗费用支付通知单

(用人单位：医保传给社保-纸介)

医保经办机构：_____　　　　送至社保经(代)办机构：_____　　　　单位：元、角、分

序号	社保登记号码	单位名称	支付金额合计	生育医疗费						计划生育手术医疗费	
				小计		门诊医疗费		住院医疗费			
				人次	金额	人次	金额	人次	金额	人次	金额
1											
2											
3											
4											
5											
6											
合计											

医保经办机构经办人：_____　　医保经办机构负责人：_____　　信息传递时间：_____

社保经(代)办机构经办人：<u>伍月</u>　　社保经(代)办机构负责人：<u>杨依依</u>　　信息接收时间：<u>2014-08-08</u>

步骤 5：反馈生育医疗费支付明细，见表 7-21。

表 7-21　生育保险手工报销医疗费用支付明细汇总单

单位名称：<u>南京夏普科技有限公司</u>　　社保登记证号：<u>社 X0002</u>　　支付时间：<u>2015-08-08</u>

医保经办机构(盖章)：_____　　　　　　　　　　　　　　单位：元、角、分

序号	姓名	医疗保险手册号	参保人员缴费区(县)	交易时期	申报总金额	基金支付金额	基金不予支付金额		
							小计	自费金额	拒付金额(明细附后)
					(1)	(2)	(3)	(4)	(5)
1	萧黎	11010119800818132X	南京市雨花台区	2014-08-08	23 000	2900	20 100		
2									
3									
4									
5									
合计									

审核结算签章：_____　　日期：<u>2014-08-08</u>

备注：1. (1)=(2)+(3)(3)=(4)+(5)。

　　　2. 此表由审核结算区、县的医保经办机构填写，交于费用申报单位。

步骤 6：反馈生育医疗费拒付明细，见表 7-22。

表 7-22　生育保险手工报销医疗费用拒付明细汇总单

单位名称：<u>南京夏普科技有限公司</u>　　　　社保登记证号：<u>社 X0002</u>

医保经办机构(盖章)：<u>　　　　</u>　　　　缴费区(县)：<u>南京市雨花台区</u>　　　单位：元、角、分

序号	姓名	医疗保险手册号	申报总金额	拒付账目名称	拒付金额	拒付原因
1	萧黎	11010119800818132X	23 000	门诊与住院费	20 100	有自费和超额消费
2						
3						
4						
5						
合计						

审核结算签章：　　　　　　日期：<u>　2014-08-08　</u>

备注：此表医保经办机构按费用申报单位汇总。

步骤 7：接收生育医疗费支付明细。

步骤 8：接收生育医疗费拒付明细。

附　表

附表 7-1

南京市生育保险业务协调单

补缴单位盖章：

单位 代码		单位 名称		日期	
原因及 补缴人 情况					
征缴中心意见			医保中心意见		

备注：　1. 请每周三、五下午前来办理相关手续。

　　　　2. 办理流程：313 室(西楼)→507 室(西楼)→212 室(东楼)→313 室(西楼)。

　　　　3. 一式两份，一份交给 313 室，一份交给参保单位社保开户的市或区级劳动保障部门。

请自留复印件。

附表 7-2

南京市生育保险异地生育申请表

姓名		单位名称	
个人编号		身份证号码	

类别	1. 分娩( )　　　　2. 流(引)产( ) 3. 上(取)环( )　　　4. 绝育(复通)( )		

异地 就医 原因	参保单位盖章 　　　　年　　月　　日

异地 就医 医院	医院等级	
	医院盖章 　　　　年　　月　　日	

备注：1. 异地就医医院等级务必填写准确。

　　　2. 休完产假申领生育津贴时将此表与其他材料一并返回。

附表 7-3

南京市生育保险待遇申报表

填报单位(盖章):

社保代码:

		姓名		身份证号码		社会保障卡号		生育分类	
申报人填写	男职工配偶姓名			身份证号码		生育胎儿数: 个		顺产□ 助娩产□ 剖宫产□	
	生育医院名称				等级	晚婚晚育: 是□ 否□		2 月以下妊娠流产□ 2~3 月妊娠流产□ 3~7 月妊娠流产□	
	经办人姓名			经办人电话		是否第二胎: 是□ 否□		上取环□ 绝育手术□ 护理假□	
	产前检查费			营养费		医疗费			
			天生育津贴,金额 元。			元。	合计		
保险机构核定	生育津贴	按规定享受 本结算期应付					Y: 万 仟 佰 拾 元		
	审核人:		负责人:			审核人:	负责人:		
							办理日期: 年 月 日		

备注: 1. 申报时间: 每月 1~10 日, 分娩的女职工应在产假期满后申报生育津贴。申报地址: 水西门大街 73 号 2 楼。
2. 申报单位应确保账号准确(社保登记账号)。
3. 结婚证、独生子女证为原件,《批准再生育一个孩子生育证》为原件及复印件。2016 年 1 月 1 日后出生的, 可提供《生育服务证明》。
4. 申报表式样: 无碳复写纸, 长 220 mm×宽 115 mm。如下载使用, 请按表格纸张、式样要求制作, 一式两联均须单位盖章。

· 249 ·

参考文献

[1] 孙树菡. 社会保险学[M]. 北京：中国人民大学出版社，2008.

[2] 杨家伦. 社会保险制度的理论与实践[M]. 沈阳：辽宁大学出版社，2008.

[3] 汪泓，吴忠，史健勇，等. 医疗与生育保险：政策与实务[M]. 北京：北京大学出版社，2008.

[4] 夏敬. 社会保险理论与实务[M]. 大连：东北财经大学出版社，2011.

[5] 张晓，刘蓉. 社会医疗保险概论[M]. 北京：中国劳动社会保障出版社，2004.

[6] 仇雨临. 医疗保险[M]. 北京：中国劳动社会保障出版社，2008.

[7] 潘锦棠. 社会保险：原理与实务[M]. 北京：中国人民大学出版社，2011.

[8] 黄乐平. 新编基本医疗保险与生育保险操作实务[M]. 北京：法律出版社，2011.

[9] 郭清. 中国医疗保险政策解读[M]. 北京：人民卫生出版社，2015.

[9] 胡晓义. 医疗保险和生育保险[M]. 北京：中国劳动社会保障出版社，2012.

[10] 邓大松，杨红燕. 医疗保险与生育保险[M]. 北京：人民出版社，2013.

[11] 唐霁松，吴光. 医疗保险付费方式经办指南[M]. 北京：中国劳动社会保障出版社，2014.

[12] 邹莉. 社会保险实务[M]. 上海：复旦大学出版社，2015.

[13] 中华人民共和国财政部网站. http://gjs.mof.gov.cn.

[14] 中华人民共和国民政部网站. http://www.mca.gov.cn.

[15] 中华人民共和国人力资源和社会保障部网站. http://www.mohrss.gov.cn.

[16] 江苏省卫生和计划生育委员会江苏省新型农村合作医疗管理网站.
http://www.jswst.gov.cn/jsswshjhsywyh/xnhwz.

[17] 南京市财政局网站. http://www.njcz.gov.cn.

[18] 南京市卫生和计划生育管理委员会网站. http://www.njh.gov.cn.

[19] 南京市人力资源和社会保障局网站. http://www.njhrss.gov.cn.

[20] 江苏省人力资源和社会保障厅网站. http://www.jshrss.gov.cn/sy2011/index.html.

[21] 南京市人民政府网站. http://www.nanjing.gov.cn.

[22] 南京市浦口区卫生局网站. http://www.pkwsj.gov.cn.